실크로드의 땅,

중앙아시아
인문학 여행

홍종경 지음

우즈베키스탄, 카자흐스탄, 키르기스스탄

좋은땅

차례

제1부 우즈베키스탄

실크로드의 중심지, 우즈베키스탄 ⋯ 18

사마르칸트

제3부 카자흐스탄

중앙아시아 인문학 여행을 시작하면서

실크로드!

실크로드라는 단어는 뭔지 모르게 그곳에 가면 미지의 세계가 펼쳐질 것만 같은 신비한 느낌을 준다. 선박과 항공 분야의 발달로 이제는 잊혀진 길이 되었지만, 과거에는 이 길이 부(富)를 축적하게 해 준 길이었고, 종교, 문화, 예술 교류도 가능케 해 준 고맙고도 귀중한 길이었다. 그래서 이 길을 확보하기 위해 각 국가와 민족들이 서로 뺏고 뺏기는 전투와 전쟁을 이어 왔던 처절한 역사의 길이기도 하다. 이 길을 통해 우리 선조들도 교류해 왔고, 또 이 길을 확보하기 위한 경쟁의 역사 속에는 우리 한민족의 피를 이어 받은 위대한 인물의 활동도 있었다.

필자는 이스탄불 주재 총영사 근무를 마치고 이스탄불-경주 세계문화 엑스포(2013)와 2013년과 2014년 두 차례에 걸쳐 경상북도에서 추진한 국가적 사업인 '코리아 실크로드 프로젝트'를 지원하기 위해 2012년 9월부터 경상북도 국제관계대사(國際關係大使)로 일하면서 실크로드라는 주제와 만나게 되었다. 이들 행사를 준비하고 지원하는 동안 실크로드 상의 도시들을 여러 차례 방문하고, 실크로드 관련 다양한 국내외 세미나에 참여하면서 "아! 내가 몰랐던 이러한 세계와 역사가 있었구나!" 하는 생각, 즉 나 자신이 가지고 있던 지식과 사고의 한계가 컸음을 느꼈다.

〈잃어버린 시간을 찾아서〉를 쓴 프랑스의 작가 마르셀 프루스트(Marcel Proust, 1871~1922)는 "진정한 발견이란 새로운 것을 찾는 것이 아니라 새로운 눈으로 바라보는 것"이라고 하였다. 새로운 눈으로 바라볼 수 있는 것은 풍부한 새로운 지식의 축적과 다양한 경험을 통해 우리의 사고(思考)와 인식(認識)의 폭을 넓힘으로써 가능하다.

세상에는 불가사의로 분류되는 일들이 제법 있다. 크게는 우리가 사는 지구를 포함한 우주의 생성이 그렇고, 작게는 이집트의 피라미드, 중남미 지역의 마야문명이 남긴 유적들이 그렇다. 어떤 현상이나 사물이 불가사의로 분류되는 것은 우리가 그 현상이 나타나는 과학적인 이유를 발견하지 못하거나 그 사물과 우리의 인식을 연결하는 고리를 찾지 못하였기 때문이다. 즉 우리 인간의 사고(思考)와 인식(認識)의 폭이 거기에까지 미치지 못하기 때문인 것이다.

우리의 경험과 지식이 부족하여 우리의 사고(思考)를 일정한 한계 속에 계속 머무르게 한다면 슬픈 일이다. 실크로드 도시로의 여행은 이러한 필자의 닫혀있던 사고(思考)의 문을 활짝 열게 하고, 좁은 인식(認識)의 폭을 확장시켜 줌으로써 필자가 "진정한 발견"을 할 수 있도록 해 주었다. 필자는 열사(熱砂)의 사막과 험준한 산맥을 잇는 실크로드 상의 도시들을 여행하면서 갖게 된 이러한 귀중한 경험을 독자분들과 공유할 수 있기를 바라는 마음에서 이 책을 쓴다.

이 책은 과거 실크로드를 형성하였던 우즈베키스탄, 카자흐스탄 그리고 키르기스스탄의 여러 오아시스 도시들을 어렵게 탐험하는 것이 아니라 쉽고 즐겁게 관광하는 기분을 느끼며 여행할 수 있도록 이미지를 많이 담은 기행문 형태로 구성하였다. 또한, 우리에게 많이 알려지지 않은 지역과 문화에 관한 이야기이기 때문에 독자분들께서 생소하게 느낄 수 있는 고유명사들에 대해서는 주석과 함께 부록의 '고유명사 찾기'에서 참조할 수 있도록 하였다.

이 책이 나올 수 있는 계기를 만들어 준 '코리아 실크로드 프로젝트'를 추진한 경상북도와 임직원분들의 노고에 감사드리며, 특히 경상북도 재임 시절 필자의 실크로드 지원업무에 전폭적인 신뢰를 보여주신 김관용 전(前) 경상북도 지사님께 각별한 감사를 드리고 싶다. 그리고 이 책의 집필 과정에 조언을 아끼지 않으신 윤명철 동국대학교 역사학과 명예 교수님과 필자의 중앙아시아 여행 일정 수립에 많은 도움을 주신 사마르칸트의 류인영 사장님, 그리고 책자 원고를 친절히 감수해 주신 많은 분과 추천 글을 써주신 분들께도 감사의 마음을 전하고 싶다.

2024년 3월
저자 홍종경

동·서양 간 문화교류의 길, 실크로드

실크로드의 땅인 중앙아시아를 여행하려면 실크로드라는 개념에 대해서 어느 정도 이해하고 떠나는 것이 필요할 것 같아 먼저 실크로드에 대해 잠시 언급하고 중앙아시아 인문학 여행을 시작할까 한다.

실크로드는 독일의 지리학자 페르디난트 폰 리히트호펜(Ferdinand von Richthofen)이 처음 사용한 단어로 열사의 사막과 험준한 산맥을 넘어 오아시스 도시를 연결하는 동·서양 간의 물품 교류의 길, 즉 톈산산맥 위, 아래를 지나가는 '천산 북로(天山北路)'[1]와 '천산 남로(天山南路)', 그리고 타클라마칸 사막의 남쪽과 티베트 고원 사이를 지나가는 '서역 남로(西域南路)'라 불리는 3대 간선(幹線)과 여기에서 파생되는 여러 무역로를 말한다. 당시 이 길을 통해 교역되는 가장 중요한 품목이 비단이었기에 리히트호펜이 이 길을 '비단길', 즉 '실크로드(Silk Road)'라고 부른 것이다.

동·서양 간의 물품 교류는 리히트호펜이 언급한 실크로드뿐 아니라 실크로드가 형성되기 훨씬 이전부터 북방 초원 지역에 형성되었던 '초원의 길'을 통해서도 이루어졌고, 선박 제조기술과 항해술이 발달한 이후에는 '바닷길'을 통해 더 많은 교류가 이루어졌다. 따라서 넓은 의미의 실크로드는 오아시스 도시를 연결하는 좁은 의미의 실크로드 외에 '초원의 길'과 '바닷길'을 모두 포함하기도 한다.

---

1) 천산은 톈산의 한자어 표기로 '천산 북로', '천산 남로' 등이 고유명사화되었기 때문에 '천산 북로', '천산 남로'로 표기하였으나 이 책의 다른 부분에서는 천산을 모두 원래 발음을 따라 톈산으로 표기하였다.

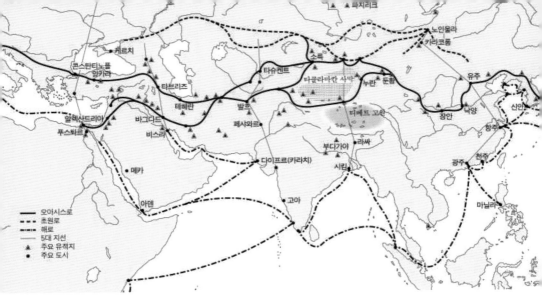

|**실크로드의 3대 간선과 5대 지선**|지도의 중간 부분에 검은색 굵은 선으로 동·서를 연결한 것이 실크로드이다. 출처: 정수일의 실크로드 백과사전

한편, 실크로드를 통해서는 물품 교류만 이루어진 것이 아니고 종교, 예술, 학문 등 문화 전반에서의 교류도 함께 이루어졌기 때문에 현대에 와서는 실크로드를 '동·서양 간 문화교류의 길'로 폭넓게 정의하기도 한다. 이 책에서는 '실크로드'와 '초원의 길' 그리고 '바닷길'로 각각 나누어 표현하였다.

한(漢)나라 장건의 실크로드 개척

기원전 4세기경 북아시아 초원지대에 강력한 흉노국가가 출현하여 한(漢)나라를 위협하자 흉노에 대항하기 위한 연합전선을 구축하기 위해 한(漢)나라는 기원전 138년 장건(張騫, ?~기원전 114년)을 서역(西域)[2]에 파견한다. 그러나 장건은 흉노에 대항하는 서역 국가들과의 연합전선 구축이라는 임무를 달성하지 못하고 기원전 125년에 떠난 지 13년 만에 한나라로

---

2) 서역은 한(漢)나라 때 서쪽 지역을 총칭하는 단어로 현재 중국의 신장·위구르 지역과 중앙아시아 지역을 포함한다.

돌아왔다. 비록 그의 서역 파견 목적은 실패였지만 그가 가지고 온 서역에 대한 방대한 자료와 지식은 새로운 동·서양 간의 무역로, 즉 오아시스 도시를 연결하는 실크로드를 개척하게 해 주었다. 이후 유라시아 대륙을 관통하는 이 길을 통해서 동양과 서양 간의 교류가 크게 활성화됨으로써 실크로드는 인류의 발전에 지대한 공헌을 하게 된다.

중앙아시아의 오아시스 도시들

우리가 방문할 중앙아시아는 스키타이, 페르시아, 돌궐, 아랍 등 다양한 민족들이 거주하면서 문화를 형성해 온 땅이다. 여기에 실크로드를 따라 서쪽으로부터 유럽의 문물이, 동쪽으로부터 중국과 동아시아의 문물이, 그리고 남쪽으로부터는 인도의 문물이 각각 흘러들어와 기존 문화와 융합된 지역이다.

종교적으로도 고대 페르시아에서 믿던 조로아스터교를 비롯하여 마니교, 기독교, 불교 등 다양한 종교가 수용되어 오다가 8세기 중엽부터 이슬람교가 본격적으로 전파되어 이 지역의 지배적인 종교로 자리매김하였고 그 맥락은 지금까지 이어져 오고 있다.

실크로드는 '오아시스 도시를 연결하는 길'이다. 따라서 실크로드 인문학 여행은 '길' 자체보다 '도시'에 대한 이야기이다. 이들 오아시스 도시들이 어떤 물품을 생산하여 교류하였고 또 어떤 역사와 문화를 만들어나갔는지에 대한 이야기이다.

오아시스는 사전적으로 "땅속을 흐르는 지하수가 지층을 뚫고 나오는 지점에 형성된 웅덩이"를 의미하는 단어이나 중앙아시아의 오아시스 도시는

|중앙아시아 오아시스 도시와 강| 중앙아시아에서 가장 큰 강은 텐산산맥에서 발원하여 아랄해로 흐르는 시르다리야강과 파미르 고원에서 발원하여 아랄해로 흐르는 아무다리야강이다. 그 외에도 자라프산강, 아리스강, 탈라스강, 추강, 말라야 알마틴카강 등의 주변에 많은 도시 국가들이 형성되었다.

텐산산맥과 파미르 고원 등 고산지대에 쌓여 있던 눈이 녹아 이룬 강(江)들의 주변에 형성된 수변(水邊) 도시를 말한다.

중앙아시아 지역의 가장 큰 두 개의 강은 텐산산맥에서 발원하여 아랄해로 흘러 들어가는 시르다리야(Syr Darya)강과 파미르 고원에서 발원하여 역시 아랄해에 이르는 아무다리야(Amu Darya)강이다.

그 외에도 파미르 고원에서 발원하여 사마르칸트와 부하라를 거쳐 아무다리야강으로 흘러 들어가는 자라프샨(Zarafshan)강, 시르다리야강의 지류인 아리스(Arys)강, 텐산산맥에서 발원하여 타라즈를 거친 후 건천(乾

川)³⁾으로 변하는 탈라스(Talas)강, 알마티, 토크목, 비슈케크 등을 거친 후 건천이 되는 추(Chu)강, 그리고 알마티를 남북으로 관통하고 일리(Ili)강과 발하쉬(Balkhash) 호수로 이어지는 말라야 알마틴카(Malaya Almatinka)강 등이 중앙아시아의 주요한 오아시스 도시들을 형성할 수 있게 해 주었다.

필자는 지금부터 중앙아시아 오아시스 도시와 강 지도에서 ●로 표시된 중앙아시아의 우즈베키스탄과 키르기스스탄, 그리고 카자흐스탄에 있는 주요 오아시스 도시들을 차례로 방문하면서 이들의 과거와 현재의 이야기를 해 보려고 한다.

---

3) 건천은 평소에는 물이 흐르지 않다가, 비가 오거나 하여 수량이 증가할 때에만 흐르는 하천을 말한다.

일러두기

* 튀르크와 돌궐: 튀르크(Türk)의 한자적 표현이 돌궐(突厥)로 두 단어는 같은 단어이다. 일반적으로 국가나 민족을 표현할 때는 '돌궐'이라는 표현을 자주 사용하고 있고, 문화나 언어 등을 표현할 때는 '튀르크'라는 단어를 자주 사용하기 때문에, 이 책에서는 자주 사용하는 자연스러운 표현으로 돌궐과 튀르크를 혼용하여 기술하였다. 즉 돌궐국, 돌궐족과 튀르크 문화, 튀르크어, 튀르크계 등으로 기술하였다.

* 칸(Khan)과 카간(Khagan): '칸(Khan)'은 몽골족의 수장을 뜻하는 말로 칭기즈칸 이후에는 칭기즈칸의 후손들만이 '칸'이라는 칭호를 사용하는 것이 인정되었다. 튀르크계 국가의 수장인 'Khagan'의 튀르크어 발음이 '카안'으로 나기 때문에 '칸(Khan)'으로 표기하기도 해서 가끔 몽골족 '칸'과 혼동을 주고 있다. 튀르크어의 'ğ'는 자체 발음은 없고 앞의 모음을 길게 발음하게 하는 단어이기 때문이다. 이 책에서는 이러한 혼란을 막기 위해 영어식 표기에 따라 칭기즈칸의 후손인 몽골족 수장을 '칸(Khan)'으로, 튀르크계 국가의 수장을 '카간(Khagan)'으로 각각 표시하였다.

* 칸국과 한국: 'Khan'의 발음이 '칸'과 '한'의 중간 정도가 되는 발음이기 때문에 한글 표기로는 '칸국' 혹은 '한국'으로 혼용되고 있으나 이 책에서는 혼동을 피하기 위해 '칸국(Khanate)'으로 통일하여 사용하였다.

제1부

우즈베키스탄

실크로드의 중심지, 우즈베키스탄

　중앙아시아 인문학 여행을 위해 맨 먼저 방문하는 국가는 '실크로드의 중심지'였던 우즈베키스탄이다. 인천공항을 출발하여 7시간 조금 넘게 비행하니 우즈베키스탄의 수도인 타슈켄트의 국제공항에 도착하였다. 필자가 우즈베키스탄을 '실크로드의 중심지'라고 부른 것은 실크로드의 주인공이었던 소그드(Sogd)인들이 세운 사마르칸트(Samarkand), 부하라(Bukhara), 타슈켄트(Tashkent) 등 실크로드 상의 주요 오아시스 도시 국가들이 있었던 소그디아나(Sogdiana) 지역 대부분이 현재의 우즈베키스탄 땅이기 때문이다. 또한, 14세기 후반에서 15세기까지 세계제국으로 실크로드를 장악하면서 동·서양 간 물품과 문화교류를 주도하였던 티무르 제국도 우즈베키스탄의 사마르칸트를 중심으로 세워졌기 때문이다.

사마르칸트

타슈켄트에 저녁 시간에 도착하여 하룻저녁을 보내고 다음 날 아침 일찍 타슈켄트-사마르칸트 간 고속철인 '아프라시압(Afrasiab)'을 이용하여 소그디아나 왕국과 티무르 제국의 중심지였던 사마르칸트로 향했다. 타슈켄트에서 사마르칸트까지는 고속철을 이용하면 2시간 정도 걸린다.

사마르칸트는 파미르 고원에서 발원하여 아무다리야(Amu Darya)강으로 연결되는 자라프샨(Zarafshan)강 주변에 형성된 오아시스 도시이다. 이곳 사마르칸트에서의 인문학 여행은 크게 두 시대로 나뉘는데 7세기의 소그디아나 왕국 시대와 14세기 후반 아미르 티무르(Amir Timur)가 세운 티무르 제국 시대의 이야기이다.

7세기 소그디아나 지역에는 소그드인들에 의해 세워진, 각기 주권(主權)을 행사하던 도시 국가들이 있었고 이들은 연맹체를 형성하여 필요한 경우 공동으로 외부세력에 대항해 왔다. 규모에서는 차이가 있지만, 현재의 유럽연합(EU)과 비슷한 체제였다고 볼 수 있다. 소그디아나 연맹체의 수장은 대부분 사마르칸트의 지배자가 맡았으며 이 소그디아나 연맹체 수장 중에는 한 국가의 왕과 같이 중앙통제권을 강하게 행사한 인물도 있었다. 이 책에서 이야기할 시기가 바로 소그디아나 연맹체의 수장이 왕과 같은 지배력을 가졌던 시기이기 때문에 이 책에서는 소그디아나 연맹체를 편의상 '소그디아나 왕국'으로 부르기로 한다.

아프라시압 박물관

사마르칸트에서 가장 먼저 찾은 곳은 사마르칸트의 아프라시압 궁전에서 발굴된 벽화가 전시된 아프라시압 박물관이다. 박물관 정문에 도착하여 안쪽으로 들어가니 좌우에 정원이 조성되어 있고 멀리 박물관 건물이 보인다.

|**아프라시압 박물관 전경**|박물관 입구로 들어가면 좌우에 정원이 조성되어 있고 멀리 아프라시압 박물관이 보인다. 박물관 내부에는 한반도에서 온 사신이 그려져 있는 벽화가 있고 왼쪽 정원에는 '코리아 실크로드 우호협력 기념비'가 세워져 있다.

1965년 사마르칸트의 아프라시압 언덕에 있는 궁전터를 발굴하던 중에 벽화들이 발견되었다. 이들 벽화 중에는 각국에서 온 사신들의 그림이 그려져 있는 벽화가 있었는데, 놀랍게도 그 벽화에는 새의 깃털로 장식한 조우관(鳥羽冠)을 쓰고, 손잡이 끝에 동그란 고리가 있는 가늘고 긴 칼인 환두대도(環頭大刀)를 차고, 소매 안에 손을 넣어 맞잡고 있는 두 인물이 그려져 있었다.

"한반도에서 온 사신이다!"

이 사신도는 우리나라 역사학계에 엄청난 관심을 불러일으켰다. 이들이 한반도에서 온 사신들이 맞으면 우리 선조들이 7세기경에 한반도에서 멀리 떨어진 중앙아시아 지역과도 교류해 왔다는 사실이 역사적으로 증명되는 것이었기 때문이었다.

|**아프라시압 박물관 내부**|정면에 보이는 벽화가 사신들이 그려져 있는 벽화이다.

아프라시압 박물관 안으로 들어가니 아프라시압 궁전 발굴 당시 출토된 벽화들이 보였다. 정면에 보이는 벽화가 궁전의 서쪽 벽에 그려진 소그디아나 왕이 여러 나라에서 온 사신들을 접견하는 모습을 그린 바로 그 사신도 벽화이다. 그런데 이 벽화들은 발굴 당시 공기와 접촉되면서 산화되어 아주 희미하게 보일 뿐 아니라 손상된 부분들도 많아 전문가가 아니면 정확한 내용을 알 수가 없다. 그래서 이 책에서는 우즈베키스탄 고고학 연구소에서 제작한 복원도[4]를 보면서 이야기해 보도록 한다. 이 사신도 이야기

---

4) 이 복원도는 바흐람 압두할리모프(Bakhrom A. Abdukhalimov) 우즈베키스탄 과학 아카데미 부원장으로부터 필자가 선물 받은 우즈베키스탄 고고학 연구소에서 다수설에 근거하여 복원한 그림의 복사본이다.

| **서벽 벽화 복원도** | 가운데 위에 크게 그려진 인물이 바르후만 왕이고 그 앞에 당나라 사신을 필두로 사신들의 행렬이 이어진다. 맨 하단오른쪽 끝에 한반도에서 온 사신 2명이 보인다.

는 이 책의 다른 부분과는 달리 다소 학술적으로 서술하였음을 먼저 말씀 드린다.

한반도에서 온 사신이 그려진 벽화(서벽)

서벽 벽화 복원도를 보면 중앙에 왕이 앉아 있고 그 앞에는 축하 사절로 보이는 외국 사신 행렬이 늘어서 있다. 당나라 복식을 하고 비단을 든 당나라 사신들이 중앙에서 내려오다가 오른쪽으로 줄지어 서 있고, 왼쪽으로는 당시 돌궐인과 소그드인의 예복인 카프탄(Caftan)을 입은 사절단들이 선물을 들고 도열해 있다. 축하 사절들을 맞이하는 인물은 바르후만(Barhuman)

이라는 소그디아나 왕이다. 그것은 그림 속에 쓰여 있
는 소그드 문자가 해독됨으로써 확인되었다.

축하 사절 행렬에서 맨 하단의 오른쪽 끝에 조우관
을 쓰고 환두대도를 차고 소매 안에 손을 넣어 맞잡고
있는 한반도에서 온 사신 두 명이 보인다.

한반도에서 온 사신

엄격한 의전적 예우와 격식을 갖춘 국제 행사

사신들이 소그디아나 왕을 알현하고 있는 이 그림은 무슨 행사를 묘사한
것일까?

오랫동안 국가의전(國家儀典)을 맡아 해 왔던 필자[5]는 이 벽화 속에는 엄
격한 의전적 예우와 격식이 담겨있음을 쉽게 파악할 수 있다.

우선 바르후만 왕 앞에 좌우 양쪽으로 앉아 있는 인물들은 방석 위에 앉
아 왕 앞에서 자유롭게 대화를 나누고 있는 것으로 보아 상당히 높은 지위
의 인물들임을 알 수 있다. 그리고 오른쪽 그룹에는 2명, 왼쪽 그룹에는 1
명의 의전행사 요원이 각각 배치되어 있다. 이것으로 보아 오른쪽 그룹이
더 중요한 인물들로 보인다.

그리고 한반도에서 온 사신들 옆에는 긴 막대기 11개가 보이고 그림의
왼편 위쪽에도 짧은 막대기들이 있다. 발굴된 벽화에서 막대기 끝부분이
모두 지워져 있어 복원도에서도 막대기 끝에 아무것도 그려 넣지 못하였지

---

5) 필자는 외교부 의전과 청와대 의전 등 국가 의전 부서에서 다년간 국제의전 업무를 담당했다.

만, 필자의 눈에는 이 막대기들은 공식 행사 때 사용하는 국가를 상징하는 의장기(儀仗旗)나 왕실을 상징하는 왕실기(王室旗)를 단 깃대들로 보인다. 2023년 4월 22일 사마르칸트에서 필자가 만난 사마르칸트 국립대학교 선임연구원인 보비르 S. 가이보프(Bobir S. Gayibov) 박사도 "다수 학자가 막대기들을 일종의 국가 상징물을 거는 깃대로 보고 그 끝에는 무엇인가 달려 있었을 것으로 생각하고 있다"라고 언급한 바 있다.

이러한 의장기나 왕실기가 있다는 것은 그 자리에 국가나 왕실의 대표자들이 있다는 것을 의미한다. 바로 바르후만 왕을 바라보고 오른쪽에 앉아 있는 9명의 귀빈은 각기 주권을 가진 소그디아나 연맹체 구성 국가의 대표들이다. 그리고 상대적으로 짧은 막대기 쪽에 앉아 있는 인물들은 이 행사가 열리고 있는 사마르칸트[6]라는 도시 국가를 구성하는 각 왕실의 대표자들이고 그 옆에 각 왕실을 상징하는 왕실기가 세워져 있는 것이다. 당시 사마르칸트는 아부다비, 두바이 등 7개의 토후국이 한 국가를 형성하고 있는 현재의 아랍에미리트연합(UAE)과 비슷한 성격이었다고 생각하면 이해하기 쉽다.

엄중한 경호 속에서 이루어지고 있는 행사

이 벽화에서는 경호 측면에서도 엄중한 경호가 이루어지고 있음을 느낄 수 있다. 복원도에서 보는 바와 같이 바르후만 왕 앞에서 한 인물이 하늘색 복장을 착용하고 방석에 앉아 부하에게 지시하고 있다. 요즈음의 경호실장과 같은 인물로 보인다. 방석에 앉아 있는 것으로 보아 상당히 고위직 예우를 받고 있음도 알 수 있다. 소그드인 통치자들은 경호를 위해 고도로 훈련

---

6) 가이보프 박사의 연구에 의하면 사마르칸트는 주권은 없는 다수의 소국으로 구성되어 있었다고 한다.

된 엘리트 경호부대인 차카르(Chakar)를 운용했다고 하는데 그 차카르의 대장일지도 모르겠다.

또한, 경호원들이 오른편 맨 아래쪽에 있는 한반도에서 온 사신과 그 앞의 사신들을 당나라 사신들과 분리하고 있고, 이 모습을 노란색 옷을 입고 방석 없이 짧은 막대기 옆에 앉아 있는 인물이 주시하고 있다. 그는 이 행사를 전담하는 경호팀장 같은 인물로 보인다.

이와 같이 이 벽화는 엄중한 경호 체제 속에서 의전적으로 바르후만 왕에 버금가는 예우를 받는 소그디아나 연맹체 구성국 대표들과 사마르칸트를 구성하는 왕실 대표들이 참석한 가운데, 당나라 사신단을 비롯하여 주변 각국의 사신들이 선물을 들고 왕에게 알현을 청하고 있는 공식 국제 행사를 묘사한 그림이다.

한반도에서 온 사신은 어느 나라 사신인가?

이 사신도 벽화에서 우리가 가장 궁금한 것은 "한반도에서 온 사신은 삼국 중 어느 나라에서 온 사신들일까?"이다. 여기에 대해서 우리나라 학자들 사이에는 고구려와 신라로 의견이 갈라지고 있다. 1965년 이 벽화를 발굴한 후 10년간의 연구를 거쳐 1975년에 결과보고서를 발표한 구소련 고고학자인 라자르 알바움(Lazar I. Al'baum) 박사를 포함하여 거의 모든 학자는 이들이 한반도에서 온 사신이라는 데 의견의 일치를 보인다. 그러나 고구려, 백제, 신라중 어느 나라 사신인가에 대해서는 알바움 박사도 명확히 하지 못했고 아직도 고구려 사신과 신라 사신이라는 의견이 갈리고 있다.

이에 관한 연구가 오랫동안 여러 학자에 의해 이루어졌기 때문에 이미 틀린 사실로 판명된 부분들을 포함해서 많은 내용이 뒤섞인 채, 우리나라에서는 고구려 사신이라는 것이 다수설로 되어 가고 있다. 그런데 필자가 '코리아 실크로드 프로젝트'를 수행하면서 많은 관련 논문들을 읽어 보았지만, 어떤 논문도 이들이 고구려 사신이란 명확한 논거를 제시한 논문은 없었다.

이와 관련 최근에 이루어진 우즈베키스탄 학자들에 의한 연구 성과가 한반도에서 온 사신이 어느 나라 사신인지에 대한 새로운 해석을 가능케 해 주고 있다. 여기서 그동안 진전된 아래 상황을 기초로 하여 독자분들과 함께 이 사신이 과연 어느 나라 사신인지를 다시 한번 검토해 보고자 한다.

첫째, 조우관과 환두대도는 고구려뿐 아니라 한반도에 있던 삼국 모두가 사용해 왔던 의례용 모자와 무기이고, 소매에 손을 넣고 맞잡는 삽수(揷手) 습관도 삼국이 함께 공유해 왔던 풍습이라는 사실은 이제 모든 학자가 인정하고 있다. 따라서 조우관, 환두대도, 삽수 습관을 언급하면서 고구려나 신라 사신이라고 주장하는 것은 타당하지 않다.

둘째, 우즈베키스탄에서 소그드 학(學)이 점차 발전되면서 그 학문적 성과가 이 문제에 대한 새로운 해석을 가능하게 해 주고 있다. 즉 최근에 이 벽화의 주인공인 바르후만의 재위 기간이 655년에서 675년간이라는 연구 결과가 발표되었다. 이제까지 바르후만의 폐위 연도는 675년으로 알려져 있었으나 즉위한 시기에 대해서는 발견된 자료나 연구한 논문이 없었다.

사마르칸트 대학교의 가이보프 박사는 2016년 국제학술지에 발표한 논문[7]에서 소그디아나 연맹체 수장들의 이름과 재위 기간을 "Shishpir(650~655),

---

7) Sogdian Confederation:The Kingdoms Position and Peculiarity, Dr. Bobir S. Gayibov, The International Journal of Humanities & Social Studies (ISSN 2321-9203), Vol 4 Issue 6, June, 2016

Varkhuman(655~675), Urk Vartramuk(675~695), Tukaspadak(695~698), On-Ok(698~700), Tarkhun(700~710), Ghurak(710~738), Turgar(738~759)" 등으로 명시하였다.

동전학(銅錢學) 전문가인 그는 소그디아나 지역에서 출토되는 지배자들의 이름과 얼굴 그리고 제작 연도가 표시된 동전들과 중국 및 이슬람권의 문헌들을 연구하여 소그디아나 연맹체 수장들의 재위 기간을 명확히 한 것이다.

한반도 사신을 고구려나 백제 사신으로 보기 어려운 이유

가이보프 박사의 주장대로 바르후만 소그디아나 왕의 재임 시작 시기를 655년으로 본다면 한반도에서 온 사신들은 고구려나 백제 사신으로 보기는 어렵다는 결론으로 이어질 수밖에 없다. 그 이유는 당시의 국제정치 상황 때문이다.

7세기 중반 동아시아는 고구려, 백제, 말갈, 왜(倭)라는 한 축과 신라와 당(唐)이라는 다른 한 축이 갈라져 전쟁을 치르는 상황이었다. 당시 고립된 상황에 있었던 신라는 김춘추(金春秋)의 대당(對唐) 외교 성과로 당나라와 650년경 군사동맹을 맺고, 김춘추의 아들들을 당나라 수도인 장안에 교대로 파견하여 대당 외교교섭의 거점 역할을 하게 하였다.

655년 고구려가 백제, 말갈과 연합하여 신라를 공격해 오자, 신라와 당나라 간의 군사동맹이 가동되어 당나라의 정명진(程名振)과 소정방(蘇定方)이 고구려를 공격하였고, 당나라와 고구려 간의 전투는 658년, 659년에도 계속된다. 또한, 659년에는 백제가 신라를 침공해 와 660년 신라와 당나라

는 함께 백제를 공격하여 결국 백제를 멸망시킨다.

한편, 중국 역사책에 의하면 658년에 당나라 황제는 사마르칸트의 바르후만을 강거도독(康居都督)으로 책봉(冊封)[8]하기 위해 동기생(董寄生)을 단장으로 하는 사신단을 사마르칸트에 파견한다. 당나라의 책봉을 통한 지배 체재는 완전한 종속이 아닌, 자율성이 많이 부여되었던 체제였지만 당나라와 책봉 국가와의 관계는 임금과 신하의 관계로 군사동맹을 넘어선 보다 밀접한 특수관계를 형성하는 것이다.

바르후만의 재위 기간 중 당나라가 사마르칸트에 사신단을 파견한 것은 바르후만을 강거도독으로 책봉하기 위한 658년이 유일하고, 658년에 당나라와 사마르칸트는 군사동맹을 넘어선 책봉 국가 관계가 되었다는 점과 당시 동북아 지역에서는 나당(羅唐)연합군과 고구려 및 백제가 전쟁을 치르는 상황임을 감안할 때, 당나라의 전쟁 상대국인 고구려나 백제의 사신이 당나라 황제가 보낸 사신단이 참석하는 자리에 나타난다는 것은 상상하기 어렵다. 그리고 당나라와 책봉 관계에 있는 사마르칸트가 적국인 고구려나 백제 사신을 구태여 벽화에 그려 넣을 이유도 없는 것이다.

이러한 국제 정세 측면 이외에도 아프라시압 궁전 벽화에 나타난 한반도에서 온 사신의 이미지는 당시 당나라와 동북아시아의 패권을 두고 겨루던 고구려의 위상을 대변하기에는 너무나 부족하다.

6세기 초의 양직공도(梁職貢圖)를 당나라 화가 염립본(閻立本)이 모사한 양회도(王會圖)에 나타난 한반도에서 온 사신들의 모습을 보면 신라 사신

---

8) 책봉은 천자(天子)가 주변 국가나 이민족의 수장을 도독으로 임명해 군신 관계를 맺은 방법이다

에 비해 화려한 비단옷을 입고, 경륜이 묻어나는 위풍당당한 모습의 고구려와 백제 사신을 볼 수 있다. 그리고 이러한 모습은 약 130년 뒤에 아프라시압 궁전 벽화에 나타난 한반도 사신의 모습과 너무나 차이가 난다. 사신은 국가를 대표하여 파견되는 것이기 때문에 사신의 의상과 행동은 그 나라의 위상을 보여주는 것이 되어야 한다. 그런데 아프라시압 궁전 벽화에 나타난 한반도 사신의 모습은 당시 동아시아에서의 고구려 위상을 반영하기에는 너무나 부족해 보인다.

| **양회도의 한반도에서 온 사신들** | 왼쪽에서부터 차례로 백제, 고구려, 신라 사신이다.

한반도에서 온 사신이 신라 사신일 가능성은 있는가

이처럼 당시 국제 상황을 고려할 때 고구려와 백제의 사신일 가능성이 없다면 신라 사신일 가능성은 있는 것인가? 이것을 뒷받침하는 결정적 자료를 아직 찾아내지는 못했지만, 필자는 이 시기에 대당 외교 일선에서 중심적 역할을 했던 신라 29대 왕 김춘추의 두 아들, 즉 둘째 아들 김인문(金仁問)과 셋째 아들 김문왕(金文王)을 주목한다.

김인문은 651년 당나라에 들어가 2년간 머물면서 당 고종의 측근에서 신라의 대당 교섭의 거점 역할을 하였다. 이후 신라로 돌아와 잠시 신라의 내정을 맡다가 658년에 다시 당나라로 들어간다. 그리고 660년 백제 정벌 시 백제 정벌군의 부대총관(副大摠管)으로 대총관(大摠管) 소정방과 함께 출정한다.

그리고 셋째 아들인 김문왕은 나당 군사동맹을 맺기 위해 김춘추와 함께 648년 당나라에 들어갔다가, 돌아오지 않고 당나라에서 좌무위장군(左武衛將軍)에 제수되어 장안에 머물렀다. 654년 김춘추가 왕으로 즉위하자 잠시 귀국하여 이찬(伊湌) 벼슬을 하다가 656년에 다시 당나라로 들어가 658년 형인 김인문과 교대할 때까지 당나라에 머물면서 신라의 대당 외교 거점 역할을 하였다. 즉 신라왕 김춘추의 두 아들이 당나라 사신이 사마르칸트에 파견된 해인 658년에 모두 당나라 수도 장안에 있었다.

이러한 사실은 앞으로 본격적으로 전개될 고구려 및 백제와의 전쟁에 대비하여 이들이 소그디아나 연맹체와 군사·외교적 네트워크를 구축하기 위해 당나라 사신단과 함께 장안을 출발하여 사마르칸트를 방문하였을 개연성을 높여 준다. 물론 이 부분은 필자의 단순한 인문학적 상상력에 불과할지 모르지만 앞으로 학자분들의 깊은 연구가 뒤따랐으면 하는 마음이다.

당나라 색채가 뚜렷한 북벽의 벽화

　북벽에는 당나라를 주제로 한 그림으로 가득 채워져 있다. 북벽 벽화 복원도에서 좌측에는 배 위에 약간 과장되게 그려진 한 여성을 중심으로 시녀들과 악사들이 뱃놀이를 즐기고 있고 오른쪽에는 기마 인물들의 수렵 장면이 역동적으로 그려져 있는데 우측의 창으로 맹수를 공격하는 인물은 그림 전체에서 다른 어떤 인물보다도 과장되게 그려져 있다.

|**북벽 벽화 복원도**|희게 나타나는 부분은 현재 남아 있는 부분이고 검게 나타나는 부분은 지워져 보이지 않는 부분이다. 출처: F. Ory, A. Barbet, L. Al'baum, M. Reutova

　북벽 벽화에서 뱃놀이를 즐기고 있는 다소 과장되게 그려진 여성은 단오절에 용 모양의 배를 타고 '용선(龍船) 놀이'를 하는 당나라의 황후, 즉 고종의 부인인 무측천(武則天, 652~683)[9]으로, 그리고 오른쪽의 매우 과장되게 그려진 사냥을 하는 남성은 당나라 고종 황제로 보는 학자들이 많다. 원근법이 도입되기 전인 중세 회화의 특징은 중요한 인물을 크게 묘사하고 있음을 볼 때 필자도 이들이 당나라 황제와 황후일 가능성에 무게를 두고 싶다.

　북벽 벽화의 주인공들이 당나라의 황제와 황후인지 확정적으로 말할 수

---

9)　무측천은 고종의 부인으로 후에 무주(武周)를 세우고 중국 역사에서 최초이자 유일한 여황제가 된다. 측천무후라고도 부른다.

|**북벽 벽화의 일부**| 용의 모양을 닮은 배를 타고 뱃놀이하는 인물들의 중앙에 있는 여성이 다소 과장되게 그려져 있다.

는 없지만 그들의 복장은 당나라 복장임에 틀림이 없다. 이처럼 궁전의 한 벽면을 완전히 당나라에 할애하고 있다는 것은 친당(親唐)적인 색채를 대외적으로 표방하고자 하는 정치적인 이유를 가지고 이 벽화가 그려졌다고 볼 수 있다. 따라서 아프라시압 궁전 벽화는 소그디아나 왕국이 당나라의 세력권으로 들어간 이후에 그려진 것이라고 보아야 한다.

조로아스터교 신전으로 가는 행렬을 그린 남벽의 벽화

남벽에는 어디론가 향해 가는 화려한 행렬이 묘사되어 있다. 맨 왼쪽에 있는 건물은 소그드인들의 종교였던 조로아스터교(Zoroastrianism)의 신전이다. 행사에 참여할 귀빈들과 경호원들이 바르후만 왕을 맞이하기 위해 먼저 신전에 도착하여 대기하고 있다. 현대의 의전관례와 동일하다. 행렬

|**남벽 벽화 복원도**|조로아스터교 신전으로 가는 행렬이 그려져 있다.

선두에는 화려하게 치장된 흰 코끼리를 탄 사람이 있는데 학자들은 이 사람을 바르후만의 왕비로 보고 그 뒤를 따르는 세 사람도 바르후만의 여타 부인들로 본다.

그리고 그들 뒤를 낙타를 탄 두 사람이 손에 막대기 같은 것을 들고 따라가고 있다. 이 막대기는 조로아스터교 의례 시 사용하는 도구 중 하나인 '바르솜(barsom)'이다. 그리고 그 뒤에 흰옷을 입고 마스크를 쓴 인물이 보이는데 그가 쓴 마스크는 '불을 숭배한다'고 해서 중국에서 배화교(拜火教)로 불리는 조로아스터교의 의식 때 침이 성스러운 불을 더럽히지 않도록 쓰는 마스크인 '파담(Padam)'이다. 따라서 이 사람들은 조로아스터교 사제(司祭)들이다.

그 뒤로 말 한 마리와 거위 네 마리가 따르고 있다. 카자흐스탄 학자 모토프 유(Motov Yu, A)는 벽화에 등장하는 거위, 말 등은 조로아스터교의 '미트라(Mitra) 신'에 대한 의례, 즉 '미트라 신'을 위한 희생제에 사용하기 위해 데려가는 것으로 보고 있다. '미트라 신'은 조로아스터교에서 '태양신'이자 '계약의 신'으로 왕에게 왕의 권능을 부여하는 역할을 한다. '미트라 신'은 사산조 페르시아(226~651) 시기에 만들어진 타크 보스탄(Taq-e Bostan)[10]의 부조에서도 페르시아 황제에게 왕권을 상징하는 고리를 수여하는 모습으로 묘사되어 있다.

그 뒤에는 화려하게 치장된 말을 타고 오는 인물이 있는데 바로 행렬의 주인공인 바르후만 왕이다. 따라서 이 행렬은 바르후만이 조로아스터교 사원에서 '미트라 신'으로부터 왕의 권능을 부여받고 국가의 안녕과 발전을 기원하기 위한 종교의식을 하기 위해 사원으로 가는 행렬을 묘사한 것이다.

이상 살펴본 바와 같이 아프라시압 궁전 벽화는 658년 당나라 고종 황제가 동기생(董寄生)을 사신으로 파견하여 사마르칸트의 바르후만을 강거도독(康居都督)으로 책봉하고, 소그디아나 연맹체의 수장으로 취임한 것을 축하하는 행사를 묘사한 것으로, 바르후만 왕이 이를 기념하고 앞으로 친당적인 정책을 계속 추진해 나갈 것을 대내외적으로 천명하기 위해 그려진 벽화로 보아야 한다. 따라서 이 시기에 한반도에서 온 사신은 신라 사신일 수밖에 없다고 생각된다.

---

10) 타크 보스탄은 이란과 이라크를 가로지르는 자그로스 산맥 북서부에 있는 케르만샤 인근의 암석 부조 유적이다. 이곳의 부조 중에는 '미트라 신'이 휘스레브(혹은 호스로우) 2세(재위: 590~628)에게 왕권을 상징하는 고리를 수여하고 있는 부조가 있다.

코리아 실크로드 프로젝트와 실크로드 우호협력 기념비

아프라시압 박물관을 관람하고 나와 박물관 정문 쪽으로 내려가면 오른쪽 정원에 '실크로드 우호협력 기념비'가 세워져 있다. 2013년 경상북도에서 '코리아 실크로드 프로젝트'를 추진할 당시 세운 기념비다. '코리아 실크로드 프로젝트'는 우리의 자라나는 젊은 세대들이 실크로드 답사를 통해 조상들의 진취적인 기상을 배우고 자신들의 사고와 인식의 폭을 넓히는 한편, 세계 실크로드 관광에 경주를 비롯한 한반도의 도시들을 포함시키기위한 목적에서 추진된 행사였다.

이 프로젝트는 1차로 경주에서 중국 시안까지 신라 시대 우리 조상들이 활동하였던 길과 유적지를 80여 명이 2013년 3월 22일부터 4월 4일간 버스로 이동하면서 답사하였다. 그리고 2차로 7월 22일부터 8월 31일간 시안에서부터 시작하여 중앙아시아와 이란을 거쳐 튀르키예의 이스탄불까지 이어지는 실크로드를 윤명철(尹明喆) 동국대학교 역사학과 교수를 단장으로 한 24명의 답사단이 5대의 차량에 나누어 답사한 프로젝트였다.

이 실크로드 우호 협력 기념비를 아프라시압 박물관 정원에 세울 수 있었던 것은 당시 우즈베키스탄 대통령실의 적극적인 협조가 있었기 때문에 가능하였다. 그만큼 우즈베키스탄 대통령실에서 우즈베키스탄과 한국과의 관계를 중요시하였다는 의미이다. 이 기념비를 다시 보니 필자가 경상북도 국제관계대사[11]로 재직하던 당시 이 사업을 성사시키는 과정에서 있었던 난관들이 주마등처럼 스쳐 지나갔다.

---

11)　국제관계대사 제도는 외교부와 행정자치부가 지방의 국제화를 위해 재외공관장을 역임한 외교관들을 광역지자체에 부지사(혹은 부시장) 예우로 파견하는 제도이다.

2013년 5월 경상북도의 국제관계 담당 부서에서 타슈켄트주와의 자매결연 체결과 사마르칸트 아프라시압 박물관에 실크로드 우호협력 기념비를 설치하는 건이 진척이 없다고 보고하면서 협조를 요청해 왔다. 급히 우즈베키스탄 주재 대사(당시 전대완 대사)께 연락을 드리니 대사께서 직접 나서서 지원해 주겠다고 약속해 주셨고, 비탈리 펜(Vitali Fen) 주한 우즈베키스탄 대사도 면담하고 협조를 요청하였다.

그러나 아쉽게도 양측 대사관을 통해 우즈베키스탄 외교부로 들어간 협조 요청은 어느 쪽도 진전이 없었다. 이 문제가 진척이 없었던 것은 당시 우즈베키스탄은 지방 정부 간 교류 사례가 드물어 외교부에서 이 건 처리에 대해 고심을 하고 있었기 때문이었다. 따라서 별도의 조치가 필요하다는 생각을 하면서 펜 대사와 함께 고민하고 있을 때 이 문제를 해결할 수 있는 구세주를 만나게 된다.

하루는 펜 대사가 "한국의 대통령 정무수석에 해당하는 우즈베키스탄 대통령의 보좌관 한 분이 국회의원들과 함께 방한하여 2013년 6월 28일 '정치 근대화에서 의회주의 문제와 사회, 경제, 문화 분야 토론'이라는 제목으로 서울의 롯데호텔에서 세미나를 개최하는데 한국 국회의원분들의 참석이 여의치 않다"면서 "경상북도 지역 의원분들도 가능하면 참석할 수 있도록 협조해 달라"는 요청을 해 왔다. 그리고 이번에 방한하는 메하메도프 파루흐(Mehamedov Farukh) 보좌관이 우리의 문제를 해결해

| **코리아 실크로드 우호 협력 기념비** |
필자의 개인적인 추억이 서려 있는 기념비라 기념으로 사진을 한 장 찍었다.

줄 수 있을 정도로 영향력이 있는 인물이라고 귀띔해 주었다.

정치권 인사와의 친분에 한계가 있는 필자로서는 우선 이인선 당시 경상북도 정무부지사와 대구·경북 국제교류협회 산하 한·우즈베키스탄 협회의 문신자 회장께 협조 요청하였고, 세미나 전날에는 롯데호텔에서 이인선 정무부지사와 함께 파루흐 보좌관을 포함한 우즈베키스탄 국회의원 방문단과 업무 오찬도 가졌다. 이러한 노력의 결과 이재오 당시 한·우즈베키스탄 친선협회장을 포함한 국회의원들과 문신자 회장을 포함한 한·우즈베키스탄 협회 회원들이 참석한 가운데 세미나가 성공적으로 개최될 수 있었다.

이 세미나에서 필자는 '한·우즈베키스탄 지방 정부 간 교류'를 주제로 발표하면서 타슈켄트주와의 자매결연 추진 관련하여 우즈베키스탄 정부 측의 관심과 협조를 요청하였다. 이에 대해 파루흐 보좌관은 "양국의 지방 정부 간 교류를 적극 장려하고 싶다"고 하면서 "자신이 이 문제를 직접 검토하겠다"고 하였다. 그날 저녁부터 필자의 전화기는 신속한 업무처리로 유명한 펜 대사의 전화로 늦은 밤까지 쉴 틈이 없었다. 실크로드 우호협력 기념비 설치를 포함하여 파루흐 보좌관이 원하는 각종 자료를 긴급히 요청하는 전화였다.

이러한 우즈베키스탄 대통령실의 적극적인 협조로 비록 계획된 일자보다는 2개월 이상 지났지만 2013년 8월 1일에 김관용 지사 일행이 타슈켄트를 방문하여 타슈켄트주와의 '자매결연 양해각서'에 서명하고 8월 2일에는 사마르칸트에서 이 실크로드 우호협력 기념비 제막식을 가질 수 있었다. 당시 필자는 8월 1일 중국 간쑤성 둔황(燉煌)에서 개최된 유엔 세계관광기구(UNWTO) 주최 '실크로드 관광 국제회의'에 참석하여 '코리아 실크로드 프로젝트'를 소개하는 주제 발표를 하게 되어있어 아쉽게도 이 의미 있는 현장에는 참석하지 못하였다.

이와 같이 이 기념비는 양국 간 긴밀히 다져진 우호 관계와 경상북도 관계관들의 노력, 그리고 한·우즈베키스탄 협회의 협조 덕분에 세워질 수 있었다. 필자에게는 개인적으로 추억어린 기념비이다.

실크로드의 주인공, 소그드인

아프라시압 궁전 벽화를 남긴 소그드인들은 누구인가? 소그드 민족은 중앙아시아의 소그디아나 지역을 차지하고 실크로드를 통해 유라시아 대륙의 동·서를 가로지르며 무역에 종사해 왔던 민족이다. 당시에 그들의 언어는 국제공용어 같이 통용되기도 했다고 한다. 그들은 유라시아 대륙을 횡단하는 최초의 기마민족인 스키타이인 중에서 중앙아시아에 거주한 민족이다. 고대 페르시아의 아케메네스 왕조(기원전 550년~기원전 330년) 시기에 페르시아의 세력권 아래에서 페르시아화 되었고, 기원전 4세기 마케도니아 알렉산더 대왕의 동방 원정 시에는 정복된 바도 있으며 이후에도 사산조 페르시아, 돌궐, 아랍, 당나라 등 여러 주변 강대국들의 세력권 아래에서도 계속 독립을 유지하면서 생존해 왔던 민족이다.

이들은 페르시아 문화를 수용하여 주로 조로아스터교를 믿었으나 그 외에도 마니교, 네스토리우스파 기독교, 불교 등도 모두 수용하

|둔황 양관 박물관의 '소그드인 상'|
우락부락한 얼굴을 하고 턱수염을 한 '소그드인 상'은 경주 괘릉의 무인상과 흡사하다.

였다. 이들은 실크로드 상에 있는 많은 오아시스 도시에 무역 중개소를 설치하고 이를 연결하여 유라시아 대륙 동·서간의 무역을 도맡아서 해 왔다. 소그드인 남성들은 대상(隊商)[12]과 호위 무사 역할을 했으며, 당나라에서는 소그드 여성을 '호녀(胡女)'라고 불렀는데 이들 중에는 장안의 유곽에서 소그드 춤을 추는 무희들이 많았다고 한다.

역사상으로 유명했던 소그드인 중에는 알렉산더 대왕의 부인인 록사나(혹은 라브샤낙)와 당나라 현종 때 난을 일으킨 안록산(安祿山)이 있다. 알렉산더 대왕은 소그디아나에서 록사나를 만나 합법적으로 결혼했으며 그녀와의 사이에서 유일한 후계자인 알렉산드로스 4세가 출생한다. 이 록사나가 바로 소그드인이다. 그리고 현종과 양귀비의 총애를 받았으나 권력다툼으로 난을 일으킨 안록산도 안국(安國, 부하라) 출신의 소그드인이다. 이 안록산의 난이 진압된 후 소그드인들은 엄청난 핍박 속에서 동서남북으로 모두 흩어짐으로써 집단 거주지를 잃고 소멸의 길을 걷게 된다.

고구려와 신라의 서역과의 교류

고구려는 한반도의 북방 지역에 있었던 지리적 여건으로 백제나 신라와 비교하여 자연 소그드인을 포함한 북방 유목민족과의 교류가 많았을 수밖에 없다. 고구려의 서역 지역과의 교류는 고구려 고분벽화에서 유추해 볼 수 있다. 그중에서도 서역계 역사(力士)의 모습은 고구려 벽화에 나타나는 가장 대표적인 서역 문화적 요소이다.

또한, 고구려와 서역과의 교류에 관한 역사 기록은 확인된 것이 없지만,

---

12) 대상(隊商)은 사막 같은 황무지 또는 오지를 횡단하며 교역하는 상인 집단을 말한다.

고구려와 소그디아나 지역을 지배하던 돌궐과의 교류에 대해서는 역사 기록이 있다. 〈삼국사기〉의 '고구려 본기'에는 607년 고구려 사절이 당시 오르도스 지방에 있던 돌궐의 계민(啓民) 카간에게 파견되었다가 마침 그곳을 방문했던 수나라 황제를 만났다는 내용이 나온다. 이 내용은 수나라 역사책인 〈수서(隋書)〉에도 기록되어 있다.

신라에도 소그드인들의 흔적이 많이 보인다. 7세기 통일 신라 시대의 경주 용강동 고분에서 홀(笏)[13]을 들고 카프탄을 입고 있는 흙으로 만들어 구운 인형이 출토되었고, 황성동에서는 소그드인의 전형적인 모자인 고깔모자를 쓴 인형도 출토되었다. 또 원성왕릉으로 추정되는 경주의 괘릉과 흥덕왕릉에 있는 무인상도 현재는 소그드인으로 보는 것이 정설이다.

|**신라의 소그드인 유물**| 왼쪽에서부터 차례로 8세기 전반에 만들어진 경주 용강동 돌방무덤에서 출토된 서역인 토기 인형, 황성동에서 출토된 소그드인의 전형적인 모자인 고깔모자를 쓴 토기 인형 복제품, 괘릉의 무인상이다.

---

13)　홀은 관료들이 국가의 중요한 의례에서 손에 드는 좁고 긴 판(板)이다.

신라 말 유학자이자 뛰어난 문장가인 최치원은 그가 쓴 향악잡영(鄕樂雜詠)에서 신라의 다섯 가지 놀이를 시로 읊고 있는데 이 중 세 가지, 즉 월전(서역 우전국의 탈춤놀이), 산예(서역에서 유행하던 사자춤), 속독(소그드인 탈춤)은 모두 서역에서 전해진 것들이다. 이처럼 서역의 문화가 토착화되어 신라 고유의 놀이가 될 정도로 신라는 소그디아나 지역과 상당한 교류를 하였던 것이다.

티무르 제국의 정치, 경제, 문화의 중심지, 사마르칸트

지금까지 한반도와 인연이 있는 7세기 중반의 소그디아나 왕국의 유적과 유물이 있는 아프라시압 박물관을 방문하였다. 이제 타임머신을 타고 14세기로 날아가 우즈베키스탄인들이 자랑스러워하는 티무르 제국(1370~1507) 시대의 유적과 유물들을 만나러 간다.

아프라시압 박물관의 벽화가 우리나라의 삼국시대와 소그디아나 왕국을 연결해 주었다면 지금부터 보는 유적과 유물들은 우리나라의 조선 시대 초기와 티무르 제국을 이어준다. 특히 티무르 제국의 건국자 아미르 티무르(Amir Timur, 1336~1405)의 손자로 티무르 제국의 지배자였던 미르자 울루그벡(Mirzo Ulugbek, 1394~1449)은 티무르 제국의 과학과 문화·예술 발전을 이끈 인물인데 동시대에 살았던 조선의 세종대왕(1397~1450)과 업적 면에서 상당한 유사성을 보여 흥미롭다.

아미르 티무르는 사마르칸트를 수도로 정한 후 1370년부터 대규모 건설 사업을 진행한다. 도시 주변에는 높은 방어용 성벽을 쌓고 도시 내부에는

|**레기스탄 광장의 마드라사들**| 왼쪽이 울루그벡 마드라사, 중앙이 틸라카리 마드라사, 오른쪽이 쉬르도르 마드라사이다.

궁궐, 모스크(Mosque),[14] 공원, 도로 등을 건설함으로써 13세기 몽골의 침입으로 폐허가 되었던 사마르칸트는 티무르 제국의 수도로 화려하게 다시 태어난다. 티무르에 의해 이렇게 형성된 새로운 사마르칸트는 티무르의 손자인 미르자 울루그벡이 정신적, 학문적 힘을 불어넣으면서 티무르 제국의 '문화적 황금기'를 이끄는 중심도시가 된다.

레기스탄 광장의 아름다운 마드라사들

먼저 방문할 장소는 사마르칸트 관광의 중심지라고 할 수 있는 레기스탄(Registan) 광장이다.

레기스탄(Registan)은 페르시아어로 '모래로 덮인 지역'이라는 의미인데 주로 시장의 역할을 하였던 중앙광장을 의미한다. 레기스탄 광장은 실크로

---

14)　모스크(Mosque)는 이슬람교의 예배 및 집회 장소, 즉 회교 사원을 말한다. 돔 형태의 지붕과 미나렛이라 불리는 첨탑이 특징적이다.

드를 오가는 상인들이 모여드는 중세 상업중심지 역할을 하던 장소인데 사마르칸트에서는 이곳에 마드라사(Madrasah)[15]들이 차례로 세워지면서 시장기능이 축소되고 공적인 행사가 거행되는 장소로 변모한다.

사마르칸트를 '학문의 전당(殿堂)'으로 이끈 울루그벡 마드라사

앞 사진의 왼쪽 건물이 가장 먼저 세워진 울루그벡 마드라사(Ulugbek Madrasah, 건축 기간: 1417~1420)이다. 울루그벡은 이 마드라사를 세우고 천문학자를 포함한 각 분야의 유명한 학자들을 초빙하여 연구, 토론케 함으로써 사마르칸트를 티무르 제국의 '학문의 전당(殿堂)'으로 만들었다.

1420년대 사마르칸트에서는 100명이 넘는 다양한 분야의 학자들이 활동하였고, 그들은 이 마드라사에서 학생들을 가르쳤다. 학생들은 이슬람교 경전인 코란과 선지자 무함마드의 언행록인 하디스(Hadith) 이해 수준에 따라 각 5명씩 그룹을 나누고 일주일에 4일간 수업이 있었다고 한다.

울루그벡의 이러한 모습은 집현전(集賢殿)을 세워 학문을 장려하고 장영실 등 뛰어난 과학자들을 발탁하여 조선의 학문과 천문·과학기술을 발전시킨 동시대에 살았던 세종대왕과 너무나 닮은꼴이다.

'사자와 태양 문양'이 독특한 쉬르도르 마드라사

레기스탄 광장을 바라보고 오른쪽에 있는 건물이 쉬르도르 마드라사 (Sher-Dor, 건축 기간: 1619~1636)이다. 쉬르도르는 '사자가 그려져 있는'이

---

15)　마드라사는 이슬람 세계의 교육기관으로 아랍어로 마드라사(madrasah), 튀르크어로 메드레세 (medrese)로 표현된다. 이 책에서는 아랍어 발음인 마드라사로 통일하여 사용하였다.

라는 의미인데 입구 상단에 대칭으로 사자가 그려져 있어 붙여진 이름이다. 그리고 사자 안에는 태양이 그려져 있고 태양 안에는 사람의 얼굴이 있다.

"이슬람 교리에 따르면 우상숭배를 금지하고 있는데 이 건물에는 어떻게 사람 얼굴이나 동물들을 정문에 버젓이 묘사해 놓을 수 있을까?"

|**쉬르도르 마드라사 정문**|이 마드라사의 정문에는 국가와 지배자의 절대적인 힘을 상징하는 '사자와 태양 문양'이 그려져 있다.

사자가 태양을 품고 있는 '사자와 태양 문양'은 원래 고대 메소포타미아와 아랍의 점성술에서 '태양을 머무르게 하는 집'이란 의미인 '사자자리'에서 사용되던 문양인데, 시대를 지나오면서 그 의미가 변화한다. 즉 페르시아(이란) 지역에서는 '국가와 지배자의 절대적인 힘'을 상징하였으며, 이슬람 세계에서는 '국가를 품고 있는 이슬람교'를 상징하였다. 또한, 몽골-튀르크계인 티무르의 자손인 바부르(Babur)가 세운 인도의 무굴제국의 왕실기에도 왕권의 상징으로 이 문양이 사용되었다. 따라서 이 문양은 메소포타미아 지

역과 아랍, 페르시아, 몽골-튀르크계 등에서 공통으로 사용되었으며, 특히 페르시아와 몽골-튀르크계 국가에서는 '국가와 왕권을 상징하는 문양'이었다. 교조적인 형태가 되기 전인 초기 이슬람 세계에서는 이러한 국가와 왕권을 상징하는 문양이 지배자의 희망에 의해 사용될 수 있었던 것이다.

아랍 점성술사 '아부마샤르'의 점성술 사자자리

이란 사파비 왕조 깃발

인도 무굴제국 왕실기

화려함의 극치를 보여주는 틸라카리 마드라사

쉬르도르 마드라사를 짓고 난 후 '사자와 태양 문양' 때문에 생각보다 많은 교리에 충실한 이슬람교도들로부터 항의가 들어와서 이들을 달래는 조치로 레기스탄 광장을 바라보는 정면에 철저히 이슬람 교리와 이슬람 전통 양식을 따르면서 금으로 화려하게 장식한 틸라카리 마드라사(Tilya-Kori, 건축 기간: 1646~1660)를 지었다고 한다. 틸라카리는 '금으로 된'이라는 의미인데 돔 천장과 내부가 금으로 화려하게 덮여 있어 붙여진 이름이다.

|틸라카리 마드라사 내부| 우주의 심오함을 나타내는 블루 색상과 화려한 황금색이 조화를 이룬 틸라카리 마드라사에는 세계 각국에서 온 관광객들로 붐빈다.

이 마드라사로 들어서면 복도에서부터 이슬람 전통에서 우주의 심오함을 나타내는 블루 색상과 화려한 황금색이 조화를 이루어 심오하면서도 화려한 분위기를 자아낸다. 이곳에는 세계 각국에서 온 많은 관광객이 붐비고 있었다.

이 마드라사의 돔 천장은 화려함의 극치를 보여준다. 돔의 하중을 분산시키기 위해 세운 8개의 아치에 새겨진 다양한 문양과 황금색과 블루 색상이 어우러진 돔 천장의 화려한 아라베스크 문양은 우주의 심오함과 경건함과 화려함을 동시에 느끼게 한다. 이 마드라사는 우즈벡족이 세운 샤이반 왕조의 얄랑토쉬 바호드르(Yalangto'sh Bahodir) 칸 시절에 지어졌다.

| **틸라카리 마드라사의 천장** | 황금색과 블루 색상이 어우러진 돔 천장의 아라베스크 문양은 돔 천장을 받치고 있는 8개의 아치에 새겨진 다양한 문양과 어울려 화려함의 극치를 보여준다.

레기스탄 광장은 밤이 되면 각 마드라사에 조명들이 밝혀져 더욱 아름다워지고 낭만적인 분위기가 된다. 밤의 풍경을 보면 이곳이 사마르칸트 관광의 백미인 것을 더 잘 느낄 수 있다.

|레기스탄 광장의 야경| 밤이 되면 레기스탄 광장의 풍경은 더욱 아름다워져 많은 사람이 이곳으로 나온다.

사마르칸트의 모스크와 영묘들

중앙아시아 최대 모스크인 아미르 티무르 대모스크

　레기스탄 광장에서 멀지 않은 곳에는 사마르칸트에서 가장 유명한 건축물 중 하나로 손꼽히는 중앙아시아 최대 모스크인 아미르 티무르 대모스크가 있다. 모스크의 규모가 워낙 방대하여 그 모습을 가까이 가서는 다 담을 수 없어, 멀리 떨어진 지점에서 차에서 내려 사진을 찍어 보았다. 이 사진에서 오른쪽 큰 건축물들이 아미르 티무르 대모스크이고 왼쪽 끝의 작은 건물이 티무르가 가장 사랑한 부인인 비비하늠(Bibi-Khanym)의 영묘(靈廟)이다.

　아미르 티무르 대모스크는 1399년에 짓기 시작하여 1404년에 완성되었는데 인도 원정 시 가져온 호화로운 원석들을 많이 사용했다고 한다. 티무르는 다른 어느 종교의 사원들보다도 웅장한 이슬람 사원을 지을 것을 주

|**아미르 티무르 대모스크와 비비하늘 영묘**|오른쪽에 아미르 티무르 대모스크가 보이고 왼쪽 끝에
는 비비하늘 영묘가 보인다.

문하여 인도, 아랍, 페르시아 등지에서 온 500명 이상의 기술자들이 동원
되어, 전체 크기가 167m×109m에 이르는 거대한 규모의 모스크를 지었다.
이 모스크는 흔히 '비비하늘 모스크'라고도 부른다. 그 이유는 지금은 없어
졌지만, 과거 이 모스크 앞에 비비하늘 마드라사가 있어 이들이 중세 이슬
람 건축의 한 세트를 이루었기 때문에 이 모스크도 '비비하늘 모스크'라는
별칭으로 불렸던 것으로 보고 있다.

이 모스크 건설과 관련하여 "아름다운 비비하늘을 짝사랑한 페르시아 건
축가가 비비하늘에게 키스를 해 주지 않으면 건축을 더 이상 진행시키지
않겠다고 하여, 할 수 없이 비비하늘이 볼 키스를 받아주었고 이것이 알려
져 원정에서 돌아온 티무르가 건축가를 죽였다"라는 전설이 내려오고 있지
만, 이는 전설일 뿐 역사 기록은 아니다. 비비하늘의 아름다움을 강조하고
티무르가 원정에서 돌아온 후 이 모스크 건설에 불만족하여 일부를 다시
지었던 사실들이 어울려 재미있게 꾸며진 이야기로 보인다.

| **아미르 티무르 대모스크 측면** | 측면에서 보면 아미르 티무르 대모스크의 웅장한 규모를 잘 느낄 수 있다.

작지만 우아한 비비하늠 영묘

아미르 티무르 대모스크 맞은편에는 조그마하지만 우아한 비비하늠 영묘가 있다. 이 영묘는 원래 티무르가 비비하늠의 친정어머니를 위해 지은 영묘로 이 영묘에는 비비하늠과 그녀의 어머니 관이 함께 모셔져 있다.

| **비비하늠 영묘** | 원래 비비하늠의 친정어머니 영묘로 지어진 건물인 비비하늠 영묘에는 비비하늠과 그녀의 어머니 관이 모셔져 있다.

비비하늠은 아미르 티무르의 출신 국가인 차가타이 칸국의 마지막 칸인 카잔(Qazan) 칸의 딸로 칭기즈칸의 후예가 된다. 그녀의 정식 이름은 사라이 물크 하늠(Saray Mulk Khanum)이다. 원래 티무

르의 협력자이자 의형제를 맺었던 아미르 후사인(Amir Husayn of Balkh)의 하렘[16]에 있던 여인 중 한 사람이었는데 후사인이 티무르와의 전투에서 패배하여 그의 하렘이 티무르에게로 왔고, 티무르는 비비하늠을 자신의 수석 배우자(왕비)로 맞아들였다. 그래서 그는 '카잔 칸의 사위(Gurgan of Qazan Khan)'라는 타이틀을 가지고 칭기즈칸 가문과 연결이 된다.

칭기즈칸의 후손이 아니었던 티무르에게는 자신 권위에 정통성을 부여해 줄 수 있는 비비하늠이 매우 중요하였고, 비비하늠 또한 통찰력 있고 지성적이면서도 절세의 미인이라 티무르가 가장 총애하였다고 한다. 해외 원정 시에는 그녀에게 그를 대신하여 정무 업무까지 맡게 한 것으로 알려져 있다.

필자는 "비비하늠이 어떻게 생겼을까?"하는 궁금증으로 오랫동안 그녀의 초상화를 찾으려고 노력했지만 옳은 초상화를 찾을 수가 없었다. 그러던 어느 날 'Works of Historical Genre of Fine Arts in the Culture of Uzbekistan'이라는 책을 보다가 그 책에서 여성 초상화 작가로 유명한 아리프 무이노프(A. Muinov)가 그린 비비하늠 초상화를 찾았다.

|비비하늠 초상화| 공작의 깃털과 보석들로 치장한 몽골의 고고관을 쓰고 있는 비비하늠의 신비스럽고도 절제된 모습은 그녀의 지성미와 고귀한 신분을 잘 나타내고 있다.

비비하늠 초상화에서 비비하늠이 길게 위로 올라가면서 우아하게 곡선을 이

---

16) 하렘은 이슬람 국가의 궁전에서 지배자의 여인들이 거주하는 장소이다.

룬 몽골의 여성 모자인 고고관(姑姑冠)을 쓴 것은 그녀가 칭기즈칸 가문 출신이라는 것을 말하기 위한 것 같다. 몽골 여성의 전통 모자인 고고관은 깃털, 관통, 모자 등 3부분으로 구성되는데 공작의 깃털과 보석들로 치장하고 있는 비비하늠의 고고관은 그녀의 고귀한 신분을 나타내기에 부족함이 없다. 그녀의 표정은 신비스럽고도 절제된 모습이다. 눈은 아래로 내리고 있어 다소곳한 여성적인 면을 강조하면서도 적절히 치켜 올라간 두 눈의 끝은 그녀가 지성적이며 예사롭지 않은 판단력을 가진 것 같은 느낌을 준다. 대제국의 지도자가 특별히 아낄만한 여성으로 잘 표현된 것 같다.

사마르칸트 제1의 이슬람 성지(聖地) 샤히진다

사마르칸트에는 영묘들이 운집해 있는 샤히진다(Shakhi Zinda)라는 영묘군(靈廟群)이 있어 이곳을 찾았다. 샤히진다 영묘군은 아프라시압 언덕의 남쪽에 있는데 현재 사마르칸트 제1의 이슬람 성지(聖地)이다. 이곳에는 티무르 제국의 왕족들과 저명한 천문학자, 그리고 선지자 무함마드의 사촌인 쿠샴 이븐 압바스(Kusam ibn Abbas)를 포함한 존경받는 이슬람교 성인들의 영묘와 사원, 그리고 신학교들이 일직선으로 길게 늘어서 있다. 그 길이가 약 200m이고 폭이 약 40m에 달하는 큰 규모이다.

샤힌진다의 입구로 들어가면 '천국으로 가는 계단'이 나오고 이 계단을 올라가면 영묘들이 줄지어 서 있다. '천국으로 가는 계단'은 계단이 40개인데 "올라갈 때 세었던 계단의 수와 내려올 때 세었던 계단의 수가 같으면 지은 죄가 없어 천국으로 갈 수 있고, 만약 센 계단의 수가 다르면 그 차이만큼 죄가 있다"고 하는 재미있는 이야기가 전해 내려오고 있는 곳이다. 필자도 시도해 보았으나 내려올 때 계단이 다소 가팔라서 조심하느라 중간에 센 숫자를 잊어버렸다.

│**샤히진다의 건축물들**│신성함과 애도의 의미를 지닌 다양한 블루 색상 타일을 사용하여 지은 건축
물들이 줄지어 서 있다. 오른쪽 사진의 우측에 관람객들이 줄을 서 있는 곳이 쿠샴 이븐 압바스의 영
묘 입구이다.

영묘들을 건축하는 데 사용된 타일들은 중앙아시아 문화에서 애도(哀悼)
의 의미를 지닌 코발트블루 색상과 신성한 느낌을 주는 터키석 색상 등을
사용하여 전체적으로 신성함 속에서 애도의 분위기를 자아내고 있다.

샤히진다는 '살아 있는 왕'이라는 의미인데 그 이유는 이곳에 영면하고
있는 선지자 무함마드의 사촌인 쿠샴 이븐 압바스에게 부여된 칭호가 바로
'살아 있는 왕'이기 때문이다. 쿠샴 이븐 압바스는 8세기에 아랍군의 일원으
로 사마르칸트에 도착하여 이곳에서 이슬람교 확산을 위해 혼신의 힘을 쏟
았다고 한다. 그런데 어느 날 기도하는 사이에 이교도들이 공격하여 머리
가 잘렸는데 그는 자신의 머리를 들고 동굴을 통해 지하로 들어간 후 나오
지 않았다고 한다. 그래서 무슬림들은 그가 마지막 심판의 날까지 살아 있

을 것이라고 믿으며, 그를 '살아 있는 왕'이라고 부른다고 한다.

아미르 티무르의 영묘, 구르 아미르

| **구르 아미르** | 구르 아미르의 정문 피스타크의 블루 색상 타일과 팀파눔의
무카르나스 장식이 인상적이다.

　샤히진다에서 남서쪽으로 한참 이동하면 티무르와 그의 아들, 그리고 손
자들의 묘가 있는 구르 아미르(Guri Amir)가 나온다. 구르는 페르시아어로
'무덤'이라는 의미이고 아미르는 '지배자'라는 의미인데 티무르 제국의 건국
자인 아미르 티무르의 영묘를 말한다. 구르 아미르도 뛰어난 이슬람 건축

물 중 하나로 손꼽히는데 우리를 맞이하는 정문부터 인상적이다.

구르 아미르 정문의 피스타크(pishtaq)[17]와 팀파눔(tympanum)에는 애도의 의미를 지닌 코발트블루 색상을 기본으로 다양한 블루 색상의 모자이크 타일을 사용하여 애도를 표하고 있으며, 특히 팀파눔에는 종유석 동굴 모양의 화려한 무카르나스(Muqarnas) 장식을 사용함으로써 근엄함과 함께 화려함을 보여주고 있다.

구르 아미르 영묘 내부

---

17) 피스타크는 건물 입구의 큰 사각형 프레임을 말하며, 팀파눔은 출입문 위에 얹혀 있는 반원형 혹은 아치형 부조 장식을 말한다.

이 영묘는 원래 티무르가 가장 사랑했던 손자인 무함마드 술탄(Muhammad Sultan)의 시신을 안치하기 위해 1404년에 건설하였다. 아미르 티무르가 공들여 지은 영묘인 만큼 사마르칸트를 대표하는 가장 장엄하면서도 아름다운 건축물 중 하나이다.

그런데 티무르가 몽골 제국 수복의 기치를 내걸고 명나라로 진군하던 중인 1405년 2월 병에 걸려 오트라르(Otrar, 현재 카자흐스탄의 도시)에서 사망하여 이 영묘에 묻혔고, 그 후 그의 두 아들과 손자인 울루그벡도 이곳에 묻혔다. 이곳에는 티무르와 그 가족들 외에도 티무르의 '정신적 스승'인 미르 사이드 바라카(Mir Said Baraka, 1343~1403)의 유해도 모셔져 있다.

영묘의 내부는 황금, 구리와 함께 다양한 색조의 코발트블루 색상을 입힌 모자이크로 장식된 건물 벽과 금빛 돔의 아름다움이 방문자들의 탄성을 자아내게 한다.

1층에는 관들이 전시되어 있는데 가운데 검정색 관이 티무르의 관이다. 티무르의 관은 당시 세계에서 가장 큰 흑록색 연옥(Jade)을 조각해 만들었다고 전해지고 있다.

다니야르 호자 영묘(다니엘 영묘)

아프라시압 언덕 남쪽 아래에는 15세기에 만들어진 다니야르 호자(Khoja Daniyar), 즉 선지자 다니엘(Prophet Daniel)의 영묘가 있다. 그는 유대교, 이슬람교, 기독교 등 3대 종교에서 모두 선지자로 추앙받는 인물이다.

|**다니야르 호자 영묘**|긴 터널 모양의 무덤 안에 다니야르 호자의 관이 안치되어 있다.

그의 무덤은 긴 터널형으로 되어있는 독특한 구조인데 20세기에 재건축된 것이다. 현재의 묘에는 티무르가 이란의 수사(Susa)에 있는 다니야르호자의 묘에서 가져온 팔뼈와 다리뼈가 안장되어 있다고 한다. 다니야르호자의 시신 중 일부를 가지고 있으면 행복과 번영을 누릴 수 있다는 믿음이 있어 티무르가 그의 뼈를 이곳으로 가져왔다는 이야기가 전해지고 있다. 무덤 아래에는 작은 샘터가 있는데 사람들은 여기에 흐르는 샘물을 다니야르 호자의 영혼이 깃든 신성한 물로 여겨 기도 후 꼭 한 잔씩 마신다고한다.

티무르 제국 시대의 과학기술 발전과 유럽의 르네상스

아프라시압 언덕에서 북동쪽으로 약 1km 정도 가면 티무르 제국 과학기술의 요람이었던 울루그벡 천문대 터에 도착한다. 입구에는 블루 색상의

우주를 배경으로 하여 세워진 푸른빛을 발하는 거대한 미르자 울루그벡의
동상이 있다.

|**미르자 울루그벡의 동상**|블루 색상의 우주를 배경으로 푸른빛을 발하는 울루그벡의 동상은 그가
천문학 발전에 지대한 공헌을 하였음을 강조하고 있는 것 같다.

　"종교는 안개와 같이 흩어지고, 왕국은 멸망하게 된다. 그러나 과
　학자들의 업적은 영원히 남는다."

　울루그벡이 한 말이다. 이 말 한마디는 그가 얼마나 과학을 중요하게 여
겼는지를 말해 주며, 그 당시의 이슬람은 교조적이고 원리주의적이지 않은
다양한 문화를 수용하는 개방적 이슬람이었음을 보여준다.

'천문 과학기술의 전초기지' 울루그벡 천문대

울루그벡 동상에서 조금 더 올라가면 오른쪽에 울르그벡 천문대 터가 있고 왼쪽에는 울루그벡 박물관이 자리 잡고 있다. 이 천문대는 1420년대에 건축되었는데 현재는 기초만 남아 있고, 천문대에서 사용하던 대리석으로 만들어진 자오선 모형만 볼 수 있다. 이 천문대의 관측을 바탕으로 측정한 1년이 365일 6시간 10분 8초로 현대 첨단 장비로 측정한 365일 6시간 9분 9.6초와 거의 일치하니 그 당시 천문학 수준이 어느 정도였는지 짐작할 수 있다. 천문대 터 맞은편에는 1964년에 지어진 울루그벡 박물관이 있는데 이곳에는 3층으로 된 울루그벡 천문대 모형이 전시되어 있다.

조선에 영향을 끼친 티무르 제국의 천문학

1,018개 별을 38개 별자리로 나누어 그 궤적을 기록한 1437년에 만들어진 울루그벡의 천문표(Zij, Star Tables)인 '구르간 지즈(Gurgan Zij)'는 세계의 천문학 연구에 지대한 영향을 미친다. 당시 조선은 태조 4년인 1395년에 고구려 시대에 만든 천문도 비석을 바탕으로 '천상열차분야지도(天象列次分野之圖)'를 제작하여 사용하였는데 이 천문도도 서양의 12개 별자리보다 많은 28개 별자리로 천체를 나누어 만든 서양의 것보다는 발전된 천문도였다.

세종대왕은 당시 조선의 것보다 더 발전된 이슬람 역법인 회회력(回回曆)을 도입해 1444년 이순지, 김담 등이 〈칠정산내외편(七政算內外篇)〉[18]을 만들도록 했다. 칠정산내편은 원나라의 수시력(授時曆)을 바탕으로 서

---

18)   칠정산(七政算)은 칠정, 즉 태양과 달 그리고 여타 5개 행성의 복잡한 운동을 계산해서 편찬하였다는 의미이다.

울에서 관측한 자료에 기초하여 서울의 위도에 따라 작성했고, 칠정산외편은 회회력, 즉 이슬람 천문·역법을 해설한 책으로 동아시아에서 이슬람 천문·역법 도입을 연구하는 데 가장 중요한 책으로 평가받고 있다. 15세기 전반에 5,000여 km나 떨어져 있는 티무르 제국과 조선도 실크로드를 통해 과학 분야에서 이렇게 교류가 이루어진 것이다.

'티무르 제국의 장영실' 알 카쉬

세종대왕에게 조선의 천문학 연구를 받쳐준 걸출한 인물인 장영실이 있었다면, 울루그벡에게는 알 카쉬(Jamshid al-Kashi, 1380~1429)라는 인물이 있었다. 그는 이란 중부 카샨(Kashan) 지방의 페르시아계 가정에서 태어나 1414년 울루그벡이 많은 학자를 사마르칸트로 초빙할 때 사마르칸트에 와서 울루그벡과 인연을 맺는다.

그는 울루그벡 천문대의 책임자로 있으면서 천문도 제작뿐만 아니라, 천체의 규모와 거리, 천체 관찰 기구 등에 관한 연구 논문을 발표하는 등 티무르 제국의 천문학 발전에 지대한 공헌을 한다. 또 뛰어난 수학자로 소수(小數)를 처음으로 학문적으로 이용했고, 우리가 학창 시절에 배운 코사인 법칙(law of cosines)을 집대성한 인물이기도 하다. 프랑스에서는 코사인 법칙을 '알 카쉬 정리(Théorème d'Al-Kashi)'라고 부르는데 그 이유는 그가 삼각 측량에서 코사인 법칙을 명확히 설명한 첫 번째 인물이기 때문이다. 이처럼 알 카쉬는 이슬람의 학문이 실크로드를 통해 유럽으로 전해져 유럽이 중세사회를 벗어나 르네상스로 나아가는 데 영향을 끼친 인물 중 한 사람이다.

이슬람 세계의 암흑기와 유럽의 르네상스

울루그벡은 티무르 제국의 과학과 문화·예술을 발전시킨 위대한 인물이 었지만 그의 과학과 문화·예술 편중 사상은 보수적인 이슬람 지도자들의 반발을 불러일으켰고, 또 전쟁에서 뚜렷한 공적을 세우지 못함으로써 결국 쿠데타를 일으킨 그의 장남 압둘라티프(Abdulatif)에 의해 폐위를 당하고 1449년 10월 27일 자객에 의해 목이 잘리고 만다. 울루그벡이 죽자 바로 천문대도 파괴되어 버렸고 이후 이슬람 세계는 과학과는 거리가 먼 암흑시대를 맞이하게 된다.

역사의 아이러니인가 이슬람 세계가 암흑시대로 들어가는 시기에 유럽은 이슬람 세계로부터 전수받은 그간의 과학 지식을 더욱 발전시켜 중세 암흑기를 탈출하고 르네상스 시대로 나아간다. 그리스의 학문이 실크로드를 따라 페르시아와 이슬람 세계로 전해져, 유럽이 중세 암흑기를 보내는 동안 이슬람 세계에서 그 학문을 발전시켰고, 이렇게 발전된 이슬람 세계의 학문이 다시 실크로드를 통해 유럽에 전해졌다. 그래서 이슬람 세계에 암흑시대가 도래할 즈음에 유럽에서는 '르네상스(Renaissance)'라는 새로운 역사의 흐름이 만들어진 것이다. 이것이 바로 실크로드를 '문화교류의 길'이라고 부르는 이유이다.

티무르 제국에서 최전성기를 맞이하는 이슬람 세밀화

실크로드를 따라 발전해 온 가장 대표적인 회화 장르가 '세밀화(Miniature Painting)'인데 이 세밀화가 티무르 제국 시기에 최전성기를 맞는다. 세밀화가 세계인들에게 널리 알려진 것은 튀르키예의 소설가 오르한 파묵(Orhan Pamuk)이 2006년 노벨 문학상을 받으면서 그의 대표작인 〈내 이름은 빨강〉이라는 소설이 널리 읽힘으로써이다. 이 소설은 르네상스 이후 유럽 회화가 대세가 되는 시대적 전환기에서 겪는 이슬람 세밀화 화가들의 고뇌를 담은 소설로 우리나라에서도 번역되어 읽히고 있다.

세밀화는 책을 읽을 때 그 내용의 이해를 돕기 위해 들어가는 삽화에서 시작되었다. 세밀화 형태의 그림은 가장 오래된 것으로 3세기경의 마니교 경전 삽화가 있으나, 11세기 초 페르시아 문학사상 최고의 시인으로 평가받는 피르다우시(Firdowsi, 940~1020)가 쓴 〈샤나메(Shaname)〉라는 페르시아 왕들의 이야기를 적은 서사시 시집의 삽화에서부터 본격적으로 발전했다고 할 수 있다. 〈샤나메〉는 페르시아어로 쓰였고 내용도 페르시아 왕들의 이야기이기 때문에 이 책의 삽화에 나오는 그림들을 '페르시아 세밀화'라고 불렀다.

이후 페르시아가 이슬람화되면서 세밀화는 우상숭배를 금지하는 이슬람의 교리와 최고 지도자인 술탄이 책을 읽을 때 그 내용에 대한 이해와 흥미를 높이는 목적이 결부되어 새로운 형태로 변화한다. 즉 인간의 눈으로 본 형상을 사실적으로 묘사하는 것이 아닌 '신(神)의 눈을 통해서 본 진리(眞理)의 세계'를 그리는 이슬람 세밀화가 대표적인 회화 장르로 자리 잡는다.

이슬람 세밀화는 사마르칸트에 이어 티무르 제국의 수도가 된 헤라트(Herat)를 중심으로 크게 발전하는데 이 시기에 비흐자드(Kamal ud-Din Behzad, 1450~1535)라는 걸출한 화가가 등장하여 세밀화의 최고 전성기를 이끈다. 이때 정립된 세밀화 화파(畵派)를 '헤라트 화파'라고 부른다. 헤라트 화파는 세계제국이라는 티무르 제국의 긍지를 담아 강하고 화려한 색상을 많이 사용하였고, 건물을 기하학적인 디자인으로 세련되게 표현하였다. 또 그림의 틀을 벗어나게 그림으로써 작가의 감정을 이입시키는 기법도 도입하였고, 인물과 배경의 요소들을 위·아래로 병치시킴으로써 원근법과 같은 효과를 내려고도 노력하였다. 헤라트 화파의 이러한 화풍을 담은 그림 몇 점을 감상해 보자.

유수프와 줄라이하

이 그림은 코란에 나오는 선지자 유수프(Yusuf, 요셉)에 관한 내용을 담은 헤라트 화파 세밀화로 비흐자드의 작품이다.

형들에게 미움을 받아 우물에 버려진 유수프는 지나가는 사람에 의해 구출되어 포티파르(Potiphar)라는 이집트인 성주에게 노예로 팔린다. 유수프의 비범함을 알아차린 포티파르는 그를 시종으로 곁에 두고 쓰면서 아꼈다. 그런데 포티파르의 부인

비흐자드의 '유수프와 줄라이하'

인 줄라이하(Zulaikha)가 유수프의 수려함과 비범함에 반해 그를 유혹한다. 줄라이하는 그녀가 사는 저택의 7개 문을 지나 마지막 방으로 유수프를 데리고 가서 이곳에서 유수프에게 사랑을 고백한다. 유수프가 그녀의 사랑 고백을 뿌리치고 돌아가려고 하는데 그녀가 유수프의 옷을 잡고 놓아주지 않는 바람에 유수프의 옷이 찢어진다. 비흐자드의 '유수프와 줄라이하'는 이 장면을 묘사한 것이다.

이 그림에서는 건물, 발코니, 그리고 계단들이 모두 기하학적 디자인으

로 표현되어 세련미를 더하고 있다. 헤라트 화파의 가장 큰 특징을 보여주는 부분이다.

녹색 별궁에서 지내는 바흐람 구르

'녹색 별궁의 바흐람 구르'라는 제목의 작품은 페르시아 시인 니자미 간자비(Nizami Ganjavi, 1141~1202)의 함세(Khamseh)[19]라는 시집에 나오는 '7인의 미인'이라는 서사시의 삽화로 녹색 별궁에서 지내고 있는 사산조 페르시아 황제인 바흐람 5세(재위: 422~438)를 표현한 그림이다. '바흐람 구르(Bahram Gur)'는 바흐람 5세를 말하는데 그가 야생 당나귀인 구르(Gur) 사냥을 즐겼기 때문에 붙여진 그의 별명이다.

이 그림에서 배경은 바흐람 5세가 사냥하고 있는 모습을 담고 있는데 활시위를 당기고 있는 바흐람 5세가 그림의 프레임에서 완전히 벗어나 그려져 있다. 사냥터를 더욱 확장하고 싶은 작가의 의도가 표현된 것이다. 헤라트 화파의 또 다른 전형적인 특징을 보여주는 세밀화 작품이다.

**톱카프 궁전 박물관 소장
'녹색 별궁의 바흐람 구르'**

---

19) 함세는 5부작의 장편 서사시 시집으로 세계적으로 유명한 작품이다.

까와르나끄 궁전 건설

'까와르나끄 궁전 건설'이라는
제목의 작품도 페르시아 시인 니
자미 간자비가 쓴 '7인의 미인'에
나오는 삽화로 작가는 인물들을
위, 아래로 배열함으로써 나름대
로 원근법의 효과를 주고 있음을
알 수 있다. 이 그림은 등장하는
인물들의 움직임과 그들의 표정
이 절제되면서도 사실적으로 묘
사되어 현대적인 세련미까지 보
여주는 비흐자드의 걸작 중 하나
로 꼽히는 세밀화이다.

비흐자드의 '까와르나끄 궁전 건설'

이처럼 이슬람 세밀화의 최전성기를 구가했던 헤라트 화파는 헤라트가
1507년 우즈벡족에게 점령당함으로써 그 막을 내리지만 헤라트의 화가들
이 사마르칸트, 타슈켄트, 부하라 등으로 이동함으로써 이들 지역에서도
세밀화가 성행하는 계기를 만든다. 특히 부하라에서는 '부하라 화파'가 성
립되어 헤라트 화파를 계승한다. '부하라 화파'에 대해서는 부하라 방문 시
언급할 예정이다.

우즈베키스탄 문화의 다양성을 보여주는 공연

사마르칸트에서의 마지막 날 저녁에 우즈베키스탄 지역에 존재했던 각
제국과 왕국의 전통의상을 입고 그 당시의 춤을 재현하는 공연장이 있다고

|**엘-메로시 공연장 공연**| 엘-메로시 공연장에서 고대 페르시아 전통의상을 입은 무희들이 페르시아 춤을 선보이고 있다.

하여 그곳을 찾았다. 사마르칸트 시내에 있는 '엘-메로시(El-Merosi)'라는 공연장인데 관객은 프랑스, 독일 등 유럽 관광객들이 주를 이루고 있었다. 각 시대의 의상과 춤이 어우러져 우즈베키스탄 문화의 다양성을 느끼게 해 주는 공연이었다. 이곳 공연을 보면서 사마르칸트에서의 마지막 화려한 저녁 시간을 보내고, 다음 날 부하라로 이동했다.

부하라

종교, 학문, 문화·예술의 도시, 부하라

부하라는 사마르칸트와 더불어 우즈베키스탄에서 가장 풍부한 유적과 문화·예술 전통을 간직하고 있는 도시이다. 기원전 6세기부터 페르시아를 비롯하여 여러 세력의 지배를 받아온 부하라는 8세기 초에 이슬람 압바스 왕조(Abbasids, 750~1258)가 동쪽으로 세력을 넓히기 시작하면서 그 지배하에 들어가 이슬람화되기 시작하였고, 페르시아계 수니파 이슬람 왕조인 사만 왕조(Samanid Empire, 819~999)의 수도가 된 후 본격적으로 번영하기 시작한다. 이때 부하라는 그리스 사상과 학문을 적극적으로 받아들여 '이슬람 황금시대'를 구가한 압바스 왕조의 수도인 바그다드에 버금갈 정도로 교육, 문화, 과학 등 모든 면에서 번성한 시기를 누린다.

부하라가 배출한 세계적인 인물

〈의학의 3대 지존(至尊)으로 꼽히는 이븐 시나〉

사만 왕조 시기에 부하라는 많은 걸출한 학자들을 배출하였는데 의학자이자 철학자인 이븐 시나(Ibn Sina, 980~1037)가 그중 가장 대표적인 인물이다. 유럽에서는 '아비켄나(Avicenna)'로 알려진 이븐 시나는 사만 왕조 시대 부하라의 귀족 가문에서 태어나 부하라에서 활동한 인물로 그리스의 히포크라테스(Hippocrates), 로마의 갈레노스(Claudios Galenos)와 함께 '의학의 3대 지존(至尊)'으로 꼽히는 인물이다.

그는 총 242권의 저서를 남겼는데 그중 가장 유
명한 저서는 〈의학 전범(醫學典範, The Canon of
Medicine)〉[20]이다. 그의 의학 전범은 12세기부터
17세기까지 유럽의 많은 대학에서 의학연구의 기
본서로 사용되었다고 한다. 또한, 그는 의학에 철
학과 심리학을 접목한 '심신 의학(心身醫學)'을 창
시하였고 알코올을 최초로 소독제로 추천한 의사
이기도 하다.

|**이븐 시나 초상화**|출처: 타
슈켄트 국립역사박물관

일반적으로 이슬람 세계가 유럽에 가장 큰 영향을 끼친 학문은 의학이라
고 말한다. 압바스 왕조 시기의 이슬람 의학자들은 그리스, 로마와 페르시
아 시대의 의술을 수용하여 임상시험을 거치면서 그 과정을 빠짐없이 기
록하였는데 그 기록들이 후에 라틴어로 번역되어, 유럽에서 의학 교재로
채택되고 치료에 도입되면서 오늘날 유럽 현대 의학의 기초를 이루었다고
한다.

〈'하디스 학의 태두' 알 부하리〉

부하라는 인문과학 분야에서도 걸출한 세계적인 인물을 배출한다. 이슬
람교에는 코란과 함께 경전의 하나로 여기는 하디스(Hadith)라는 선지자
무함마드의 언행록이 있다. 하디스는 생전에 무함마드가 행한 말과 행동뿐
만 아니라 타인의 언행에 대한 평가들까지를 집대성한 책이다. 무슬림 학
생들이 신학교인 마드라사에 들어올 때 치르는 입학시험에서 코란과 함께
하디스는 필수 과목이었다.

---

20) The Canon of Medicine은 우리나라에서 '의학전범', '의학정전', '의학규범' 등 다양한 제목으로
    번역되었다.

이런 코란에 버금가는 하디스를 하나의 학문으로 체계화한 인물로 '하디스 학의 태두(泰斗)'로 존경받는 알 부하리(Al-Bukhari, 810~870)가 부하라 출신이자 부하라를 중심으로 활동한 학자이다. 그의 본명은 '무함마드 이븐 이스마일 알 주아피 부하리'인데 줄여서 '알 부하리'라고 부른다. 무슬림들은 이름이 너무 길어 간단히 부를 때 이름의 마지막에 있는 출신지를 이름으로 사용하기 때문이다.

수피즘 이슬람 발전에 기여한 부하라

중앙아시아의 이슬람은 수니파 이슬람이며 수니파 중에서도 수피즘(Sufism)에 따라 신앙생활을 하는 신도가 대부분이다. 수피즘은 7~8세기 이슬람 전파를 위한 정복 전쟁에서 얻은 많은 전리품으로 인해 이슬람 종교 지도부가 사치와 향락에 빠지게 되자 이에 대한 반동으로 생겨난 이슬람의 한 분파이다.

수피즘은 이슬람 율법인 샤리아(Shariah)를 따르는 것도 중요하지만, 무엇보다도 '자신의 덕목을 기르기 위한 수행', 즉 타리카(Tariqah)를 통해 신과 합일되는 것을 최상의 가치로 여기는 종파다. 수피즘은 금욕주의를 기본으로 내면적, 영적인 수행을 통해 신과의 직접적인 만남을 추구하는 신앙생활 때문에 '신비주의 교단'으로도 불린다. 튀르키예 여행 시 자주 볼 수 있는 끝없는 몸의 회전을 통해 신과 합일을 이루는 춤인 '세마(Sema) 춤'이 바로 수피즘 신도인 수피(Sufi)가 수행하는 모습이 춤같이 보여 붙여진 이름이다.

중앙아시아에서 이 수피즘 이슬람 발전의 토대를 제공한 곳이 바로 부하라이다. 수피즘 이슬람 지도자인 유수프 하마다니(Yusuf Hamadani, 1048/1049~1140)는 부하라에 자신의 이름을 딴 마드라사에서 수피즘을 가르쳤는데 후에 중앙아시아 수피즘 이슬람의 위대한 지도자가 되는 아흐메트 야사위(Khoja Ahmed Yasawi, 1093~1166)가 그의 지도를 받아 이곳에서 수피즘 이슬람에 대한 이론적 기반을 닦는다.

부하라의 이러한 수피즘 이슬람 전통은 14세기에 또 한 명의 위대한 수피즘 이슬람 지도자인 바하우딘 낙슈반드(Bahouddin Nakshband, 1318~1389)를 배출한다. "가슴은 알라와 함께, 손은 일과 함께"라는 가르침으로 자신의 직업에서 성실하게 일함으로써 신과의 합일을 추구하는 '생활 이슬람'을 수립한 인물이다. 그의 교단은 현재 세계에서 가장 영향력 있는 수피즘 교단이다. 부하라에는 그의 영묘가 있고 부하라의 관광이 시작되는 지점인 라비하우즈 인공연못 옆으로 난 거리를 '낙슈반드 거리'로 명명하여 그를 기리고 있다.

중앙아시아의 전형적인 삼중구조로 건설된 부하라

소그드인들에 의해 만들어진 중앙아시아 지역의 도시구조는 대부분 삼중구조로 건설되었다. 즉 시타델(Citadel)로 불리던 성채(城砦), 샤흐리스탄(Shahristan)이라 불리던 도심(都心), 그리고 라바트(Rabad)라고 불리던 교외(郊外) 지역으로 구성되어 있다.

성채는 적으로부터 공격을 받았을 때 피할 수 있는 장소로 왕궁이 이 성채 안에 건설된다. 도심에는 관청과 학교 및 종교 시설들이 있었고 교외 지역에는 시장(市場)이 형성되어 있었다. 부하라는 이러한 중앙아시아의 전형적인 삼중구조가 잘 남아 있는 도시이다.

이러한 소그드인들이 지배하던 시기부터 있어 온 중앙아시아의 기본적인 도시구조 위에 이슬람적 도시구조가 추가되어 현재 부하라의 모습이 형성되어 있다. 이슬람적 도시구조는 이슬람의 통치 철학에 따라 알라신을 경배하는 종교 행위를 하는 모스크와 정의사회 구현을 위한 관청과 이슬람 교육을 담당하는 신학교인 마드라사, 그리고 시장 역할을 하면서 공동체 구성원들 간 만남의 기회를 만들어 주는 광장이 한 세트를 이루고 있다. 부하라는 이 두 가지의 도시구조가 복합적으로 구성되어 형성된 도시이다. 따라서 부하라의 인문학 여행은 편의상 도심, 성채 그리고 교외 지역으로 나누어 실시하려고 한다.

부하라 도심

낭만적 분위기의 라비하우즈

|**라비하우즈**| 부하라 관광의 시작점이라 할 수 있는 인공연못 라비하우즈는 여름철에는 연못 주위를 둘러싸고 있는 뽕나무 그늘이 여행객들에게 쉼터를 제공한다.

부하라 도심으로 들어오면 부하라의 유적지로 가는 초입인 라비하우즈(Lyab-i-Hauz)가 관광객들을 맞이한다. 라비하우즈는 부하라 칸국[21] 시기인 1620년에 조성된 인공연못인데 여름철에는 주변에 심어진 오래된 뽕나무들이 시원한 그늘을 만들어 준다. 연못 주변에는 식당과 카페들도 있어 관광객들이 잠시 쉬어가기에 적절한 곳이다. 여름철에는 이곳에 많은 관광객이 붐비며 저녁이 되면 주위에 있는 마드라사들의 보랏빛 조명이 더욱 낭만적인 분위기를 연출한다.

〈수피즘을 상징하는 오디새, 후투티〉

라비하우즈의 야외 카페에서 잠시 쉬고 있는데 새 한 마리가 날아가는 것이 보였다. 생김새가 독특하여 따라가 보니 후투티(Hututi/Hoopoe/Hudhud)라는 철새였다. 여름철에 이 연못 주위에 있는 뽕나무에서 자주 목격되는 철새인데 아직 여름이 아닌데도 눈에 띄었다. 후투티는 황갈색 머리 깃과 그 끝의 검정색

|후투티|출처: The Times

점들이 어울려 마치 왕관을 쓴 것같이 보이는 아름다운 새로 우리나라에서도 자주 목격되는 철새다. 뽕나무밭 주변에 주로 서식하기 때문에 '오디 새'라고도 부른다.

이 새는 코란에서 선지자 솔로몬 왕과 시바 여왕 간 소식을 전하는 메신저로 나오기도 하는데 수피즘 이슬람에서는 알라신의 메시지를 전하는 역

---

21) 부하라 칸국(1500~1920)은 히바 칸국, 코칸트 칸국과 함께 현재의 우즈베키스탄 지역을 분할 통치했던 3대 칸국 중 하나이다.

할을 하였다는 새이다. 그래서 이 새는 수피즘을 상징하기도 한다. 수피즘 이슬람 신도가 대부분인 부하라에서 그려지는 세밀화 작품에도 자주 등장하는 새이다.

〈해학적인 모습의 나스레딘 호자 동상〉

이곳 야외 카페에서 나디르 디반베기 마드라사(Nadir Divanbegi Madrasah) 쪽을 바라보면 재미있는 동상 하나가 보이는데 관광객들이 이 동상에 기대어 웃음꽃을 피우면서 사진을 찍고 있다. 나스레딘 호자(Khodja Nasreddin, 1208~1285)의 동상이다. 호자는 '선생님'이나 '현자(賢者)'라는 의미다.

나스레딘 호자는 필자가 이스탄불에서 근무할 때부터 익히 알고 있던 인물인데 그의 동상을 이곳 부하라에서 보니 반가웠다. 신발은 벗겨지고 나귀와 나귀를 탄 호자가 가고자 하는 방향이 서로 다른 것 같기도 하다. 그의 얼굴은 너무나 익살스럽다. 13세기에 현재의 튀르키예 땅에 살았던 인물인데 이곳 부하라에서도 그의 동상까지 만들어 사랑과 존경을 표하고 있다.

나스레딘 호자는 13세기 셀주크 제국 시절에 살았다는 것 외에

|**해학적인 모습의 나스레딘 호자 동상** | 신발은 벗겨지고 나귀와 나귀를 탄 호자가 가고자 하는 방향이 서로 다른 것 같기도 하다. 그리고 그의 얼굴은 너무나 익살스럽게 표현되어 있다.

는 구체적인 역사적인 기록은 없다. 그의 언행에 대한 많은 내용이 민담으로 내려오고 있을 뿐이다. 어려운 사건을 간단명료하게 풀어내는 명판관과 같은 일화들도 있고, 익살스럽고 짓궂은 짓을 하는 일화도 있다. 어떤 경우에는 약한 사람을 돕는 정의로운 사람으로도 나온다. 조선 시대 방랑시인 김삿갓(김병연, 1807~1863) 같기도 하고 때로는 암행어사 박문수(1691~1756)의 행적과 비슷하기도 하다.

여기에 그가 남긴 많은 일화 중 하나를 소개한다.

어느 여름날 나스레딘 호자와 그의 친구들이 호수 근처로 피크닉 가서 재미있게 놀고 있는데 갑자기 어떤 사람이 호수로 떨어지는 것이 보였다. 그 사람은 물에서 허우적거리면서 "살려주세요! 살려주세요!"라고 소리치고 있었다. 친구들이 그 사람을 구출하기 위해 호숫가로 가서 "당신 손을 주세요! 당신 손을 주세요!"라고 소리쳐도 그는 친구들에게 손을 내밀지 않았다.

마침내 그가 익사할 지경에 이르렀을 때 나스레딘 호자가 호숫가로 가서 "내 손을 잡으세요! 어서 내 손을 잡으세요!"라고 외치니 그가 드디어 호자의 손을 잡고 호수에서 빠져나왔다. 이에 친구들이 의아해서 호자에게 "그는 왜 우리 손은 잡지 않고 자네 손은 잡은 거야?"라고 물었다. 호자가 웃으면서 답하기를 "이 사람은 고리 대금업자야. 절대 주질 않고 받기만 하지. 너희들이 그 사람 손을 달라고 했기 때문에 주지 않았던 거야. 그러나 나는 내 손을 잡으라고 했지. 그러니 바로 내 손을 덥석 잡은 거지,"

이슬람교에서 죄악시하는 고리대금업을 하는 사람의 인간성을 비웃는 재미있는 일화다.

'후마'가 그려져 있는 나디르 디반 베기 마드라사

|**나디르 디반베기 마드라사**|정문의 피스타크에 '후마' 두 마리가 태양을 향해 날아가고 있는 모습이 그려져 있다.

나스레딘 호자 동상 뒤에는 부하라 칸국 시절 지어진 나디르 디반베기 마드라사(건축: 1619~1623)가 있다. 이 마드라사 정문에는 상스러운 새인 '후마(Humo)' 두 마리가 태양을 향해 날아가는 모습이 그려져 있고 태양 안에는 사람의 얼굴이 묘사되어 있다. 우상숭배 금지의 교리 때문에 동물이나 사람의 얼굴을 그리지 않는 이슬람교에서는 예외적인 표현이다.

우리는 이런 이슬람 사회에서의 예외적인 표현을 이미 사마르칸트 레기스탄 광장에 있는 쉬르도르 마드라사의 '사자와 태양 문양'에서 어느 정도 알아보았다. 그런데 여기에는 사자 대신 '후마'라는 새가 그려져 있다. '후마'는 고대 튀르크계 민족들에게는 국가 권력과 권위를 상징하였다. 페르시아계 문화에서의 사자(獅子)와 중화권에서의 용(龍)과 비슷하다고 할 수 있다. '후마'는 우리나라에서 용과 함께 왕권을 상징하였던 신성한 상상의 새인 봉황(鳳凰)이다. 이런 측면에서 보면, 우리는 봉황이 왕권을 상징하는 튀르크계 북방 유목민족으로부터 내려오는 전통을 공유하여 왔는지도 모르겠다. 우즈베키스탄에서는 이 '후마'가 국가 문양에도 들어가 있고 500숨짜리 동전, 그리고 우즈베키스탄 국영항공사의 로고로도 사용되는 친숙하고도 중요한 새이다.

이 마드라사는 부하라의 이맘쿨리(Imamkuli, 재위: 1611~1641) 칸의 외삼촌이자 당시 재무부 장관이었던 나디르 디반 베기에 의해 지어졌다. 그런데 이 마드라사는 다른 마드라사와 건축상 차이점이 있다. 일반 마드라사는 문으로 들어가면 내부가 보이지 않도록 벽이 쳐져 있고 좌우로 통로가 만들어져 있다. 그리고 좌우 통로를 따라 방들이 배치되어 있는데 이 마드라사는 정문으로 들어가면 바로 탁 트인 정원이 나온다. 그 이유는 이 건물이 원래 세상을 떠돌면서 수행하는 수피들의 숙박과 모임 장소인 카나카(Khanaka)와 실크로드를 오가는 대상의 숙소인 카라반 사라이(Caravansaray)의 이중 용도로 지어졌다가 완성 직전인 1622년에 칸의 명령으로 카라반 사라이 부분이 신학교인 마드라사로 변경되었기 때문이다. 그래서 이 건축물은 '나디르 디반 베기 카나카'로도 불린다.

호선무 전통을 간직한 부하라 춤

나디르 디반 베기 마드라사에서는 관광객을 대상으로 저녁 시간에 우즈베키스탄 전통춤과 패션쇼가 열린다. 필자가 이곳을 방문하였을 때도 공연이 있어 관람할 수 있었다.

|**부하라 춤 공연**|나디르 디반 베기 마드라사에서의 우즈베키스탄 전통춤 공연을 관광객들이 보고 있다.

　우즈베키스탄 전통춤은 부하라 춤과 더불어 페르가나(Fergana) 춤, 호라즘(Xorazm) 춤이 가장 대표적이다. 이들 춤은 손목, 손가락, 팔, 목, 가슴 그리고 몸 전체를 사용하면서 여기에 회전, 떨림, 손뼉치기, 기예(技藝) 등이 가미되고 의상과 액세서리, 그리고 노래와 악기들이 한데 어울려 하나의 종합예술로 표현된다. 머리카락은 가늘고 길게 땋아 늘어뜨리는데 요즈음은 4~6가닥 정도로 땋으나 과거에는 40가닥 정도가 많이 유행했다고 한다.

　이들 세 지역의 춤은 각기 여러 형태의 다양한 춤을 가지고 있어 일반화하여 설명하기는 어렵다. 굳이 설명한다면 페르가나 춤은 상대적으로 부드럽고 우아하게 추고 리듬도 느리다. 반면 호라즘 춤은 다이내믹하고 리듬이 빠르면서 현대적인 감각을 느끼게 해 준다. 그리고 부하라 춤은 빠르고 느린 리듬을 모두 가지고 있으면서 회전이 많고 기예와 같은 동작들이 들어간다고 할 수 있다. 각 지방의 전통춤을 출 때는 그 지역의 고유의상을 입고 추므로 고유의상으로 어느 지방 춤인지도 구별할 수 있다.

부하라에서는 우즈베키스탄 전통 타악기인 도이라(Doira) 연주를 곁들인 마브리기(Mavrigi) 노래에 맞추어 추는 마브리기 춤이 유명하다. 마브리기는 중세시대 부하라에서 유행했던 노래와 춤으로 페르시아 지역(현재의 이란 지역)에서 전래된 것이다. 감정과 정신적인 측면을 표현하는 노래로 보통 사랑과 서정적인 주제를 담고 있다. 따라서 마브리기 춤은 그 리듬이 빠르지는 않다.

|**부하라의 라르존 춤**|도이라의 장단에 맞추어 무희가 빠른 회전의 라르존 춤을 추고 있다.

부하라 춤 중에는 매우 빠른 리듬의 춤도 있다. 라르존(Larzon)이라 불리는 춤인데 가장 어려운 춤으로 분류된다. 라르존은 '흔들다', '떨다'의 의미인데 전통 타악기인 도이라의 반주에 맞추어 손가락의 떨림부터 시작하여점차 빠른 몸 회전으로 이어지며, 무릎을 꿇고 몸을 뒤로 젖히는 기예와 같

은 동작도 들어간다. 이처럼 라르존은 몸의 떨림, 회전, 기예가 합쳐져서 도이라와 대화를 나누는 듯한 느낌을 주면서 추는 매력적인 춤이다. 길게 여러 가닥으로 땋은 긴 머리칼을 휘날리면서 점차 속도를 내면서 회전을 하여 보는 이들이 황홀경에 빠지게 한다. 당나라 시대 장안에서 유행했던 소그드 무희들의 호선무(胡旋舞)가 바로 이 춤이 아닌가 싶다. 이 춤은 난이도가 상당하기 때문인지 필자가 방문했을 당시의 나디르 디반베기 마드라사 공연에서는 볼 수가 없었다.

〈양귀비가 좋아했던 소그드 춤, 호선무〉

|**호선무를 추고 있는 소그드인 무희들**|중국 간쑤성 둔황 양관 박물관에 있는 그림으로 소그드인 무희들이 여러 가닥으로 땋은 긴 머리칼을 휘날리면서 춤을 추는 모습이 잘 표현되어 있다.

호선무는 당나라 현종의 부인이었던 양귀비가 좋아했던 소그드 춤이었

다고 한다. 현종과 양귀비의 총애를 받아 양귀비의 양자까지 되었다가 나중에는 반란을 일으킨 소그드계 당나라 장군인 안록산(安祿山)은 거구인데도 불구하고 이 호선무를 잘 추어 현종과 양귀비를 기쁘게 했다고 한다. 이 안록산이 바로 안국(安國), 즉 이곳 부하라 출신이다. 당나라 3대 시인 중 한 사람인 백거이(白居易)는 긴 소매의 옷을 입고 땅을 구르는 기예도 섞으면서 여러 가닥으로 땋은 머리를 휘날리며 회전하는 호선무를 추는 무희의 모습을 읊은 '호선녀(胡旋女)'라는 시를 남겼다. 이처럼 당나라에서 한 시대를 풍미했던 소그드 춤인 호선무 전통을 간직하고 있는 춤이 부하라 춤이다.

아드라스와 칸 아틀라스

디반 베기 마드라사에서의 공연에는 우즈베키스탄의 전통춤과 함께 전통 직물 패션쇼도 열린다. 패션쇼에서는 손으로 짠 다양한 무늬의 전통 직물인 아드라스(Adras)와 100% 실크로 만든 무지개 무늬의 칸 아틀라스(Khan Atlas), 그리고 인조 직물에 현대적 감각을 담은 다양한 디자인이 들어간 직물로 만든 의상들을 선보인다.

〈하늘과 구름의 이미지를 담은 아드라스〉

한 예술가가 하루는 강가에 홀로 앉아 강물에 비치는 하늘과 구름을 바라보고 있는데 여기에 잔잔히 이는 물결로 구름의 모양이 다양하게 변하는 것을 보고 그 모습이 너무나 아름다워 그림으로 그려 직물을 짜게 해서 아드라스 직물에 들어가는 전통 무늬가 나오게 되었다고 한다. 아드라스 직물은 보통 실크 50%, 면 50%가 들어간다.

다양한 디자인의 아드라스 직물들

〈영롱한 무지개색을 품은 칸 아틀라스〉

우즈베키스탄에는 아드라스보다 고급 직물인 칸 아틀라스(Khan Atlas)가 있다. 동부 우즈베키스탄인 페르가나 지역이 원산지이다. 칸 아틀라스는 100% 실크로 만드는데 아드라스에 비해 훨씬 더 부드럽고 가볍다. 물론 가격도 더 비싸다.

무지개색이 영롱한 칸 아틀라스

칸 아틀라스와 관련하여서도 전해 내려오는 전설이 있다. 페르가나 지역에 있는 마르길란(Marghilan)의 칸이 가난한 예술가의 딸에 반해 그녀와 결혼하고 싶어 하였다고 한다. 그러나 늙은이에게 딸을 시집보내고 싶지 않았던 예술가는 칸을 만나 자기 딸과의 결혼을 포기할 것을 요청한다. 칸은 화가 났지만 할 수 없이 그의 요청을 들어주면서 하나의 조건을 내걸었다. 만약 그가 다음 날까지 딸에 비견할 만한 아름답고 특이한 무언가를 만들어 오면 딸을 포기하겠다고 한 것이다. 이런 불가능한 요구로 실의에 빠져 있던 예술가는 갑자기 물에 비치는 영롱한 무지개를 보고 영감을 얻어 밤새 천을 짜 칸에게 가져갔고 그 천의 아름다움에 감탄한 칸이 예술가의 딸을 자기 아들과 결혼시켰다는 이야기이다.

'함께 젖을 먹고 자란 형제'가 지은 쿠켈다쉬 마드라사

디반 베기 마드라사를 바라보고 왼쪽에는 1568~1579년에 건축된 부하라에서 가장 큰 마드라사인 쿠켈다쉬 마드라사(Kukeldash Madrasah)가 있다. 부하라 칸국의 압둘라 2세(Abdullah II, 1533/4~1598) 칸이 어릴 적에 이 마드라사를 지은 부하라 총독 쿨밥(Kulbab)과 그의 어머니 젖을 함께 먹으며 자랐다고 한다. 그래서 압둘라 2세가 쿨밥에게 '함께 젖을 먹고 자란 형제'라는 의미의 '쿠켈다쉬'라는 칭호를 부여하였는데 이 칭호가 마드라사의 이름이 된 것이다.

압둘라 2세는 칭기즈칸의 후손인 샤이반 가문 출신으로 부하라, 사마르칸트, 타슈켄트 등으로 나누어져 있었던 우즈벡족을 통합하여 지배한 칸이었다. 그러나 그의 사후 그의 아들이 반란으로 죽임을 당하여 샤이반 왕조는 종말을 고하고 다른 왕조가 들어선다. 이 다른 왕조의 지배자들은 칭기즈칸의 후손이 아니었기 때문에 칸(Khan)이 아닌 에미르(Emir)로 불렸고, 이때부터 부하라는 칸국이 아닌 에미르국이 된다.

부하라의 전통 수공예

쿠켈다쉬 마드라사를 나와서 라비하우즈 옆의 낙슈반드 거리에 있는 부하라 수공예 발전 센터(Bukhara Artisan Development Center)를 찾았다. 필자가 10여 년 전에도 들렀던 장소인데 부하라가 자랑하는 금실 자수, 비단 자수, 수자니(Suzani), 금속세공, 보석가공, 세밀화, 인형제작 분야의 전통 수공예 작가들이 작품활동을 하는 곳이다.

〈부하라의 장식 섬유예술의 꽃, 금실 자수〉

우즈베키스탄에는 오래전부터 실크 사(絲)나 면실을 사용하여 자수한 수자니(Suzani) 직물 산업이 발전하였는데, 그중 부하라 수자니가 가장 유명하다. 수자니는 중앙아시아 지역, 특히 우즈베키스탄과 타지키스탄에서 여성들이 하던 자수인데 결혼 지참금을 마련하기 위해 수자니 직물을 만들었다고 한다.

|**부하라 금실 자수**| 필자가 구입한 우즈베키스탄의 전통 신발의 앞부분을 장식하는 금실 자수 작품이다.

그중에서도 금실 자수(Zarduzi, Golden Suzani)는 부하라가 자랑하는 수공예품이다. 10여 년 전 필자가 이곳을 방문하였을 때 금실 자수 공예품을 산 적이 있다. 필자가 구입한 금실 자수 작품은 우즈베키스탄의 전통 신발의 앞부분을 장식하는 것으로 금실 자수 명장(名匠)이자, 당시 센터 소장인 마트루바 하타모바(Matluba Khatamova)의 작품인데 너무 아름다워 액자를 만들어 하나의 예술 작품으로 보관하고 있다.

〈소그디아나 산 비단 생산기지였던 부하라〉

소그드인들은 중국의 비단을 실크로드를 따라 유럽에 판매하기도 하였지만 직접 화려하고도 과감한 문양을 넣은 비단 직물을 생산하여 이를 유럽에 수출하기도 하였다. 그 당시 비단 생산기지가 부하라였다.

벨기에 남부 왈롱 지역(Wallonia)에 있는 위이(Huy)시의 노트르담 대성당에서 비단 직물을 소장하고 있는데 이 직물의 뒷면에 있는 문자가 해독되면서 이러한 사실이 증명되었다. 이 문자들은 소그드 문자로 비단의 크기와 잔다니지(Zandaniji)[22]라는 글이 새겨져 있는데 바로 부하라 근처에 있었던 마을인 잔다나(Zandana)에서 짠 비단이라는 의미로 해석한다.

위이시 노트르담 대성당의 비단은 오랜 시일이 지나 색이 바래서 그 아름다운 모습은 볼 수 없으나 뒷면에 비단을 짠 흔적이 나타나 있어 비단에 새겨진 문양의 형체를 짐작할 수 있게 해 준다. 동그라미 안에 작은 동그라미들로 원을 두르고 그 안에 양같이 생긴 동물을 대칭으로 넣은 것은 전형적인 페르시아 문양으로 페르시아계 소그드인들은 이런 문양을 직물을 짜

---

22) 이 주장에 대해서는 직물 뒷면에 쓰인 글씨는 아랍어이며 직물 자체도 비단이 아닌 면직물이라는 주장도 있다.

는 데 자주 응용하였다.

|**전형적인 페르시아 문양**|왼쪽 사진: 위이 노트르담 대성당 비단의 뒷면. 출처: The role of the Sogdian Colonies in the diffusion of the pearl roundels pattern, Matteo Compareti, 오른쪽 사진: 경주 월지에서 발굴된 화강암 문양석의 입수쌍조문. 출처: 경주 국립박물관

이러한 전형적인 페르시아 문양은 우리나라 경주의 월지(月池)에서 발견된 통일 신라 시대 화강암 문양석에서도 나타난다. 경주 월지에서 발굴된 나무 한 그루를 중심으로 양쪽에 대칭으로 공작새 두 마리가 묘사된 '입수쌍조문(立樹雙鳥紋)'이 그것이다. 이러한 페르시아 문양이 소그드인들에 의해 실크로드를 따라 유럽과 한반도 동쪽 끝의 신라에까지 퍼져 나간 것이다.

헤라트 화파를 계승한 부하라 화파 세밀화

부하라 수공업 발전센터에서는 세밀화 작가들도 만날 수 있다. 1507년 티무르 제국이 멸망한 후 헤라트의 궁중 화가 일부가 부하라에 와서 활동함으로써 부하라에서도 세밀화가 발전한다. 부하라에서는 이슬람 세밀화의 최전성기를 이루었던 헤라트 화파의 거장 비흐자드의 화풍을 이어받아

'부하라 화파'를 개척하였다.

과거 부하라를 방문했을 때 부하라 수공예 발전센터 근처에 다블랏 토쉐프(Davlat Toshev)라는 유명한 세밀화 작가의 사설 갤러리가 있었던 생각이 났다. 그는 7대에 걸친 세밀화가로 프랑스, 벨기에, 러시아, 스페인, 독일, 이태리, 룩셈부르그 등지에서 전시회를 개최한 바 있으며 그의 두 딸도 세밀화가의 길을 걷고 있다고 했었다. 이번에도 그를 다시 한번 만나 보고 싶었다.

수소문하여 그를 찾아보니 라비하우즈 가까이에 있는 주라벡 카라반사라이(Jurabek Caravansaray)라는 19세기에 지어진 보존 유적 건물로 분류된 멋있는 건물에 세밀화 학교를 세워 제자들을 양성하고 있었다. 학교 입구에는 '도제 교육 응용예술센터(Center for Applied Arts "Ustoz Shogird")'라는 명패가 붙어 있었다. 반갑게 필자를 맞이한 그는 프랑스에서의 전시가 대성공을 거두어 그 수익금으로 이렇게 세밀화 화가 양성 학교를 설립하였다고 설명하였다.

자기 나라 전통 회화의 명맥을 이어나가기 위해 이렇게 자신의 전 재산을 쏟아부어 후계자와 학생들 양성에 힘을 쏟고 있는 그의 열정에 감탄하였다. 그의 작품은 이제 너무 가격이 올라 쉽게 사기가 어려웠다. 그래서 이번 방문에서는 인사만 나누고 발길을 돌렸다.

다블랏 토쉐프의 세밀화 '스승과 제자'

다블랏 토쉐프 작가는 과거에는 전통적인 세밀화 작업 방식, 즉 신(神)으로부터 임무를 부여받은 궁정 화원장(宮廷 畵院長)이 '신의 눈'을 통해 본 것을 그린 그림을 교본으로 삼아 그대로 모사하는 수준의 작업 방식을 고수하였으나, 유럽 방문 시 받은 영향인지 모르겠지만 지금은 독창성 있는 작품들을 만들기 위해 심혈을 기울이고 있었다. 부하라 화파의 세밀화도 이제는 전통 기법에 창작성을 강화하는 방향으로 나아가고 있는 것 같았다.

'스승과 제자'라는 제목의 그림은 과거 부하라 방문 시 필자가 구입한 다블랏 토쉐프 작가의 작품 중 하나인데 실크로 만든 종이 위에 그려진 세밀화이다. 헤라트 화파의 작품에서 볼 수 있는 건물의 기하학적 구성, 그림의 프레임을 뚫고 나가는 작가의 감정이입 기법, 그리고 인물들을 위아래로 층층이 배치하여 원근감을 주는 방법들을 모두 구사하고 있다. 그렇지만 헤라트 화파의 그림에 비해 색상의 강렬함이 절제되어 온화한 감을 주고 있고 작가의 감정이입 기법도 매우 절제되어 표현되어 있다.

이 그림은 필자가 2015년 첫 번째로 기획한 '그림과 함께 떠나는 세계여행' 전시회의 팜플렛 표지에 사용하였던 작품이기도 하다. 이 전시회는 원래 2015년 4월 13일부터 8월 30일까지 전시하기로 하였으나 반응이 좋아 거의 1년간 전시가 계속되었다. 당시 관람자들이 국내에서는 잘 접할 수 없었던 이슬람 세밀화에 대한 관심이 높았던 기억이 있다.

'그림과 함께 떠나는
세계여행' 전시회 팜플렛

|**부하라 칸국 시대의 고급 쇼핑센터**|왼쪽이 팀 압둘라 칸이고 오른쪽이 타키 자르가론이다.

부하라 칸국의 고급 쇼핑 센터였던 '타키'

　낙슈반드 거리를 따라 내려가다가 우측으로 꺾으면 본격적으로 부하라의 유명 유적지로 들어가는데 그 꺾이는 지점에 부하라에 있는 4개의 타키(Toki) 중 가장 작은 돔을 가지고 있는 16세기에 지어진 타키 사라판(Toki Sarrofon)이 있다. 타키는 둥근 모양의 지붕인 돔(dome)을 의미하고 사라판은 '환전상'이라는 뜻으로 이 타키 안에 한때 중앙아시아에서 가장 큰 환전소가 있었던 것에서 유래되었다. 가장 큰 환전소가 이곳에 있었다는 것은 당시 부하라가 실크로드의 중심지였다는 것을 의미한다. 현재는 일반 기념품을 파는 장소가 되어있다.

　부하라에는 타키 사라판 외에도 타키 텔팍 푸루숀(Toki Telpakfurushon), 타키 자르가론(Toki Zargaron), 팀 압둘라 칸(Tim Abdullah Khan)과 같은 지붕이 덮인 시장이 4개나 있다. 타키 텔팍 푸루숀은 모자, 터번, 머리 장신구 등을 판매하기 때문에 '모자와 머리 장신구'를 뜻하는 텔팍 푸루숀이 붙었다. 타키 텔팍 푸루숀과 타키 자르가론 사이의 도로변에는 16세기에 지어진 팀 압둘라 칸(Tim Abdullah Khan)이 있는데 유일하게 교차로가 아닌 도로변에 있는 시장 건축물로 팀은 '닫힌 공공장소'라는 의미이다. 현재는 부하라 산(産) 카펫을 판매하고 있다.

팀 압둘라 칸을 우측에 두고 좀 더 내려가면 역시 16세기에 지어진 타키 자르가론(Toki Zargaron)이 나온다. 타키 자르가론은 가장 큰 타키로, 뒤편으로 아름다운 두 개의 옥색 돔을 가진 미르 아랍 마드라사와 칼리안 미나렛, 그리고 칼리안 모스크가 보인다. 과거 이곳에 36개 보석 작업장과 판매점이 있었기 때문에, 귀금속 상인, 즉 '자르가르(Zargar)가 있는 타키'라는 의미의 이름이 지어졌다. 화려했던 실크로드 도시 부하라의 면모를 보여주는 건축물이다.

타키와 팀은 모두 페르시아 양식으로 지어진 건축물인데, 돔 형태의 지붕은 뜨거운 햇빛을 막아 내부를 시원하게 해 주어 쇼핑하기에 안락한 장소를 만든다. 또 지붕 꼭대기는 뚫려 있어 채광과 환기가 잘되도록 설계되어 있다. 따라서 타키는 페르시아 양식으로 지어진 일종의 '고급 쇼핑센터'였다고 할 수 있다. 타키 근처에 있는 레기스탄 광장에 물류센터가 형성되어 실크로드를 따라 대상들이 가지고 온 물품들이 거래되고, 여기서 구입된 비싼 물품들과 부하라의 고급 특산품들은 타키에서 전시, 판매되었던 것이다.

독특한 아름다움을 가진 마고키 아토리 모스크

타키 사라판의 우측에 독특한 디자인의 건축물이 보인다. 마고키 아토리 모스크(Magoki-Attori Mosque)이다. 이 모스크는 1860년 지진으로 붕괴되어, 땅속에 파묻혀 있다가 20세기 구소련의 고고학자에 의해 발굴되었다.

마고키는 '웅덩이'라는 뜻인데 둘레가 웅덩이처럼 파여 있어 붙여진 이름이다. 그리고 아토리는 '약을 판매하는'이라는 뜻으로 예전에는 모스크 주변에서 약을 판매해서 붙여졌다고 한다. 지금은 양탄자 판매장이 되어있다.

|**마고키 아토리 모스크**|마고키 아토리 모스크는 비록 많이 헐었지만, 곳곳에서 과거의 화려했던 모습을 엿볼 수 있으며, 고전적인 양식과 현대적인 느낌이 오묘하게 조화를 이루고 있는 독특한 아름다움을 가진 모스크다.

이 모스크는 부하라의 다른 모스크에서는 그 예를 찾아볼 수 없는 독특한 형태의 피스타크와 기둥을 가지고 있다. 피스타크에는 다양한 문양들이 새겨져 있고, 양옆의 기둥은 그 아랫부분에 또 다른 가는 기둥을 품고 있는 독특한 형태이다. 그리고 가는 기둥 위에 벽돌로 층을 지어 쌓아 올려 어설

프게 복원해 놓은 것 같은 부분이 오히려 현대적인 느낌을 줌으로써 고전적인 느낌을 주는 아랫부분과 오묘한 조화를 이룬다. 양 기둥의 맨 위는 돔 지붕이라고 부를 수 있을 정도의 두 개의 큰 원추형 덮개로 덮여 있다.

피스타크 안의 아치형 공간인 이완의 테두리에 살짝 남아 있는 터키석 색상은 이 모스크가 원래 아름다운 색깔로 칠해져 있었음을 짐작하게 해 준다. 그리고 입구 문 위에 있는 팀파눔에서는 많이 헐었지만, 종유석 동굴 모양의 무카르나스 장식을 볼 수 있어 이 팀파눔이 과거에는 화려하게 치장되어 있었음을 알 수 있게 해 준다. 페르시아 건축양식과 11세기 셀주크 제국 때부터 유행하였던 무카르나스 장식 등 여러 시대의 건축양식이 복합적으로 섞인 것 같다. 이 정문 부분은 원래 모습대로 복원 중이라고 하니 완전히 복원된 아름다운 모습을 하루빨리 보았으면 싶다.

중앙아시아에서 가장 오래된 신학교 울루그벡 마드라사

타키 자르가론 근처에는 티무르 제국 시대에 건축된 울루그벡 마드라사(Ulugbek Madrasah)가 있다. 이 마드라사는 중앙아시아에 세워진 첫 번째 신학교로 1417년 건축을 시작하여 사마르칸트의 레기스탄 광장에 있는 울루그벡 마드라사가 짓기 시작한 1420년에 이미 완공된 건축물이다.

울루그벡 마드라사 정문에는 'Ismail ibn Takhir ibn Makhmud Isphargoni'라는 건축가의 이름이 새겨져 있는데 '~의'라는 의미의 'ibn'이 2번 들어가 있고 끝에는 이란 이스파한(Isfahan)의 당시 지명인 'Isphargoni'가 있는 것으로 보아 이 마드라사의 건축가는 아미르 티무르가 이스파한에서 데려온 유명 건축가의 손자일 것으로 추정한다. 이 마드라사의 출입문과 팀파눔 사이에는 아랍어로 "지식에 대한 열망은 모든 남녀 무슬림의 의무다"라고 적혀있다. 티무르 제국의 문화와 예술의 전성기를 이루었던 울루그벡이 학문의 중요성에 대해 얼마나 강조했는지 읽을 수 있는 부분이다.

〈부하라의 서예 역사 전시관〉

울루그벡 마드라사 안에는 부하라의 '서예 역사 전시관'이 있다. 8세기 이후 이슬람 세력이 중앙아시아를 지배하면서 공공분야에서는 아랍어를 사용하게 되었고 아랍어 서예 또한 발전하게 되어, 종이뿐 아니라 도자기, 동(銅), 청동 작품에도 서예를 사용함으로써 서예가 장식예술의 중요한 한 부분이 되었다. 우리나라에서 한문 서예가 발전한 것과 마찬가지로 부하라에서는 아랍어 서예가 발전한 것이다.

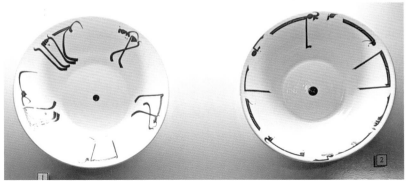

| **서예 역사 전시관** | 울루그벡 마드라사 안에 있는 서예 역사 전시관에는 이슬람 서예가 장식 예술로 활용된 도자기 접시들이 전시되어 있다.

부하라에서의 서예 발전은 세밀화와 마찬가지로 티무르 제국이 멸망한 후 헤라트에 있던 서예가들이 각 지역으로 흩어졌는데 부하라에도 걸출한 서예가들이 이주해 옴으로써 부하라 서예의 황금시대를 맞이하였다고 한다.

압둘라지즈 칸 마드라사의 팀파눔에 새겨진 화려한 무카르나스 장식

화려한 무카르나스 장식의 압둘라지즈 칸 마드라사

　울루그벡 마드라사의 맞은편에는 울루그벡 마드라사보다 235년 뒤인 1652년 부하라 칸국 시대에 건립된 화려한 무카르나스 장식이 돋보이는 압둘라지즈 칸 마드라사(Abdulaziz Khan Madrasah)가 있다. 서로 마주 보고 있는 두 마드라사는 건축 연대에서 차이가 있어 시대적 차이에 따른 건축 양식의 변화를 비교해 볼 수 있다. 티무르 제국 시대에서 부하라 칸국 시대로 이동해 오면서 중앙아시아의 건축양식이나 건축기법이 어떻게 발전해 왔는지를 느낄 수 있게 해 준다.

|**압돌라지즈 칸 마드라사의 내부**|마드라사 내부 장식들의 색이 많이 바랬지만 아직도 화려했던 과거의 모습을 충분히 느낄 수 있다.

부하라 칸국 시대의 건축물의 특징은 종유석 동굴(혹은 벌집) 모양의 무카르나스 장식을 적극적으로 도입하여 건축물의 화려함을 극대화하였다는 점이다. 우리는 사마르칸트 방문 시 티무르 제국 시대에 지어진 구르 아미르의 정문 팀파눔에 무카르나스 장식이 사용된 것을 살펴보았지만, 부하라 칸국에서는 이 장식을 많은 건축물에 도입하여 매우 화려한 건축물들을 세웠는데 바로 압둘라지즈 칸 마드라사가 그 대표적인 건축물이다. 압둘라지즈 칸 마드라사는 비록 현재는 색깔이 많이 바래었으나 아직도 정문과 내부 천장 그리고 벽 장식 등에서 독특한 조형미와 화려했던 과거의 모습을 충분히 느낄 수 있다.

|**미르 아랍 마드라사의 야경**|오른쪽 돔 아래는 모스크이고, 왼쪽 돔 아래는 '미르 아랍'의 묘가 있다.

부하라 학문의 전당, 미르 아랍 마드라사

타키 자르가론 맞은편에는 미르 아랍 마드라사(Mir-i-Arab Madrasah)가 있다. 미르 아랍 마드라사는 칼리안 미나렛, 칼리안 모스크와 함께 중세 이슬람 건축에서의 한 세트를 형성하고 있다. 학자들은 이를 포이 칼리안 앙상블(Po-i-Kalyan Ensemble)이라고 부른다. 미르 아랍은 '아랍의 에미르'라는 의미인데 예멘 출신의 수피즘 이슬람 학자로 당시 부하라 무슬림 사회의 정신적 지도자였던 사이드 압둘라 야마니(Sayyid Abdullah Yamaniy)를 말한다.

미르 아랍 마드라사는 푸른색 돔이 청색, 백색 계열의 다양한 모자이크 타일과 어울려 아름다운 당대 건축의 백미로 손꼽힌다. 이 마드라사는 두 개의 푸른색 돔을 가지고 있는데 오른쪽 돔 아래는 모스크이고, 왼쪽 돔 아래는 영묘로 사이드 압둘라 야마니, 즉 미르 아랍의 묘가 있다.

이 마드라사는 1530년부터 1535/36년 사이에 지어졌고 미르 아랍의 사위인 셰이크 자카리유(Sheikh Zakariyu)가 우바이둘라(Ubaidulla) 칸의 재정지원으로 완성한 것으로 알려져 있다. 그러나 건축 시기가 이보다 20여 년 정도 앞선다는 주장도 있다. 미르 아랍은 1526년에 사망하였는데 그의 시신이 이 마드라사에 안치되었음은 그 당시에 이 마드라사의 건축이 이미 완공단계에 있었음을 말해 주기 때문이다.

미르 아랍 마드라사는 500년 가까이 교육기관 역할을 해 오면서 이슬람교와 이슬람 사회의 문화발전에 많은 기여를 하였다. 소련 체제하에서도 미르 아랍 마드라사만이 중앙아시아에서 유일하게 공식 인가를 받아 신학 교육과정을 실시하였는데 지금도 4년제로 운영되고 있다. 이곳이야말로 이슬람 부하라 학맥을 이어가는 요람인 곳이다.

부하라의 상징인 칼리안 미나렛과 칼리안 모스크

미르 아랍 마드라사와 칼리안 모스크 사이의 광장에 있는 칼리안 미나렛(Kalyan Minaret)은 부하라의 미나렛 중 가장 오래되고 가장 높다. 이 미나렛은 1127년 최초의 튀르크계 이슬람국가인 카라한 카간국의 아르슬란 카간 시기에 건립되었다. 13세기 칭기즈칸이 부하라를 침공했을 때 이스마엘 사마니 영묘와 함께 다행히도 파괴되지 않았던 유적 중 하나이다. 높이가 46.5m이며 아랫부분의 지름은 9m이고 미나렛의 안정을 위하여 땅속 10m까지 파서 축조하였다고 한다. 미나렛 내부에는 나선형으로 난 계단이 있어 이를 통해 정상까지 올라갈 수 있다.

|**포이 칼리안 앙상블의 야경**|오른쪽에 칼리안 모스크와 칼리안 미나렛, 왼쪽에 신학교인 미르 아랍 마드라사, 그리고 중앙에 있는 광장이 한 세트를 형성하고 있다. 이러한 구조가 이슬람 세계에서 도시 건설 때 들어가는 기본적인 구조이다.

칭기즈칸이 이 미나렛을 파괴하지 않은 이유에 대해서는 여러 이야기가 있는데 어떤 것이 사실인지는 알 수 없다. 칭기즈칸이 침공할 때 이 미나렛을 목표로 하였기 때문에 보존되었다는 설도 있고 이 미나렛이 너무나 아름다워 파괴할 수가 없었다는 설도 있다. 그리고 칭기즈칸이 그 앞에서 떨어진 모자를 줍기 위해 고개를 숙였는데 자신이 고개를 숙인 곳이라고 해서 보존케 했다는 등 여러 설이 전해 내려오고 있다.

칼리안 미나렛은 칼리안 모스크(Kalyan Mosque)와 연결되어 있다. 이 모스크는 원래 칼리안 미나렛과 함께 1127년에 세워졌으나 1220년 칭기즈칸의 침공 시 완전히 파괴되었다. 그 후 1515년 부하라 칸국의 우바이둘라 칸 치세 시 다시 건조된 127m×78m의 장방형 건물로 한 번에 12,000명 정도를 수용할 수 있는 큰 모스크다.

옥색 탑이 인상적인 쵸르 미노르 마드라사

　다음 날 아침 부하라 도심 관광 루트에서 약간 떨어져 있는 쵸르 미노르 마드라사(Chor Minor Madrasah)를 찾았다. 네 개의 첨탑과 각 첨탑 위의 아름다운 옥색 돔을 가진 자그마한 이 건축물은 호주에서 출판된 여행가이드 책자인 〈론리 플래닛(Lonely Planet)〉의 중앙아시아 편 표지에 나와 유명해진 곳이다. 쵸르 미노르 마드라사는 타직어로 '네 개의 첨탑을 가진 마드라사'라는 뜻으로 지금은 파괴되어 일부만 남아 있는 마드라사의 입구 부분이다.

　네 개의 첨탑에 대해서는 부하라를 지배했던 왕조들, 즉 페르시아계 이슬람 왕조인 사만 왕조, 최초의 튀르크계 이슬람 국가인 카라한 카간국,

|**쵸르 미노르 마드라사**| 쵸르 미노르 마드라사는 부하라를 다스린 4개의 왕조를 의미하는 4개의 첨탑을 가지고 있고, 각 첨탑에는 당시 부하라 사람들이 믿었던 4개 종교의 문양이 각각 새겨져 있다고 하는데 첨탑 위의 옥색 돔이 특히 아름답다. 옥색 돔 위에 놓인 흰색 황새 조형물은 이 건축물에 생동감을 불어넣어 준다.

킵차크 칸국에서 독립하여 우즈벡 칸국과 부하라 칸국을 세운 샤이반 왕조, 부하라 칸국을 무너뜨리고 부하라 에미르국을 세운 망기트(Mangit) 왕조 등 부하라를 다스린 네 개 왕조를 각각 의미한다는 주장이 있다. 또한, 각 첨탑의 표면에 새겨진 여러 가지 문양들을 당시 부하라 거주민들이 믿던 네스트리우스파 기독교, 불교, 이슬람교와 조로아스터교의 상징적 문양으로 이 종교들을 각각 의미한다는 주장도 있다.

이 마드라사의 출입구 위에는 이 건물이 1806년에서 1807년 사이에 지어졌다는 안내판이 붙어 있다. 말과 카펫 무역업으로 부를 축적한 칼리프 니야즈 쿨(Caliph Niyaz Kul)이 1807년에 완성했다는 주장이 있으나 고문서에 의하면 17세기 말에 이미 칼리프 니야즈 쿨 마드라사가 존재하였다는 기록도 있어 실제로 칼리프 니야즈 쿨이 이 마드라사를 세웠는지는 확실하지 않다.

"저 위에 새가 한 쌍 있는 것 같네요."
"네. 황새인데 진짜 새는 아니고 조형물입니다."

인상적인 네 개의 옥색 돔 중 뒤쪽 우측 돔 위에 흰색 황새 한 쌍이 둥지를 틀고 있는데 진짜 황새가 아닌 조형물 황새였다. 안내인의 설명에 의하면 부하라에는 과거에 습지가 많아 황새가 많이 날아왔기 때문에 황새가 부하라를 상징하는 새가 되었다고 한다. 아름다운 옥색 돔 위에 흰색 황새 조형물을 살짝 올려놓음으로써 이 작은 건축물에 생동감을 불어넣어 주는 아주 센스 있는 조치라는 생각이 들었다.

부하라 성채

쵸르 미노르 마드라사를 마지막으로 부하라의 샤흐리스탄(도심) 방문을 마치고, 지금부터는 부하라 지배자가 거주하였던 궁전이 있던 시타델(성채)을 둘러보고 이어 교외 지역으로 나가 본다.

레기스탄 광장에서의 전통 축제

칼리안 미나렛과 칼리안 모스크에서 교외 쪽으로 내려가면 오른쪽에 성채가 보인다. 18세기 부하라 에미르가 살았던 궁전이 있던 아르크 성채(Ark Citadel)다. 그리고 그 옆에는 성벽을 따라 넓은 광장이 펼쳐지는데 이곳이 레기스탄 광장이다. 이곳에서는 과거 실크로드 대상들이 모여 일종의 물류센터를 형성하였던 곳이며, 현대에 와서는 우즈베키스탄의 전통 축제를 비롯한 갖가지 행사들이 벌어지는 장소이다.

〈우즈베키스탄 문화축제 '아스르라르 사도시' 축제〉

다음의 그림은 부하라의 상징인 칼리안 모스크와 칼리안 미나렛을 배경으로 레기스탄 광장에서 우즈베키스탄의 전통 축제인 '아스르라르 사도시(Asrlar Sadosi) 축제'가 벌어지고 있는 장면을 묘사하고 있다. 양들과 수탉들이 싸움을 하고 관중 속에서는 붉은색과 푸른색의 전통의상을 각각 입은 두 사람이 사람 키보다 훨씬 긴 우즈베키스탄의 전통 관악기 카르나이(Karnay)를 연주하는 모습도 보인다.

'아스르라르 사도시 축제'는 2008년부터 시작된 우즈벡 전통 문화축제로 매년 수많은 국내외 관람객들을 유치하였다. 이 축제에서는 양싸움, 닭싸움 등 다양한 우즈베키스탄의 전통 풍습과 수공예품 전시, 전통의상 패션쇼, 전통 음식 페스티벌 등이 개최되었으나, 2014년 이후 여러 이유로 개최되지 못하고 있다. 현재는 '실크 및 향신료 페스티벌(Silk and Spices

Festival)'이라는 제한된 품목을 대상으로 한 축소된 행사가 5월경에 개최되고 있을 뿐이라고 한다. 앞으로 다시 '아스르라르 사도시' 축제와 같은 대규모 우즈벡 전통 문화축제가 개최될 수 있기를 기대해 보면서 성채 안으로 들어갔다.

|**아스르라르 사도시 축제**|칼리안 모스크와 칼리안 미나렛을 배경으로 양들과 수탉 들이 싸움을 하고 있고, 관중 속에서는 붉은색과 푸른색의 전통의상을 입은 두 사람이 다소 과장되게 길게 그려진 우즈베키스탄의 전통 관악기인 카르나이를 연주하고 있다.

부하라에서 가장 오래된 건축물인 아르크 성채

레기스탄 광장 옆에 있는 아르크 성채는 그 규모가 4.2헥타르에 이르는 큰 성채다. 이 성채가 언제 최초로 지어졌는지는 정확히 알 수 없지만 7세기에 이 성채에서 아랍군과 싸웠다는 문헌 기록이 있음에 비추어 7세기 이전에 축조된 부하라에서 가장 오래된 건축물이라고 할 수 있다. 수많은 전

|**아르크 성채**|부하라에서 가장 오래된 건축물로 규모가 4.2헥타르에 이른다. 내부에는 모스크와 대관홀 등이 복원되어 있고 역사박물관도 있다.

쟁으로 성은 파괴되고 재건되기를 거듭하다가 지금의 모습은 18세기 부하라 에미르국 시대에 완성되어 1920년 러시아에 의해 멸망할 때까지 부하라 에미르가 살았던 장소이다.

성문으로 들어가면 오르막길 양쪽으로 죄수들을 가두었던 감옥이 있는데 그때의 상황을 인형들로 재현시켜 놓고 있다. 성채 내에는 궁전, 모스크 등이 있는데 일부는 복원되어 있으나 대부분이 아직 복구되지 못한 채로 있다.

〈베란다의 천장과 미흐랍의 장식이 아름다운 주마 모스크〉

맨 먼저 만난 장소는 금요일 대규모 예배를 보는 장소인 주마 모스크(Djome Mosque)였다. 이 모스크는 18세기 초에 처음 지어졌는데 사이드 미르 알림한(Said Mir Alimkhan, 재위: 1910~1920) 에미르 치세 때 복원되어 현재

주마 모스크 베란다의 아름다운 천장, 기둥과 미흐랍

에 이르고 있다. 8개의 출입문과 4개의 미흐랍을 가진 모스크로 삼면에 나무 기둥들을 세워 베란다를 만들어 여름철에도 그늘에서 예배를 볼 수 있게 하였다.

특히 거울을 활용하여 만든 천장 장식은 기하학적인 무늬와 꽃장식으로 치장하고 있으며, 이를 받치고 있는 기둥의 화려한 무카르나스 장식과 어울려 아름다움을 뽐내고 있다. 알라신의 성전이 있는 메카 방향을 나타내는 미흐랍들도 깔끔한 꽃장식으로 치장되어 있다.

〈대관홀과 지하 화폐 제조창〉

　다음으로 방문한 곳은 부하라 에미르의 대관식과 축하연이 열리던 대관홀(Throne Hall)이다. 대관홀은 17세기에 만들어졌는데 중앙에는 대리석으로 만든 네 개의 기둥 사이에 에미르가 서거나 옥좌에 앉을 수 있는 공간이 마련되어 있었다.

|**대관홀**| 대관홀은 부하라 에미르의 대관식과 축하연이 열리던 장소로 중앙에는 대리석으로 만든 네 개의 기둥 사이에 에미르의 공간이 마련되어 있다.

　대관홀 지하에는 당시 각종 동전을 주조하던 화폐 제조창이 있었다고 하는데 그 앞에 사자상이 하나 놓여 있다. 이 사자상은 원래 네 마리를 만들었는데 앞으로 방문할 에미르의 여름 궁전에 두 마리를 보내고 이곳에 두 마리가 있었다고 한다. 현재 한 마리는 소실되어 한 마리가 외롭게 화폐 제조창을 지키고 있다.

그리고 대관실 입구에는 흰색 칠을 한 벽이 세워져 있는데 이곳은 에미르를 알현하고 나갈 때 뒷걸음질을 하면서 나가다가 벽에 엉덩이가 닿으면 돌아나가도록 하는 역할을 하였다고 한다. 당시 부하라 에미르국에서도 과거 우리나라 왕실과 양반 사회의 예절이었던 웃어른에게 뒤를 보이지 않고 뒷걸음질 치며 물러갔던 예절이 있었다는 것이 재미있다.

〈알찬 내용을 담고 있는 부하라 역사박물관〉

성채 안에 있는 조그마한 부하라 역사박물관에는 부하라의 과거 모습을 담은 사진과 도자기, 그리고 건축물에 사용된 타일 등 다양한 유물들이 전시되어 있었다.

|**알림한 에미르와 그의 아버지**| 왼쪽은 마지막 에미르가 되는 알림한과 그의 아버지 압둘 아하드한 에미르가 함께 찍은 사진이고 오른쪽 사진은 상트페트르부르크 고등 군사학교 교복을 입은 알림한이다.

다양한 사진 중에는 필자의 눈길을 끄는 사진이 몇 점 있었다. 부하라의 마지막 에미르가 되는 어린 사이드 미르 알림한과 그의 아버지 사이드 압둘 아하드한(Said Abdul Akhadkhan) 에미르의 사진이다. 이 사진은 그들이 1893년 러시아 상트페테르부르크를 방문했을 때 찍은 사진으로 이때 알림한은 '상트페테르부르크 고등 군사학교'에 입학하게 된다. 오른쪽에 있는 러시아 군사학교의 교복을 입고 찍은 알림한의 사진은 대한제국의 마지막 황제인 순종의 동생이자 마지막 황태자였던 영친왕의 모습을 생각나게 한다. 제국주의 시대에 중앙아시아와 한반도에서 겪은 유사한 상황은 필자를 잠시 숙연하게 만들었다.

밤에 본 볼로 하우즈 모스크

저녁 식사를 하고 아르크 성채 가까이에 있는 볼로 하우즈 모스크(Bolo-Hauz Mosque)로 나가 보았다. 과거 부하라를 방문했을 때 낮에 방문한 적이 있어 이번에는 저녁 풍경을 보고 싶었기 때문이다. 볼로 하우즈 모스크에 도착하니 연두색 조명을 받은 모스크와 연못에 비친 모스크가 어우러져 환상적인 풍경을 자아내고 있었다.

볼로 하우즈 모스크는 1712년 부하라 에미르국의 아부 알 파이즈(Abu al-Fayz, 재위: 1711~1747) 에미르가 자신의 어머니를 위해서 지었다고 전해지고 있다. 이후 근처에 있는 아르크 성채에서 거주하는 부하라 에미르들이 자주 사용한 모스크가 되었다고 한다.

이 모스크도 성채 내에 있는 주마 모스크와 마찬가지로 페르가나 계곡에서 가져온 포플러로 만든 20개의 나무 기둥이 떠받치고 있는 부하라의 전통 베란다가 만들어져 여름철에도 예배를 볼 수 있다. 이 베란다는 1917년

|**볼로 하우즈 모스크 야경**|밤의 볼로 하우즈 모스크는 연두색 조명을 받은 모스크와 그 앞의 작은 미나렛이 어울려 환상적인 분위기를 연출한다.

부하라의 유명한 건축가 쉬린 무라도프(Shirin Muradov)가 만들었다. 베란다의 위쪽은 아름다운 문양을 넣은 전형적인 페르시아 건축양식의 사각형 주름 형태를 하고 있고, 이를 받치고 있는 기둥들의 윗부분과 천장은 다양한 색상의 무카르나스 장식으로 치장되어 이 모스크에 아름다움을 더해 준다. 그 앞에는 이 모스크의 이름이 '볼로 하우즈(연못 위에 있는)'인 것을 증명해 주듯 연못에 모스크의 모습이 비쳐 평화로움과 함께 아름다움을 더해 주고 있었다.

볼로 하우즈 모스크 앞에는 작은 미나렛이 하나 있는데 이 미나렛도 1917년에 쉬린 무라도프가 지었다. 미나렛의 외부를 장식한 다양한 문양의 타일과 미나렛 꼭대기의 무카르나스 장식이 조명을 받아 독특한 아름다움을 만들어 낸다. 부하라의 최고 건축가 쉬린 무라도프의 손길이 느껴지는 작품이다. 보통 큰 미나렛의 입구는 지상에서 5m 정도 위에 있고 모스크나 마드라사를 통해 입구로 들어가도록 설계되어 있는데 이 미나렛은 낮아서 그런지 지상에서 바로 들어가는 문이 있는 구조다.

부하라 교외 지역

　다음 날에는 부하라 교외 지역으로 나갔다. 도심에서 다소 떨어져 있는 지역이라 택시를 타고 답사를 하였는데 방문하는 장소마다 택시를 부르고 기다리고 하다 보니 생각보다 시간이 많이 소요되었다.

별들이 달을 만나는 시토라이 모히호사 궁전

　먼저 방문한 장소는 시토라이 모히호사 궁전(Sitorai-Mokhi-Khosa Palace)이었다. 이 궁전은 부하라의 마지막 에미르인 사이드 미르 알림한 치세 때인 1917년에 완성된 교외 여름 궁전으로 부하라 도심에서 약 4km 떨어진 지점에 있다. 시토라이 모히호사는 '별들이 달을 만나는'이라는 낭만적인 의미를 가지고 있다. 왕궁, 에미르의 여인들이 거주하는 장소인 하렘 그리고 손님용 숙소 등 세 채로 구성된 이 아름다운 궁전은 부하라의 전통 건축양식에 러시아적 건축 요소가 가미되어 지어졌다.

　궁전 입구의 정문은 자주색과 푸른색 계통 색상으로 칠해져 부하라의 여타 건축물들과는 다른 이국적인 느낌을 준다. 정원에는 여름 궁전답게 많은 나무가 있어 시원함을 느끼게 해 주었고 알림한이 인도에서 가져온 두 마리 공작새의 후손들이 방문하는 손님들을 맞는다.

　정원에서 궁전으로 들어가는 길에 이 궁전을 건설한 부하라의 최고 건축가인 쉬린 무라도프의 흉상이 세워져 있다. 쉬린 무라도프는 이 궁전뿐 아니라 아르크 성채 안에 있는 주마 모스크의 베란다, 볼로 하우즈 모스크의 베란다와 작은 미나렛도 건설한 당대 최고 건축가였다.

|**백색홀**|러시아와 부하라 건축양식이 융합된 여름 궁전의 '백색홀'과 대기실의 벽면 꽃장식이 아름답다.

이 궁전에서 가장 유명한 방은 러시아 건축양식과 부하라 건축양식이 융합되어 지어진 '백색 홀'이다. 홀 전체가 희고 매끄러운 석고로 칠해져 있어 '백색 홀'이라고 부른다. 그렇지만 천장과 벽 사이, 그리고 벽면의 아치형 공간 윗부분은 부하라 건축양식에 따라 무카르나스 장식이 들어가 있다. 백색 홀로 들어가기 전에 대기하는 대기실 벽면의 화려한 꽃장식은 방문객의 감탄을 자아내게 한다.

이 왕궁은 1927년에 장식 예술품 박물관으로 개관하였으며 유럽에서 가져온 19~20세기의 가구들, 14~20세기의 중국 및 일본산 도자기, 부하라 유명 장인들이 만든 보석들이 전시되어 있다. 그리고 유리문이 있는 상자 모양의 물건이 방 가운데 놓여 있었는데 부하라에서 사용된 최초의 냉장고였다. 위쪽에 얼음을 올려 차가운 물이 관을 타고 내려오게 함으로써 냉장고

|하렘과 연못| 에미르의 여인들이 거주하던 하렘과 그 오른쪽에는 망루가 보인다. 하렘의 모습이 선명히 비치는 큰 연못에는 밤이 되면 정말 별들이 달을 만나는 풍경이 연출될 것 같다.

역할을 하도록 제조되었다고 한다. 서구의 선진 문화가 왕실을 통해 도입되고 있음을 보여준다.

 궁전 본관을 나와 오른쪽으로 가면 손님용 숙소가 있는데 현재는 부하라의 전통 의복과 장신구들이 전시되어 있었다. 그리고 하렘 쪽으로 나가면 망루가 있는데 이곳에서 에미르가 아름다운 경치를 바라보며 휴식을 취하기도 하였다고 한다. 지금은 그 안에 카펫과 부하라의 전통 수자니 제품들이 전시되어 있었다.

 에미르의 여인들이 거주하던 하렘의 뒤쪽에는 보는 사람의 마음을 시원하게 해 주는 큰 연못이 있는데 이곳에는 하렘의 아름다운 모습이 물에 선명히 비치고 있었다.

"아! 이곳이 바로 별들이 달을 만나는 장소이구나!"

이곳에서는 밤이 되면 하늘에 있는 달과 별들이 연못에 비춰 정말 이 궁전의 이름과 같이 별들이 달을 만나는 풍경이 연출될 것 같았다. 이 연못 안에서 하렘의 여인들이 놀고 있는 모습을 상상하니 이 궁전의 분위기가 더욱 낭만적으로 느껴졌다.

이슬람 건축의 걸작 이스마일 사마니 영묘

여름 궁전 방문을 마치고 다시 택시를 타고 부하라의 '사만 왕조 기념 공원'에 있는 이스마일 사마니(Ismail Samani, 재위: 892~943) 영묘를 찾았다.

|**이스마일 사마니 영묘**| 부하라 교외에 있는 잘 조성된 사만 왕조 기념 공원 안에 이스마일 사마니 영묘가 세워져 있다. 과거에는 다른 일반 무덤들과 한데 어울려 있었으나 지금은 잘 정비되어 있다.

위의 사진은 9세기 부하라를 수도로 하여 페르시아계 타지크인들에 의해 세워진 수니파 이슬람 왕조인 사만 왕조(Samanid Dynasty, 874~999)의 전

성기를 연 이스마일 사마니의 영묘다. 892~907년 사이에 축조된 것으로 추정하고 있는 이 영묘는 원래 이스마일 사마니가 선친을 위한 묘당으로 지었으나 후에 자신과 자신의 아들들도 묻히는 가족 영묘가 된 것이다. 1220년 칭기즈칸의 부하라 침공 당시 이 영묘는 여러 일반 무덤들 속에 있었기 때문에 몽골군의 파괴에서 무사할 수 있었다고 한다.

사만 왕조는 사산조 페르시아를 계승한다는 기치를 내걸고 건국되었다. 그래서 아랍이 휩쓸고 간 중앙아시아에 다시 페르시아의 건축양식으로 영묘가 세워진 것이다. 이 영묘는 외관이 사우디아라비아 메카의 대모스크에 있는 알라신의 성전인 입방체 모양의 카바(Kaaba)를 닮았지만 사산조 페르시아의 조로아스터교 사원 건축양식으로 지어졌다.

|**영묘의 내부 스퀸치**|이스마일 사마니 영묘는 돔을 지지하는 4개의 내부 아치와 함께 각 모서리에 완만한 형태의 삼각형 스퀸치를 넣어 돔의 하중을 줄이는 공법을 사용하였다.

또 이 건축물은 4개의 내부 아치에 돔의 바닥을 지지하는 완만한 형태의

삼각형 스퀸치(squinch)를 각 모서리에 넣어 팔각형 구조가 되도록 만들어 돔의 하중을 줄이는 건축기법을 사용하였다. 이러한 점에서 한 면이 9.5m 에 불과한 아담한 규모의 사각형 구조물인 이 영묘는 건축학적으로 가치가 높게 평가되고 있다.

알라신이 기적을 내린 차슈마 욥

이스마일 사마니 영묘에서 가까운 곳에 차슈마 욥(Chashma-Ayub)이 있다. 이곳은 부하라의 가장 중요한 성지 순례 장소 중 한 곳이다. 차슈마는 '샘', 욥 은 구약성서에 나오는 '선지자 욥'이다. 현지인들은 욥을 '아유브'로 발음한다.

|**차슈마 욥**| 우뚝 솟은 원추형 돔은 맨 처음 지어졌을 때 건축된 부분으로 부하라에서는 보기 드문 독특한 형태의 셀주크 양식 돔이다.

차슈마 욥 건물은 12세기 카라한 카간국(840~1212) 시절에 처음 건축되 었는데 그 후 여러 차례 다시 지어졌다가 현재 남아 있는 부분은 14세기 아 미르 티무르 치세 때 대부분 완성되었으며 16세기 샤이반 왕조 시기에 건

축된 부분도 있다. 이 건물은 4개의 방으로 구성되어 있고 각 방은 돔으로 덮여 있는데 특히 서쪽에 있는 방의 돔은 뾰족하게 솟아 있는 원추 형태를 하고 있다.

이러한 유목민들의 천막인 유르트를 닮은 원추 형태의 돔은 처음 건축되었을 당시의 돔이 현재까지 남아 있는 것으로 부하라에서는 흔히 볼 수 없는 셀주크 양식[23]의 돔이다. 카라한 카간국이 11세기 말부터는 셀주크 제국의 지배하에 들어갔으니 그 영향을 받은 것으로 보인다.

차슈마 욥과 관련하여서는 확인할 수 없는 여러 전설이 내려오는데 그중 하나는 사막에서 불어오는 바람과 가뭄으로 시달리던 부하라 주민들이 알라신에게 기적을 내려주실 것을 기도하였고 알라신은 이를 들어주겠다고 약속하였다고 한다. 마침 그때 부하라를 여행 중이던 선지자 욥이 이곳을 지팡이로 내리치자 샘물이 솟아 나왔고 이 물로 눈을 씻으니 모래바람으로 인한 눈병들이 나았고, 물을 마시니 치유의 효과가 있는 기적이 일어났다고 한다. 이후 주민들은 이곳을 '욥의 샘물'로 불렀다. 차슈마 욥 영묘는 이 '욥의 샘물' 위에 세워졌다고 한다.

건물 내부에는 안쪽에 몇 개의 관이 있는데 그중 가장 먼저 들어온 관은 1022년에 사망한, '하디스 학의 태두' 알 부하리의 스승인 저명한 이슬람 학자 하지 하피즈 군조리(Haji Hafiz Gunjori)의 것이다. 그리고 그 앞에 '욥의 샘물'로부터 나온다는 물이 나오는 수도꼭지 3개가 있다. 이 물이 치유 효과가 있다고 하는데 필자가 방문하였을 때는 가뭄이라 물이 나오지 않는다고 하여 마셔 보지는 못하였다.

---

23) 셀주크 양식은 셀주크 제국(1040~1157)과 룸 셀주크(1077~1308) 시대 유행한 페르시아, 비잔틴, 아르메니아 건축양식을 혼합하여 발전된 건축양식이다.

'실크로드 티 하우스'에서 음미한 샤프란 티

오랜 시간의 부하라 답사로 인해 피곤해진 몸을 이끌고 돌아오는데 '실크로드 티 하우스(Silkroad Tea House)'라는 간판이 보였다. 10여 년 전 방문 시에도 보았지만 들르지는 못했는데 이번에는 따뜻한 차 한 잔을 하면서 부하라 답사 일정을 정리하고자 이곳에 들렀다.

|**실크로드 티 하우스**|겉모습이 고색창연한 분위기를 주는 실크로드 티 하우스는 내부도 아늑하게 꾸며 놓았다.

티 하우스는 고색창연한 분위기에 아늑함을 주는 장소였다. 녹차와 홍차를 비롯하여 여러 종류의 허브차와 생강차 그리고 샤프란 티(Saffron Tea)[24]가 있었고 커피도 주문할 수 있었다. 일 인당 한화로 5,000원이 채 안

---

24) 샤프란은 샤프란 꽃의 암술을 말려서 만드는데 1g의 샤프란을 만들기 위해 400~500개의 암술이 필요하여 노임이 많이 들어 비싸지만, 우즈베키스탄 샤프란은 상대적으로 저렴한 편이다.

되는 금액을 내면 무제한으로 차와 커피를 마실 수 있었다. 필자는 심장 건강에 좋다고 적혀 있는 샤프란 티를 주문했다.

샤프란 티가 도자기로 만든 주전자에 담겨 참깨 과자, 건포도, 호두, 그리고 설탕 캔디 등과 함께 나왔다. 녹차를 기본으로 하여 샤프란과 카다멈(Cardamom)을 넣은 샤프란 티였다. 피알라(Piala)라고 불리는 짙은 푸른색 무늬가 새겨져 있는 찻잔에 따라보니 맑은 노란 수색(水色)을 띠고 있는 샤프란 티가 향기를 은은히 풍겼다. 샤프란이 풍기는 특유의 향이 거부감 없이 다가와서 여유로움 속에서 샤프란 티를 즐기다 보니 두 주전자나 마셨다. 힘든 답사 때문인지 따뜻한 티를 마셔도 마셔도 계속 마시고 싶어졌고 몸과 마음이 편안해지고 피곤이 풀리는 것 같았다.

이것으로 부하라 일정을 마치고 히바로 가기 위해 내일 항공편으로 타슈켄트로 돌아가서 우즈베키스탄 호라즘주의 주도인 우르겐치 행 비행기를 탈 예정이다.

부하라에서 맛본 음식 Top 3

• 올롯 삼사(Olot Somsa, Alat Samsa)

|**올롯 삼사**|올롯 삼사는 접쳐져 있는 딱딱한 면을 찢고 그 속에 양념을 부은 후 먹는다.

   부하라에서 맛본 음식 중 독특한 것은 부하라의 '올롯 삼사'였다. 올롯은 부하라주에 속한 도시로 이곳의 특산품인 '올롯 삼사'는 여타 지방의 삼사에 비해 피가 아주 부드럽다. 삼각형 형태의 일반 삼사와는 달리 직사각형 형태로 나오는데 약간 접쳐져 있는 딱딱한 쪽을 손으로 찢고 그 속에 양념을 부어 먹는다. 양념이 삼사의 내용물과 잘 어울려 맛이 있다.

• 위구르 라그만(Uyghur Lagman)

   라그만은 원래 위구르족들의 전통 수타면 요리로 이제는 중앙아시아 지역의 대표적인 면 요리가 되었다. 토마토와 기름에 볶은 소고기 또는 양고기를 기본으로 각종 야채와 향신료를 넣어 만든다.

위구르 라그만과 딜코르 야채 샐러드

부하라에서 위구르 라그만 요리로 유명한 '딜코르(Dilkor) 식당'에서 위구르 라그만을 맛보았다. 원래 위구르 라그만은 국물 없이 요리하나, 필자는 얼큰한 국물을 마시기 위해 국물 있는 것을 주문했다. 얼큰한 국물 맛과 쫀득한 수타면이 어우러져 필자의 입맛에 가장 잘 맞았던 라그만이었다.

• 딜코르 야채 샐러드

우즈베키스탄에서는 라그만에 항상 야채 샐러드를 곁들여 먹기 때문에, 위구르 라그만을 주문하면서 '딜코르 야채 샐러드'도 주문하였다. 오이와 토마토 그리고 양파를 넣고 요구르트와 함께 버무린 샐러드인데 또 다른 어떤 소스가 들어갔는지 모르지만 시원함과 부드러움을 주면서 필자의 입맛을 돋우었다. 우즈베키스탄에서 맛본 가장 기억에 남는 야채 샐러드였다.

히바

페르시아계 호라즘 제국

"우즈벡 말을 할 줄 아세요?"
"죄송합니다. 잘 못하는데요."

그리고 두 사람은 러시아어로 이야기했다.

히바(Khiva)에 도착하여 필자와 함께 간 러시아계 우즈벡 안내인과 영어도 곧잘 하는 히바의 호텔 프론트 데스크 직원과의 대화다.

히바는 우즈베키스탄의 한 도시이면서도 이곳에 사는 주민 중에는 우즈벡 말을 할 줄 모르는 사람들이 많다. 히바가 위치한 호라즘(Xorazm)[25] 지역에는 인종적으로, 언어적으로 튀르크계인 우즈벡족과는 다른 페르시아계가 많이 살고 있기 때문이다. 그래도 아직 소련으로부터 독립한 지 오래되지 않아 러시아어로 서로가 소통은 할 수 있었다. 앞으로 좀 더 시간이 지나면 자연 우즈벡어로 서로 대화하게 되겠지만 이런 모습을 보는 히바에서의 첫인상은 필자에게 상당히 이색적으로 다가왔다.

우즈베키스탄의 수도인 타슈켄트에서 1,119km나 떨어져 있는 히바로 가

---

25) 호라즘은 중앙아시아 서부 지역의 아무다리야강 하류 지역을 말한다. 우즈벡어로는 호라즘, 영어로는 콰레즘(Khwarazm), 페르시아어로는 호레즘(Horezm)이라고 한다. 이 책에서는 우즈벡어 발음인 호라즘을 사용한다

려면 타슈켄트에서 우르겐치까지 비행기로 1시간 10분 정도 가야 하고, 우르겐치에 도착한 후 다시 차량편으로 약 40분 정도 더 이동해야 한다. 물론 타슈켄트에서 밤 열차를 이용하여 바로 히바까지 16시간 정도 걸려 갈 수도 있다.

호라즘 제국의 형성

호라즘은 아무다리야강 하류의 비옥한 저지대를 가리키는 지명으로 페르시아에서는 유목민들의 땅인 중앙아시아 서부를 '호레즘(Horezm)'이라고 불러 생겨난 명칭이다. 북쪽으로는 아랄해, 동쪽으로는 키질쿰(Kyzylkum) 사막, 서쪽으로는 우스튜르트(Ustyurt)고원, 그리고 남쪽으로는 카라쿰 사막과 접하는 지역이다.

호라즘 지역은 사산조 페르시아(226~651)의 지배 아래 있다가 점차 이슬람 왕조의 지배로 들어간다. 1077년 이슬람 제국인 셀주크 제국의 군벌 중 하나였던 아누쉬테긴 가르차이(Anushtegin Gharchai)가 '호라즘 샤(Shah)'로 임명되면서 호라즘 제국 형성이 시작된다. 1170년대까지는 호라즘 지방만 다스리던 호라즘 왕국은 튀르크계 킵차크 부족 집단을 적극적으로 끌어들인 무함마드 2세(재위: 1200~1220) 샤 시기에 동부 이슬람 세계를 다스리는 제국으로까지 성장한다.

호라즘 제국의 국가 체제는 튀르크계 군사력을 바탕으로 하면서 페르시아계 관료와 학자들이 국정을 주도했기 때문에 정치, 행정, 경제 부문과 학술, 예술 등 문화적인 부문은 페르시아아적인 색채를 보인 반면, 군사력은 튀르크계 유목 민족들에게 의존하였다. 이러한 국가 체제는 중세의 튀르크-페르시아 연합국가에 공통으로 적용되었다.

'대몽골 항쟁의 영웅' 잘랄 웃딘 멩구베르디

　호텔 리셉션에 조그만 흉상이 하나 놓여 있었다. 직원에게 이 사람이 누구냐고 물으니 잘랄 웃딘 멩구베르디(Jalal al-Din Menguberdi, 1199~1231)라고 한다. 그가 누구냐고 물으니 그것도 모르냐는 듯한 반응을 보여 다소 놀랐다. 그는 호라즘 제국의 지배자였으며 위대한 전사로 추앙받는 인물이라고 한다. 그러고 보니 1219년 칭기즈칸의 침공 시 호라즘 제국의 무함마드 2세 샤와 함께 카스피해 쪽으로 도피하였던 무함마드 2세의 장남 이름이 어렴풋이 생각이 났다.

　우리나라 고려와 동시대에 존재했던 호라즘 제국도 몽골의 침략에 예외일 수는 없었다. 호라즘 제국의 북동쪽 국경도시인 오트라르(Otrar, 현재 카자흐스탄의 도시)에서의 '몽골 경제사절단 살해 사건'으로 호라즘 제국은 1219년 몽골과 전쟁을 시작한다. 1219년 말 몽골군의 침공으로 1220년 2월 부하라, 3월에는 수도인 사마르칸트가 각각 점령당하여 무함마드 2세는 그의 장남과 함께 카스피해 쪽으로 도피한다. 4월에는 난공불락의 오트라르 요새도 몽골군과의 5개월에 걸친 공성전(攻城戰) 끝에 마침내 함락하고 그해 말 무함마드 2세는 도피 중 병으로 사망한다.

|잘랄 웃딘 멩구베르디 초상화 | 출처: 타슈켄트 국립역사박물관

　무함마드 2세와 함께 카스피해 쪽으로 도피하였던 잘랄 웃딘 멩구베르디는 1221년 수도인 우르겐치로 돌아와 호라즘 제국의 8대 샤에 오른다. 그러나 대몽골 항쟁을 위한 우르겐치 귀족들의

협조가 쉽지 않자 그는 자신의 본거지이자 총독으로 있었던 남부의 가즈니 (Ghazni)로 돌아와 현지 유력 인사들의 지원을 받아 군사를 규합하고 대몽골 항쟁에 나선다.

그는 1221년 니사(Nisa, 현재 투르크메니스탄 도시)에서 2배나 많은 군사를 가진 몽골군을 격파하고 같은 해에 칸다하르(Kandahar, 현재 아프가니스탄 도시)를 포위하고 있던 몽골군을 패퇴시킨다. 그리고 그해 가을 파르완(Parwan, 현재의 아프가니스탄 도시) 전투에서 몽골군을 크게 물리쳐 호라즘 제국의 대몽골 항쟁에서 최초의 대규모 승리를 거둔다.

파르완 전투에서의 호라즘 제국군의 승리는 당시 몽골군에게 점령당한 헤라트(Herat) 등의 큰 도시에서 대몽골 항쟁을 촉발시킨다. 이러한 보고를 받은 칭기즈칸은 사마르칸트에 주둔하고 있던 5만 명의 본진을 직접 인솔하여 잘랄 웃딘 멩구베르디와 현재의 파키스탄 지역의 인더스강 변에서 결전을 벌이게 된다.

칭기즈칸과 벌인 인더스강 전투

1221년 11월 24일 결전의 날 새벽이다. 호라즘군은 중심에 잘랄 웃딘 멩구베르디가 이끄는 군사와 후방 지원군, 그리고 우측에는 그의 외삼촌 아민 말릭(Amin Malik)이 이끄는 튀르크 군대, 그리고 좌측은 아프간인들로 구성된 군대가 맡았다.

한편 몽골의 칭기즈칸은 군대를 초승달 형태로 배치하고 호라즘 군대를 인더스강 쪽으로 몰아붙였다. 몽골군은 칭기즈칸을 중심으로 칭기즈칸의 두 아들 오고타이와 차가타이가 각각 좌우를 맡았다. 칭기즈칸이 직접 나선 이 전투에서 호라즘 제국의 군사력은 몽골의 군사력과는 비교가 안 되었음은 자명한 일이었다.

전투 초반에는 호라즘 군대가 선전하였으나 몽골군 최정예 부대가 절벽을 타고 올라 측면과 후방을 공격하는 전술로 호라즘 제국군을 격파함으로써 전세는 급격히 몽골군으로 넘어가게 된다. 이 전투에서 아민 말릭까지 전사하여 호라즘 제국군은 패색이 짙어졌고 잘랄 웃딘 멩구베르디는 부하들의 충언에 따라 말을 타고 절벽을 뛰어내려 인더스강을 건너 퇴각한다.

당시 칭기즈칸은 군사들에게 퇴각하는 그에게 활을 쏘는 것을 중지시키고, 몽골군을 상대로 용감히 싸운 그를 높이 평가하면서 "어떻게 그런 아버지 밑에 저런 용감한 아들이 태어났는가"라는 의미의 말을 남겼다고 한다. 이 인더스강 전투에서의 패배로 호라즘 제국은 완전히 멸망한다.

비록 칭기즈칸 몽골군과의 전투에서 패했으나 당시 군사력 측면에서 패배는 어쩌면 당연한 결과였는지도 모른다. 불리한 상황에서도 끝까지 항전한 그의 용기는 존경할 만하다. 그래서 그가 지금도 후세들로부터 추앙받는 것이다.

호라즘주의 주도(州都)인 우르겐치의 주 정부 청사 가까이에 조성된 기념 공원에는 말을 타고 하늘을 치솟아 올라가는 잘랄 웃딘 멩구베르디의 거대한 동상이 세워져 있다. 기념비에는 그의 전사(戰士)로서의 위대함뿐 아니라 이슬람교도로서의 종교적 성실성과 부모를 공경하고 형제와 부하들에게 자애로웠던 인간으로서의 높은 인품에 대해서도 언급하고 있다. 그를 한 사람의 영웅이자 성인(聖人)으로까지 추앙하고 있음을 느낄 수 있었다. 그는 살아남은 소수의 군사를 이끌고 대몽골 항전을 계속하였으나

1231년 현재 튀르키예 동남부 지역에 있는 디야르바크르(Diyarbakır)에서 쿠르드족에게 습격당해 사망한다.

|**잘랄 웃딘 멩구베르디 동상**|하늘을 향해 치솟아 올라가는 모습으로 멩구베르디를 형상화하여 그의 용맹함을 잘 표현하고 있다.

잘랄 웃딘 멩구베르디의 대몽골 항전은 고려 시대의 대몽 항쟁을 생각나게 한다. 잘랄 웃딘 멩구베르디가 사망한 해인 1231년은 고려가 강화도로 수도를 옮기고 여몽 전쟁(麗蒙戰爭)을 본격적으로 시작한 해이다. 그때부터 고려에서는 1270년까지 39년간의 기나긴 대몽골 항전이 계속된다. 3년간 항전하다가 몽골에 굴복한 호라즘 제국에 비하면 비교가 안 될 정도로 오랜 세월 동안의 대몽골 항전이었다.

고려는 전쟁의 와중에도 세계 최초로 금속활자로 인쇄한 상정고금예문(詳定古今禮文)을 1234년에 출간하고, 부인사(符仁寺)에 있던 팔만대장경이 몽골군에 의해 불타버려 16년에 걸쳐 현재 해인사에서 보관 중인 팔만

대장경을 제작하는 등 문화사업을 지속한 것은 고려의 위대함을 보여주는 대목이라고 할 수 있다.

히바 칸국의 형성

호라즘 제국 멸망 이후 호라즘 지역은 몽골과 티무르 제국의 지배를 거쳐 이슬람 왕조인 이란의 사파비 왕조(1501~1746)의 지배를 받는다. 그 시기인 16세기 초, 사파비 왕조의 이스마엘 1세 샤(Shah Ismail I)가 시아파를 국교로 선포함에 따라, 호라즘 지역의 다수를 차지하고 있던 수니파가 반발하여 새로운 국가를 건설한다. 즉 그들은 칭기즈칸의 장남 주치(Juchi)의 피를 이어받은 아랍샤(Arabshah) 가문의 후손인 일바르스(Ilbars)를 지도자로 추대하여 1511년 일바르스가 '호라즘 칸'에 등극한다. 이들 아랍샤 왕조가 지배한 나라를 후대에 히바 칸국(Khiva Khanate)이라고 불렀다.

유네스코 세계유산인 이찬칼라

원래 히바는 고대 페르시아 제국의 지배를 받던 호라즘 왕국의 조그만 마을이었다. 카라쿰(Karakum) 사막의 출입구로 사방이 사막으로 둘러싸여 있지만, 아무다리야(Amu Darya)강 하류에 위치하고 있어 이 강이 오아시스 역할을 했기 때문에 4~5천 년 전부터 사람들이 살기 시작했다. 히바는 이렇게 작은 오아시스 마을로 이어져 오다가 수도인 우르겐치(Urgench)[26]가 아무다리야강 물줄기의 변화로 사막화되어 제 기능을 발휘하지 못하게 되자 그 기능을 대신하면서 크게 발전하게 된다.

---

26) 투르크메니스탄 북동부의 자치 구역인 '코네우르겐치(Köneürgenç)'를 말하며, 현재 우즈베키스탄 호라즘주의 주도인 우르겐치와는 다른 도시이다.

히바는 아랍 무함마드 1세 치세 시인 1619년에 히바 칸국의 수도가 되었으며 17세기 이후 외적의 침입을 막기 위해 외부 성곽인 디샨칼라(Dishan Kala)와 내부 성곽인 이찬칼라(Itchan Kala)를 쌓았다.

내성인 이찬칼라는 동·서·남·북으로 네 개의 출입문이 있고 6m 두께에 8~10m 높이의 성벽이 2.25km 둘러쳐져 있다. 북문에서 남문까지는 약 650m, 동문에서 서문까지는 약 400m에 이르는 규모다. 이곳에는 궁전과 모스크, 교육기관인 마드라사, 영묘 등 많은 중요 건축물들이 있다. 이 이찬칼라는 1990년 유네스코 세계유산으로 등재된다.

이찬칼라의 정문 격인 아타 다르바자

히바의 유적 답사는 이찬칼라로 들어가는 정문 격인 아타 다르바자(Ota-Darvoza)에서부터 시작한다. 아타 다르바자는 '아버지의 문'이라는 의미인데 이찬칼라의 동·서·남·북 4개의 문 중 서문(西門)이다. 1920년 볼셰비키 혁명 후 혼란 속에서 파괴되었다가 1970년에 복원되었다고 한다. 이곳에서 입장권을 사면 이찬칼라 내 모든 박물관과 유적지를 들어갈 수 있어 필자는 여기서 미리 유적 전체를 둘러볼 수 있는 입장권을 구입하였다.

아타 다르바자로 들어가니 오른쪽에 실크로드 대상의 모습을 담은 조형물이 세워져 있었다. 히바 칸국이 융성하던 시절에는 이미 '바닷길'이 열려 '바닷길'이 국제무역의 중심이 되긴 하였으나, 그래도 실크로드를 통한 무역은 19세기 말까지 계속되었기 때문에 히바는 여전히 실크로드 상의 주요 도시였다.

실크로드 대상의 모습을 담은 조형물이 있는 자리에 과거에는 히바 출신의 세계적인 수학자이며 '대수학(代數學, Algebra)의 아버지'라 불리는 알 호라즈미(Al-Xorazmiy, 783~850)의 동상이 있었다. 알 호라즈미는 수학 용어 '알고리즘'이 그의 이름에서 기인하였으며, '영(0)'이라는 새로운 숫자 개념을 도입하고 대수학을 정립한 인물이다. 지금 그의 동상은 히바에서 약 30km 떨어진 샤바트스키(Shavatsky) 구에 있는 '알 호라즈미 국제 물리·수학 영재학교'로 옮겨졌다고 한다. 이슬람 압바스 왕조의 수도인 바그다드에서 주로 활동한 알 호라즈미도 유럽의 중세 암흑시기에 이슬람 세계에서 발전된 학문이 실크로드를 통해 유럽 세계로 전해져 르네상스를 촉발시키는데 기여한 이슬람 학자 중 한 명이다.

미완성이라 더 아름다운 칼타 미노르 미나렛

아타 다르바자를 통과하면 정면에 에메랄드 색상의 푸른 타일로 덮인 아름다운 건축물이 눈에 띈다. 미완성된 미나렛인 칼타 미노르 미나렛(Kalta Minor Minaret)이다.

이 미나렛은 1852년에 착공되어 3년 후인 1855년에 높이 26m에서 중단된 채 미완성된 상태로 서 있다. 미완성이어서 미나렛의

칼타 미노르 미나렛의 마욜리카 타일

이름에 '짧다'는 의미의 '칼타'가 들어가 있다. 그렇지만 미완성이기에 더욱더 독특한 아름다움이 느껴지는 미나렛이다.

이 미나렛을 장식한 타일은 마욜리카(Maiolica)[27] 타일이다. 히바의 날씨

---

27) 마욜리카는 르네상스 시대인 15세기경 이탈리아에서 발달한 도자기로 보통 흰 바탕에 여러 가지 그림물감으로 무늬를 그린 것이 특징이다. 영어로는 마졸리카(majolica)이다.

가 여름철에 매우 더우므로 모자이크 방식을 사용하면 떨어지기 쉬워서 큰 타일에 도안을 그리는 마욜리카 방식으로 만든 타일들을 붙였다. 자세히 살펴보면 타일이 떨어지지 않도록 못이 박혀 있음을 알 수 있다. 날씨가 더운 히바의 자연환경에 적응한 건축 방식이다.

|**칼타 미노르 미나렛**| 에메랄드 색상의 푸른 마욜리카 타일로 장식된 칼타 미노르 미나렛은 미완성이기에 더욱 아름다운 건축물이다.

이 미나렛 건축이 미완성인 것은 히바 칸국의 무함마드 아민 칸이 1855년에 이란에서의 전쟁 중 사망했기 때문에 공사가 중단된 것으로 보고 있다. 당시 경쟁 상대국이자 이웃 나라인 부하라 에미르국에는 높이가 46m가 넘는 칼리안 미나렛이 있어 자존심이 상했던 무함마드 아민 칸은 이보다 더 높은 미나렛을 세워 칭기즈칸의 후예 국가인 칸국으로서의 권위를 높이고자 했다고 한다. 그래서 지름을 14~15m나 되게 만들어 부하라의 미나렛보다 훨씬 높은 미나렛 건축을 시작하였으나 그의 죽음으로 공사가 중단되고 만 것이다.

중앙아시아 최대 신학교였던 무함마드 아민 칸 마드라사

> "우리 후손들이 즐겁게 볼 수 있도록 이 아름다운 건축물을 만들었노라."

칼타 미노르 미나렛 옆에 있는 무함마드 아민 칸 마드라사(Mohammed Amin Khan Madrasah)의 정문을 쳐다보면 맨 위쪽에 보이는 아랍어로 쓴 글의 내용이다. 이곳이 종교적인 예배 장소가 아닌 공부하는 마드라사이기 때문에 다소 세속적인 내용이 적혀 있다.

이 마드라사는 4년간의 공사 끝에 1855년에 완공된 당시 중앙아시아에서 가장 큰 규모의 신학교였다. 내부에는 125개의 방이 있었고 여기에서 100명 가까운 학생들이 기숙하면서 공부하였다고 한다. 지금은 내부를 개조해서 호텔로 사용하고 있다.

이 마드라사 입구의 팀파눔은 같은 시대에 존재했던 부하라 에미르국에서 유행한 화려한 무카르나스 장식에 비해 상대적으로 수수하지만, 히바 칸국의 전통적인 문양을 활용한 디자인을 사용하여 나름대로 독특한 아름다움을 주고 있다.

| **무함마드 아민 칸 마드라사** | 무함마드 아민 칸 마드라사는 입구의 문 위에 있는 팀 파눔이 히바 전통 디자인으로 장식되어 있고, 특히 베란다가 설치된 것이 독특하다.

히바의 경치를 한눈에 즐길 수 있는 쿠냐 아르크

칼타 미노르 미나렛에서 조금 더 들어가니 왼쪽에 쿠냐 아르크(Kunya Ark)가 나타났다. 쿠냐 아르크는 1686년 아랑(Arang) 칸에 의해 지어지기

|**호라즘 라즈기 춤**| 쿠냐 아르크 망루에서 호라즘 라즈기 춤을 추는 모습이 이찬칼라의 아름다운 건축물들과 어울려 고색창연한 히바의 분위기를 한층 더 돋운다. 출처: 호라즘 지역 관광개발국

시작하였는데 여러 지배자를 거치면서 증축되어 지금의 화려한 궁전이 만들어졌다. 이곳 망루에 올라서니 이찬칼라와 히바의 경치가 한눈에 내려다보인다. 이곳 망루에서 히바 경치를 배경으로 '호라즘 춤'을 추는 영상을 본 기억이 났다.

〈다이내믹하고 매혹적인 호라즘 춤〉

부하라 방문 시 살펴본 바와 같이 우즈베키스탄에는 부하라, 페르가나 그리고 호라즘 등 세 지역의 전통춤이 유명하다. 호라즘 춤은 다른 두 지역의 춤에 비해 훨씬 다이내믹하다.

호라즘 춤 중에서 가장 대표적인 춤이 라즈기(Lazgi) 춤인데 처음에는 느린 음악과 함께 손가락, 손목, 어깨 등의 떨림으로 시작하여 떨림의 절도 있는 멈춤과 진행이 연속된다. 템포가 빨라지면 움직임도 목, 가슴, 그리고 온몸으로 확산되면서 템포가 정점까지 올랐을 때 춤을 종료한다. 특히 무릎

|**쿠냐 아르크에서 바라본 히바 경치**| 오른쪽에는 미완성이라 더욱 아름다운 칼타 미노르 미나렛과
중앙아시아에서 가장 큰 마드라사였던 무함마드 아민 칸 마드라사가 있고, 바로 앞에는 마욜리카 타
일로 장식된 쿠냐 아르크의 기도실이 보인다. 그리고 왼쪽 저 멀리에는 약 57m 높이의 이슬람 호자
미나렛도 보인다.

을 꿇고 몸을 뒤로 젖혀 몸을 떠는 모습에서는 보는 이의 몸에 전율이 일게
한다. 상당히 매혹적이고 현대적인 감각을 지닌 춤이다. 이 라즈기 춤은
2019년 유네스코 무형문화유산에 등재되었다.

〈아름다운 마욜리카 타일로 장식된 기도공간〉

쿠냐 아르크 안에는 칸의 집무실과 숙소뿐 아니라 하렘과 무기고, 감옥
등의 구조물이 그대로 남아 있다. 그중에서도 푸른색과 노란색이 오묘한
조화를 이루는 마욜리카 타일로 장식된 기도실이 인상적이었다.

선지자 무함마드가 태어난 메카 방향으로 만들어진 미흐랍(Mihrab)이
중앙에 있고 미흐랍을 바라보고 우측 끝에는 이맘이 설교하는 설교단인 민
바르(Minbar)가 있는데 6개의 계단으로 되어 있다. 수니파 이슬람에서는 기
도실의 민바르는 계단이 최소 6개는 있어야 한다. 맨 위쪽 계단은 알라신을

위한 것이고, 그 밑 계단은 선지자 무함마드, 그리고 다른 4개는 무함마드 이후 4명의 정통 칼리파(Calipha)[28]를 위한 자리를 확보해 놓아야 하기 때문이다. 그다음 자리가 이맘의 자리이다. 즉 계단이 최소한 6개는 되어야 이맘이 맨 밑바닥에라도 설 수 있는 것이다.

슬픈 역사가 담겨있는 라힘 칸 마드라사 앞 광장

쿠냐 아르크를 나오면 맞은편의 라힘 칸 마드라사(Rahim Khan Madrasah)와의 사이에 넓은 광장이 있다. 이 광장은 히바 칸국의 슬픈 역사가 담겨 있는 장소이다. 라힘 칸 마드라사를 세운 무함마드 라힘 2세(Muhammad Rahim II)는 아들이 2명 있었는데 첫 번째 아들은 히바 칸국의 57번째 칸이 되는 이스판디야르(Isfandyior) 칸이고 두 번째 아들은 마지막 칸이 되는 사이드 압둘라(Said Abdulla) 칸이다.

첫 번째 아들인 이스판디야르 칸은 히바 칸국의 어려운 경제 사정에도 불구하고 러시아식의 화려한 궁전을 지었으며 그 궁전 안의 천장에는 알몸을 한 러시아 정교의 천사까지 그려져 있었다. 이러한 사실이 알려지면서 이스판디야르 칸은 이슬람 종교 지도자들과 사이가 벌어지고 칸으로서의 권위는 추락하게 되었으며 결국 불만 세력에 의해 살해되고 만다.

갑작스러운 형의 죽음으로 왕권을 이어받은 사이드 압둘라 칸은 어려서부터 병약하였고 나라를 운영해 나갈만한 역량과 의지도 없었다고 한다. 따라서 히바 칸국은 더욱 혼란스러워졌고 결국 1920년 히바 칸국에서도 볼

---

28) 정통 칼리파는 아부바크르, 오마르, 오스만, 알리 등 4명의 칼리파로 수니파에서는 이들 4명 모두를 정통 칼리파로 인정하나 시아파에서는 무함마드의 혈통, 즉 무함마드의 사촌인 알리만을 정통 칼리파로 인정한다.

|주마 모스크 내부|주마 모스크에는 저마다 특색 있는 조각이 새겨진 나무 기둥들이 세워져 있으며 오른쪽 사진은 중세 호라즘 왕국의 수도였던 '카트'에서 가져와서 세운 1,000년 이상 된 느릅나무 기둥이다.

셰비키 혁명이 일어나 사이드 압둘라 칸이 강제로 퇴위당하면서 히바 칸국의 역사에 종지부를 찍게 된다. 라힘 칸 마드라사와 쿠냐 아르크 사이에 있는 이 광장에서 바로 히바 칸국 역사의 문을 닫는 압둘라 칸의 퇴위 서명식이 거행되었던 것이다.

주마 모스크의 신비스러운 조각 기둥

쿠냐 아르크 근처에 주마 모스크(Juma Mosque)가 있다. 이 주마 모스크는 중앙아시아에서 가장 독특한 모스크 중 하나이다. 여느 모스크와는 다르게 단층이며 화려한 타일 장식이 없고, 아치형 정문이나 돔도 없다. 하지만 넓은 예배당에 약 3m 간격으로 212개의 기둥이 서 있는데 각 기둥이 저마다 특색 있고 화려하게 조각되어 있다. 섬세하고 정교한 조각들이 천장으로 들어오는 빛과 어울려 신비감을 더해 주는 모스크다.

이 기둥들은 모두 호라즘산 느릅나무라고 한다. 그중 가장 오래된 기둥은 위의 오른쪽 사진의 기둥인데 10~11세기 것으로 호라즘 왕국의 초기 수도였던 카트(Kath)에서 옮겨 온 1,000년 이상 된 기둥이다. 보기에도 오랜 역사를 지닌 기둥 같아 보인다. 이 모스크는 여러 번의 재건 공사를 거치면서 지금의 모습을 갖춘 것은 18세기 말경이라고 한다. 약 5,000명이 동시에 예배를 볼 수 있다.

히바에서 가장 높은 이슬람 호자 마드라사 미나렛

이슬람 호자 마드라사는 이스판디야르 칸의 장인이자 총리대신이었던 사이드 이슬람 호자(Said Islam Khodja, 1871~1913)에 의해 1908~1910년간 지어진 마드라사로 히바에서 가장 최근에 만들어진 건축물 중 하나다. 또한, 이 마드라사는 히바에서 가장 작은 마드라사이기도 하다. 이슬람 호자 마드라사는 현재 히바의 공예박물관으로 쓰이고 있다.

이슬람 호자 마드라사는 히바에서 가장 작은 마드라사이지만 약 57m에 달하는 히바에서 가장 높은 미나렛을 가지고 있다. 이슬람 호자는 부하라에 있는 칼리안 미나렛을 뛰어넘는 미나렛을 만들기 위해 최고의 건축가들을 동원하여 전통 히바 양식의 폭이 좁고 화려한 미나렛을 건설하였다. 부하라의 칼리안 미나렛보다 높은 미나렛을 건설함으로써 칸국으로서의 권위를 세우고자 했던 무함마드 아민 칸의 염원이 드디어 이루어진 것이다. 미끈한 외관과 함께 미나렛을 휘감은 화려한 마욜리카 장식을 가진 이 미나렛은 지금은 이찬칼라를 대표하는 건축물 중 하나가 되었다. 미나렛 아랫부분의 지름은 9.5m이고, 내부의 계단을 통해서 위로 올라가면 45m 지점에 설치된 전망대에서 히바의 풍경을 만끽할 수 있고 멀리 사막도 보인다.

|**이슬람 호자 미나렛**|미끈하게 생긴 약 57m 높이의 이슬람 호자 미나렛의 모습이 인상적이다. 45m 지점에 있는 전망대에서는 사막까지 볼 수 있다.

〈히바 칸국의 근대화에 앞장섰던 이슬람 호자〉

이슬람 호자는 러시아와 유럽을 자주 방문한 아주 개방적인 인물로 유럽식의 학교와 병원, 그리고 장거리 전신 시스템을 갖춘 우체국 등을 지었으며, 새로운 도로와 다리를 건설하여 히바 칸국의 근대화에 앞장섰던 인물이다. 하지만 너무 외래 문물을 받아들이려 했기 때문에 보수파들로부터 살해당하고 만다. 그의 사위인 이스판디야르 칸은 그가 살해당할 가능성을 미리 알았지만, 왕권 유지를 위해 막지 않았다고 한다.

히바 칸국의 이슬람 호자 총리대신은 제국주의의 물결이 밀려오던 시기 조선에서, 근대화를 외치던 김옥균, 박영효 등 개화파와 '바른 것을 지키고 사악한 것을 배척한다'는 위정척사(衛正斥邪)의 기치를 내세웠던 수구파 간의 갈등 속에서 갑오개혁과 을미개혁을 추진했던 조선의 마지막 영의정이자 최초의 내각 총리대신(內閣 總理大臣)이었던 김홍집(金弘集)이란 인물을 연상케 한다.

|**히바 칸국과 러시아 관리들**| 앞줄 가운데가 이스판디야르 칸, 앞줄 왼쪽에서 3번째가 이슬람 호자 총리대신이다. 출처: 히바 공예박물관

총리대신으로 신분제 폐지, 단발령 등을 강행하여 친일파로 몰리기도 한 김홍집은 1896년 2월 고종이 러시아 공사관으로 망명하여 친(親) 러시아 내각을 수립한 데 대해 그 조치가 부당함을 진언하러 길을 나섰다가 수구파를 지지하는 보부상(褓負商)들로부터 집단 구타당한 끝에 비극적인 최후를 맞이한다. 측근들은 당시 길을 나서면 죽임을 당할 것이라며 일본군의 호위를 제의하였으나 그는 "일국의 총리대신으로서 백성에게 죽는다면 천명(天命)이다. 남의 나라 군인의 도움까지 받아서 살고 싶지는 않소!"라고

말하면서 일본군의 호위를 뿌리치고 나갔다가 변을 당했다고 한다. 이 소식을 접한 김홍집의 부인도 아들을 죽이고 자결하여 그의 가족 또한 비극적인 최후를 맞이한다. 히바 칸국과 조선 모두 비슷한 시기에 혼돈의 역사를 보내고 있었던 것이다.

이 사진은 히바 공예박물관에 전시된 히바 칸국의 이스판디야르 칸과 이슬람 호자 총리대신을 포함한 히바 칸국의 고위 관리들이 러시아 고위인사들과 함께 찍은 것이다. 대한제국 시절 사진에서도 많이 본 듯한 분위기이다.

히바의 가장 아름다운 건축물인 파흘라반 마흐무드 영묘

이슬람 호자 마드라사를 방문하고 나와서 중심가에서 남쪽에 있는 히바에서 가장 아름다운 건축물로 꼽히는 파흘라반 마흐무드(Pakhlavan Mahmud) 영묘를 방문하였다. 이 영묘의 입구로 들어가면 오른편에 '전설의 우물'이 보인다. '전설의 우물'에는 지금도 마당에서 물이 솟아오르고 있는데 이 물을 마시면 남자는 강해지고 여자는 아름다워진다고 전해지고 있다. 필자가 직접 맛보니 약간 짠맛이 느껴졌다. 안내인이 히바의 땅에는 소금기가 있어 물에 짠맛이 난다고 하였다. 성지 순례의 장소로 유명하여, 축복을 기원하고 소원을 빌기 위해 수많은 무슬림이 찾고 있는 장소이다.

파흘라반 마흐무드 영묘는 히바에서 가장 존경받던 시인이자 철학자이며, 성인(聖人)으로까지 추앙받던 인물인 파흘라반 마흐무드(1247~1326)의 묘를 중심으로 무함마드 라힘 칸과 칸의 친족 묘들이 있는 일종의 합동묘지이다.

| 파흘라반 마흐무드 영묘 | 파흘라반 마흐무드 영묘의 내부는 갖가지 색상의 꽃과 식물 문양들이 천장의 샹들리에 불빛과 어울려 신비로운 분위기를 자아내고 있다.

파흘라반 마흐무드 영묘는 부하라에서 보았던 이스마일 사마니 영묘와 같이 돔의 하중을 줄이기 위해 4개의 내부 아치를 세우고, 각 모서리에 4개의 스퀸치를 넣어 팔각형 구조로 만들었는데, 이 영묘의 스퀸치는 피스타크, 이완, 그리고 팀파눔을 모두 가진 하나의 모스크 정문과 같은 모양으로 되어 있다. 히바 칸국에서 더욱 발전된 페르시아 건축양식으로 지어진 건축물이다.

이 영묘의 벽면들은 촘촘히 새겨져 있는 남색, 녹색, 터키석 색, 황금색, 연한 갈색 등 갖가지 색상의 꽃과 식물 문양들이 천장의 샹들리에 불빛과 어울려 신비로운 분위기를 자아내고 있다. 영묘로서의 엄숙함을 주면서도 화려함이 공존하여 보는 이로 하여금 감탄을 자아내게 하는 최고의 건축물이다.

기하학적 무늬의 푸른색 타일로 장식된 타슈 하울리 궁전

|**타슈 하울리 궁전**|오른쪽 부분은 칸과 4명 왕비가, 여타 공간은 200여 명의 궁녀가 사용하였다.

이찬칼라의 북동쪽에는 '돌 마당'이란 의미의 타슈 하울리(Tash Khauli) 궁전이 있는데 쿠냐 아르크 궁전을 대신할 거처로 알라쿨리 칸의 지시에 의해 1830년부터 8년 동안 지어진 궁전이다. 알라쿨리 칸은 성격이 급해 2년 만에 궁전을 완성하라고 지시하였으나, 기술자들은 이에 따르지 않고 진정한 장인 정신으로 8년 만에 완공하였다고 한다. 푸른색 타일을 기하학적 디자인으로 배치한 벽면이 목조 장식들과 어울려 현대적인 분위기를 풍기게 하는 건축물이다.

또한, 높은 벽과 폐쇄된 정원을 가진 타슈 하울리 궁전의 건축양식은 후대 히바의 일반 건물 건축의 기본이 되었다고 한다. 궁전 안에는 왕비와 궁녀들이 기거하는 하렘, 칸의 리셉션 홀 겸 연회실, 그리고 공무를 집행하는 건물 등으로 나누어져 있고, 그 외 5개의 중정(中庭)과 163개의 방이 있다. 타슈 하울리 궁전 사진에서 목조 기둥이 보이는 오른쪽 부분이 칸과 4명 왕비가 사용한 공간이고 여타 방들은 200여 명의 궁녀가 나누어 사용했다고 한다.

낭만적인 히바의 밤과 우즈베키스탄 와인

해가 지고 밤이 찾아오면 이찬칼라는 또 다른 분위기를 연출한다. 날씨도 시원해지고 불빛에 비치는 고색창연한 유적들이 독특한 분위기를 자아낸다. 흥청거리는 분위기는 아니지만, 야외 곳곳에서 식사도 하고 술도 한잔하는 낭만적이 분위기가 만들어진다.

이런 낭만적인 분위기에서 맥주라도 한잔하려고 한 식당에 들어갔는데 와인이 있다고 했다. 10여 년 전 사마르칸트의 한 레스토랑에서 마셨던 레드 와인의 수준이 낮았던 기억이 있어 맥주를 마시려고 하다가 그래도 와인 애호가로서 도저히 그냥 지나칠 수가 없어 레드 와인 한잔을 시켰다. 그런데 과거와는 전혀 다른 상당한 수준의 레드 와인이었다.

와인의 라벨을 보니 사마르칸트의 바기자간(Bagizagan) 와인너리에서 만든 사페라비(Saperavi) 품종 와인이었다. 사페라비 품종이라면 '와인의 원산지'라 할 수 있는 조지아(Georgia)에서 생산하는 와인의 주 품종이다. 우즈베키스탄에서도 사페라비 품종이 잘 자라는 모양이었다. 사페라비 품종의 독특한 맛을 느끼며 이렇게 히바에서의 마지막 밤을 즐겼다.

히바 칸국의 운명을 재촉한 누룰라바이 궁전의 별궁

다음 날 아침, 이찬칼라와 디샨칼라(Dishan Kala) 사이에 중요한 궁전이 있다고 해서 그곳을 방문하였다. 디샨칼라는 카라쿰 사막과의 경계를 짓는 약 6km에 달하는 성벽으로 1824년에 세워졌다. 이 외성인 디샨칼라와 내성인 이찬칼라 사이에는 일반 주민들이 모여 살았는데 히바 칸국 말기에 이곳에 누룰라바이(Nurullabay) 궁전을 지었다.

이 궁전은 1884년에 56번째 칸인 무함마드 라힘 칸 시기에 건축하기 시작하여 1912년 그의 맏아들인 이스판디야르 칸 때 완성되었다. 이 궁전 안에는 러시아와 유럽 건축양식으로 화려한 내부 장식을 한 별궁이 있는데 이 별궁이 바로 이스판디야르 칸이 살해당하는 계기를 만든 궁전이다. 누룰라바이 궁전 안으로 들어가 오른쪽으로 가면 바로 아담한 크기의 별궁이 보인다.

이스판디야르 칸은 외국 문화에 심취하여 러시아와 독일 건축가들을 초빙하여 러시아 양식을 기본으로 한 유럽 양식에 히바의 양식을 혼합한 이

|**누룰라바이 궁전의 별궁 내부**|왼쪽 사진은 리셉션 홀이고, 오른쪽 사진은 외빈 접견실이다. 칸을 알현하는 인사들은 통상 리셉션 홀을 거쳐 접견실로 들어간다.

아름다운 별궁을 지었다. 이 별궁에는 러시아식 난로인 베치카를 설치하였고, 독일 타일을 수입하여 장식하였으며, 천장은 히바의 전통 디자인을 사용하여 아름답게 꾸몄다. 이곳은 히바 칸국에서 최초로 전기시설이 들어온 장소이기도 하다. 이 건축물을 자세히 살펴보니 더운 히바에 지은 건축물에 추운 나라인 러시아의 건축양식인 이중문과 이중 창문 양식이 적용되어 있어 재미있다.

이곳은 주로 외국 사신이나 여타 외부인사를 영접하는 리셉션 용도로 사용되었는데 칸을 알현하는 인사들이 리셉션 홀에서 대기하고 있다가 접견실로 들어갔다고 한다. 접견실은 사방에 거울을 설치하여 보안을 강화한 것으로 보였으며 구조는 유목민의 가옥인 유르트 같은 느낌을 주었다.

|**문제가 된 천사 문양**|천장의 문양 중에는 남녀가 에로틱한 모습을 연출하고 있는 문양들이 있다.

누를라바이 궁전 대부분은 무함마드 라힘 칸 시절에 지어졌으나 이 화려한 리셉션용 별궁은 이스판디야르 칸 시대에 지어진 것이다. 이러한 화려한 별궁을 짓기 위해서 막대한 예산이 소요되었고 또 천장에는 러시아 정교의 천사들이 옷을 벗은 모습으로 묘사되어 있으며 그중 몇 개는 에로틱한 행동을 하고 있는 문양도 있다. 이러한 것들이 이슬람 종교 지도자들의 불만을 불러일으켰고 결국 이스판디야르 칸은 살해당하기에 이른다.

누를라바이 궁전 방문을 끝으로 히바 여행을 모두 마치고 우르겐치에서 항공편으로 타슈켄트로 이동한다.

히바에서 맛본 음식 Top 3

• 삼사(Samsa)

히바 여행을 마치고 타슈켄트로 돌아가는 길에 우르겐치 주 청사 근처에 있는 BEK Bergan Kafe 식당에서 삼사를 맛보았다. 제법 큰 삼각형 형태로 되어있어 양손으로 아래의 두 모서리를 잡고 위쪽 모서리부터 입을 대어 잘라 먹는다. 속에 고기와 각종 재료를 다져 넣고 바삭하게 구운 군만두와 같

우르겐치에서 맛본 삼각형 모양의 삼사

았는데, 겉의 바삭함과 소(素)가 어울려 최고의 맛을 선사했다. 삼사가 '우즈벡 음식의 여왕'이라는 명성을 얻게 된 이유를 알 수 있을 것 같았다.

• 슈비트 오쉬(Shuvit Oshi)

이찬칼라 식당에서 맛본 히바의 특산 면 요리로 라그만과 비슷한데 면을 만들 때 밀가루에 딜(dill) 향초를 넣어 만드는 녹색 면인 '딜 누들(dill noodle)'을 사용한다는 것이 특색이다. 우선 시각적으로 맛이 있게 보이고 건강식품 같은 느낌이 들었다. 고기와 함께

딜 향초를 넣은 녹색 면의 슈비트 오쉬

감자, 당근 등의 야채를 요리하여 토핑하고 함께 나오는 시큼한 요구르트 (yogurt)에 찍거나 요구르트를 부어 섞어 먹는다.

• 투훔 바락(Tuhum Barak)

중앙아시아식 만두를 '만트'라고 한다. 이름과 형태에서 우리의 만두와 비슷하다. 이찬칼라에 있는 식당에서 모듬 만트를 시켰는데 히바의 특산 만트인 투훔 바락(Tuhum Barak)이라는 계란 만트(Egg Ravioli)가 같이 나왔다. 위의 사진에서 맨 위에 있는 납작한 것들이 만트의 소(素)를 계란으로 만든

투훔 바락을 포함한 모듬 만트

투훔 바락이다. 각자의 취향에 따라 맛에 대한 평가가 달라질 수 있지만 나름 독특한 맛을 느낄 수 있었다.

타슈켄트

고대 석국(石國)이 있었던 타슈켄트

텐산산맥에서 발원하여 아랄해로 이어지는 시르다리야강의 지류인 치르칙(Chirchik) 강변의 오아시스 도시인 타슈켄트(Tashkent)는 사마르칸트, 부하라 그리고 히바와 함께 실크로드 상의 중요한 도시 국가 중 하나였다. 중국에서는 타슈켄트에 세워진 국가를 '석국(石國)'이라 부르며 소그드인들이 세운 대표적인 9개의 도시 국가 중 하나로 분류하였다.

당시 소그드인들이 '차치(Chach)'로 불렀던 석국은 750년과 751년 고구려 유민 출신 당나라 장군 고선지(高仙芝)[29]가 2차에 걸쳐 정벌을 위해 출정한 목표 국가였으며, 751년 고선지의 당나라군과 아랍의 압바스 왕조 연합군이 충돌한 세계사적으로 중요한 탈라스 전투의 원인을 제공한 도시 국가이기도 하다. 타슈켄트역 건너편에는 석국의 밍오릭(Ming O'rik) 궁전터가 남아 있다.

소그드인들에 의해 세워진 오아시스 도시 국가인 석국은 6~7세기 돌궐의 지배를 받으면서 점차 튀르크화되었고 8세기 초 아랍의 지배하에 들어가면서는 종교적으로 이슬람화된다. 이후 1865년부터 러시아 지배하에 있던 타슈켄트는 소비에트 연방 체제하에서 소련의 중앙아시아 전초기지 역할을 하면서 모스크바, 레닌그라드, 키에프에 이은 소련의 4대 도시로 발전한다.

---

29) 고선지는 고구려 유민 출신 당나라 장군으로 안서 절도사에 임명되어 실크로드를 통한 동·서양 간의 무역과 서역 국가와의 사신 교류까지 총괄하는 '실크로드의 제왕(帝王)'이 된 인물이다.

|**믱오릭 궁전터**|타슈켄트역 건너편에는 고대 석국의 믱오릭 궁전터가 폐허가 된 채로 남아있다.

그러나 1966년 4월 26일 새벽 5시 23분 리히터 규모 7.5의 대지진으로 타슈켄트의 약 70%가 파괴되어, 이후에 소련식 도시로 다시 건설된 것이 지금의 타슈켄트이다. 당시 타슈켄트를 가로지르는 치르칙(Chirchik) 강줄기에 안호르(Ankhor) 운하를 조성하고 지진의 피해가 컸던 운하의 동쪽을 신도시로 재개발하여 러시아인들을 거주케 하였으며, 지진의 피해가 상대적으로 적었던 서쪽에는 이슬람교도인 우즈벡인들이 거주하였다. 1991년 소련으로부터 우즈베키스탄이 독립한 이후 현재의 타슈켄트는 우즈베키스탄

의 수도이자 인구 약 300만 명의 중앙아시아 최대도시이다.

박물관과 미술관이 운집한 타슈켄트 신시가지

1966년의 대지진으로 타슈켄트에는 사마르칸트나 부하라와 비교할 때 남아 있는 중요한 유적이 거의 없다고 할 수 있다. 그렇지만 우즈베키스탄의 수도답게 많은 박물관과 미술관들이 소재하고 있어 우즈베키스탄의 전통 및 근대 예술 작품들을 집중적으로 감상할 수 있다.

타슈켄트의 중심은 아미르 티무르 광장이라고 할 수 있는데 이 광장에는 티무르 제국의 건국자인 아미르 티무르의 동상이 우뚝 서 있고 주변에 국립 티무르 역사박물관과 국립역사박물관이, 그리고 약간 남쪽에는 국립예술박물관이, 남서쪽에는 국립 응용미술관이 있다. 타슈켄트에서는 이들 박물관과 미술관을 방문하면서 우즈베키스탄의 역사와 문화에 대해 살펴보기로 한다.

티무르 제국 시대의 영광을 재현한 국립 티무르 역사박물관

1996년 10월 18일 아미르 티무르의 탄생 660주년을 기념하여 개관한 이 박물관은 몽골 전통가옥인 게르(혹은 중앙아시아의 유르트)의 이미지를 형상화하여 건축하였다. 20개의 대리석 기둥들이 우즈베키스탄의 전통적인 베란다를 만들고 있으며, 박물관을 둘러싸고 있는 여러 개의 문은 모스크나 마드라사의 정문 같이 만들었다. 그리고 지붕은 옥색 돔으로 덮음으로써, 몽골이나 튀르크 전통가옥 형태를 띠면서도 이슬람 사원의 분위기를 느끼게 해 준다. 이처럼 티무르 역사박물관은 몽골, 튀르크, 이슬람적인 요소를 모두 갖춤으로써 우즈벡인의 모체가 된 몽골-튀르크 유목민족의 '현

|**국립 티무르 역사박물관 전경**| 국립 티무르 역사박물관 건물은 우즈벡인의 모체가 된 몽골-튀르크
유목민족의 '현대적 성소'와 같은 느낌을 주는 건축물이다.

대적 성소(聖所)'와 같은 느낌을 주는 건축물이다.

〈티무르의 일생을 묘사한 대형 세밀화 '위대한 창조자'〉

이곳에 들어서면 정면에 있는 벽에 거대한 세밀화가 있다. 아미르 티무
르의 일생을 그린 '위대한 창조자(The Great Creator)'라는 세밀화 벽화다.
중앙에는 자신의 나라를 위대한 제국으로 만들기 위해 노심초사하는 아미
르 티무르의 모습을 담았고, 좌측에는 티무르의 탄생, 그리고 우측에는 티
무르가 남긴 문화 유적들을 템페라 물감과 금니(金泥)를 사용하여 화려하
게 그렸다.

중앙 그림에는 아미르 티무르가 가운데 앉아 있고 그 주변에는 티무르의

|**대형 세밀화 벽화 '위대한 창조자'**| 자신의 나라를 위대한 제국으로 만들기 위해 노심초사하는 아미르 티무르의 모습과 그의 탄생, 그리고 그가 남긴 문화 유적들을 담은 세밀화 벽화이다. 이 벽화 앞의 차단봉 안에는 세계에서 가장 오래된 코란의 사본이 전시되어 있다.

아들과 고위 관료, 군사 지휘관과 학자들이 둘러앉아 있다. 티무르가 쓴 왕관의 바로 위에 보이는 의자 부분은 금니를 사용하여 금빛 아우라와 같은 효과를 냄으로써 티무르를 신격화하고 있다. 그리고 하늘에는 '천상의 돌'로 불리는 라피스 라줄리(Lapis lazuli, 靑金石)와 같은 울트라 마린 계통의 색상을 사용하여 그림 전체에 성스러움과 신비함을 더해 주고 있으며 하늘에서는 천사들이 그를 축복해 주고 있다.

　이 세밀화 벽화의 앞에는 세계에서 가장 오래된 코란인 오스만 코란(Uthman Koran)의 사본이 전시되어 있는데, 이 사본은 현재 타슈켄트 구시가지의 무이 무보락(Muyi Muborak) 마드라사에 있는 오스만 칼리파 때 만든 원본 코란의 사본이다. 이 오스만 코란 사본은 과거 원본이 러시아 상트페테르부르크 국립 도서관에 보관되어 있을 당시에 만들어진 50권의 사본 중 하나이다.

〈티무르 제국 시대의 영광을 재현한 예술 작품들〉

국립 티무르 역사박물관에서는 티무르의 초상화를 비롯하여 티무르 제국 시대에 이룩한 위대한 업적들에 대한 그림들을 감상할 수 있다.

| **세계역사 속에서의 아미르 티무르** | 티무르 제국의 문화와 과학 발전의 기반을 조성하고 세계 평화를 추구한 아미르 티무르의 업적을 기린 2002년 작품이다.

'세계역사 속에서의 아미르 티무르'라는 작품은 티무르 제국의 문화와 과학 발전의 기반을 조성한 티무르의 업적을 기린 작품으로 2002년에 제작된 것이다. 중앙에는 아미르 티무르가 말을 타고 있는 모습과 함께, 배경으로 그의 위대한 건축 업적인 아미르 티무르 대모스크(비비하늠 모스크)와 구르 아미르를 그려 넣었다. 그리고 오른쪽에는 천문학을 비롯한 여러 분야의 학문과 건축 및 미술 분야에서 발전을 이룬 티무르 제국을 표현하고 있다. 그리고 왼쪽에는 자신들이 계승한 몽골 제국의 무자비한 정복 국가로서의 이미지를 벗어던지고, 세계 여러 국가와 외교 관계를 복원하여 평화로운 세계를 추구하고 있었음을 보여주는 그림이다. 특히 3명의 군인이 비둘기를 날리고 있는 모습은 평화의 시대가 개막되었음을 의미한다.

이 아미르 티무르 초상화는 초상화 거장인 말릭 나비예프(M. Nabiyev)의 작품인데 그는 이 초상화를 그리기 위해 중세 세밀화에 나오는 아미르 티무르의 모습과 여러 문헌을 연구하여 티무르의 얼굴은 몽골계의 모습으로 그리면서, 그가 다스리는 제국을 위대한 국가로 만들고자 하는 결의가 느껴지도록 표현하기 위해 노력하였다고 한다.

말릭 나비예프의 아미르 티무르 초상화

우즈베키스탄 국립예술박물관

우즈베키스탄 국립예술박물관(O'zbekiston Davlat San'at Muzeyi)은 필자가 타슈켄트에 오면 가장 자주 방문하는 미술관이다. 이 미술관은 1918년에 러시아 니콜라이 1세의 손자인 니콜라이 로마노프의 소장품들로 처음 시작하였는데 현재 우즈베키스탄에서 가장 큰 미술관이다.

〈심리적 상징주의 화가 라힘 아흐메도프〉

이 미술관에서 필자의 마음을 가장 사로잡았던 작품은 라힘 아흐메도프(Rakhim Akhmedov, 1921~2008)의 '생각에 사로잡힌 어머니(A Mothers' Meditation)'라는 작품이었다.

어머니 한 분이 골똘히 생각에 잠겨 있다. 무엇을 생각하시는 걸까? 도시로 유학을 보낸 자식을 생각하시는 걸까? 우리 자식이 잘 지내고 있는지? 아니. 그것보다 이 모습은 머릿속에서 많은 계산을 하고 계시는 것 같이 보인다. 학비를 마련하려면 이렇게 해야겠다고. 그러나 걱정만 하시는 얼굴이 아니다. 그녀의 얼굴에서는 그녀의 영특함으로 충분히 이 문제를 해결해 낼 수 있다는 자신감을 읽을 수 있다. 이 작품은 필자로 하여금 이와 같은 어머니의 속마음을 느끼게 해 준다. 이처럼 라힘 아흐메도프는 인간 내부 세계를 표현하는 데 뛰어난 재능을 보인 화가다. 위대한 '심리적 상징주의' 작가라고 부르고 싶다.

라힘 아흐메도프의 '생각에 사로잡힌 어머니'

그는 타슈켄트에서 미술 공부를 한 후 레닌그라드에 있는 레핀 미술학교에서 6년간 수학하였으며 1961년 '우즈베키스탄 인민 예술가' 칭호를 받은 바 있는 우즈베키스탄 근대 회화의 거장(巨匠)이다.

〈세밀화 기법을 현대회화로 발전시킨 칭기즈 아흐마로프〉

이 미술관에서 필자의 눈길을 끈 또 다른 작품은 칭기즈 아흐마로프(Chingiz
Akhmarov, 1912~1995)의 그림이다.

칭기즈 아흐마로프의 '부하라 춤'

위의 그림은 칭기즈 아흐마로프의 '부하라 춤(Bukhara Dance)'이라는 작
품인데 우즈베키스탄의 전통의상을 입은 한 무희가 청색 바탕의 우즈베키
스탄 전통문양 타일 벽 앞에서 춤을 추고 있는 모습을 묘사하고 있다. 분명
근대 회화이면서도 세밀화의 냄새가 많이 풍기는 작품이다.

무희의 몸을 감고 도는 부드러운 곡선은 생동감이 있으면서도 우아하다. 이러한 부드러운 곡선과 은은한 색상은 티무르 제국에서 발전된 '헤라트 화파'나 이를 계승한 '부하라 화파'와는 다른, 오히려 이란 사파비 왕조 때 유행하였던 연하고 부드러운 색상과 완만한 곡선을 많이 사용하여 우아하고 낭만적인 분위기를 자아내는 레자 압바시(Reza Abbasi, 1565~1635)[30] 류의 '이스파한 화파' 세밀화를 연상케 한다. 칭기즈 아흐마로프의 그림에는 아름다움과 조화로움과 순수함이 녹아 있으며 윤곽의 섬세함, 그리고 색상의 은은함과 담백함은 보는 이로 하여금 편안함과 함께 신비감을 자아내게 한다.

칭기즈 아흐마로프의 그림은 '신(神)의 눈으로 본 진리의 세계'를 묘사하는 전통 세밀화와는 다르게 인간의 눈으로 대상에 대한 충분한 관찰을 통해 객관적 현실 세계를 사실적으로 표현하되, 대상의 숨겨진 비밀스럽고 신비스러운 부분들을 벗겨내고 있다. 그는 이렇게 이슬람 세밀화 기법에 유럽 회화를 결합하여 우즈베키스탄 세밀화를 새롭게 해석함으로써 '아흐마로프 화파'라고 불리는 우즈베키스탄 회화의 새로운 계파를 열었다. 우즈베키스탄의 전통 회화인 세밀화를 현대회화로 발전시킨 대표적인 화가로 평가받는 그는 1964년 '우즈베키스탄 인민 예술가' 칭호를 받는다.

그는 모스크바 수리코프 예술학교에서 수학한 후 타슈켄트에서 활동하면서 '우즈베키스탄 문학의 시조(始祖)'로 추앙받는 알리셰르 나보이의 서사시 내용을 담은 벽화를 많이 그렸고, 우즈베키스탄의 전통춤을 추는 무희들을 통해 우즈벡 여성의 아름다움을 자주 표현하였다. 그의 작품들은 우즈베키스탄 국립 응용미술 박물관, 알리셰르 나보이 오페라·발레 극장, 그리고 알리셰르 나보이 문학박물관 등 타슈켄트 곳곳에서 만나 볼 수 있다.

---

30) 레자 압바시는 이란 사파비 왕조가 1597년 이스파한으로 천도를 한 후 이스파한을 중심으로 발전한 세밀화 화파인 '이스파한 화파'의 대표적 화가이다.

니콜라이 신의 1983년 작 '추석 명절'

〈'아시아의 피카소' 니콜라이 신〉

　국립예술박물관에는 고려인 3세 화가로 유명한 니콜라이 신(Nikolay Sergeyvich Shin, 1928~2006)의 작품도 있다. 그의 한글 이름은 신순남(申順南)이다. 국립예술박물관에서 만난 '추석 명절(The holiday of harvest)'이라는 그의 작품은 고려인들이 맞이한 추석 명절을 묘사한 작품이다. 크고 둥근 보름달이 떠 있는 저녁에 한국의 전통춤인 부채춤을 추는 모습을 많은 사람이 구경하고 있다. 그가 사용한 특유의 짙푸른 색상의 배경과 탁한 붉은 색조는 즐거운 명절이지만 음산한 분위기를 자아낸다. 연해주에서 갑자기 강제 이주를 당한 고려인들의 예측할 수 없는 앞날을 걱정하는 암울한 심정을 나타내고 있는 것 같다.

1937년 연해주에서 살고 있던 고려인들이 스탈린의 이주 정책으로 갑자기 살던 터전을 버리고 중앙아시아로 이주하게 되는데 당시 강제 이주를 당한 17만여 명 중 우즈베키스탄에 약 7만 7천 명, 카자흐스탄에 약 9만 5천 명이 이주하였다고 한다. 우리가 방문하는 우즈베키스탄, 카자흐스탄과 키르기스스탄에는 현재 약 30만 명의 고려인이 살고 있는데 이 중 약 18만 명이 우즈베키스탄에서 살고 있다. 현지에서는 그들을 '까레이스키'라고 부른다.

우즈베키스탄에 이주한 고려인들은 이 지역의 농업 발전에 크게 기여하였는데 가장 생산성이 높았던 집단농장인 김병화 농장이 유명하였다. 그리고 다수의 고려인 정치인과 성공한 경제인들도 배출하면서 고려인들은 우즈베키스탄 사회에 성공적으로 정착하게 된다. 이들 중 뛰어난 예술적인 재능을 발휘하면서 화가로 활동하는 고려인들도 많이 있는데 그중 신순남이 우리에게 가장 잘 알려진 고려인 화가라고 할 수 있다.

그는 1928년 러시아 연해주에서 태어나서 1937년 중앙아시아로 강제 이주를 당한 후 타슈켄트의 벤코프 예술학교에서 공부하였다. 벤코프 예술학교 재학 중인 1957년 모스크바에서 열린 제6차 세계청년학생축전의 '세계청년 작가전'에서 1위로 입상한다. 그리고 1960년 졸업 후에는 모교인 벤코프 예술학교에서 1997년까지 교사로 있었으며 우즈베키스탄 예술가 동맹의 일원으로서도 활동하였다.

신순남은 1985년 우즈베키스탄 국립예술박물관에서 개최된 전시회에 처음으로 '레퀴엠(Requiem)[31]-한민족 유민사' 시리즈의 일부인 '기억의 길'을 발표하여 소련 화단의 주목을 받고 세계에 알려지기 시작한다. '이별의 촛불', '진혼제', '하늘색 고향' 등 한민족의 슬픈 수난사를 서사시적 연작으로 표현한 '레퀴엠 시리즈'는 그의 대표작이라 할 수 있다.

그는 당시 유행하던 사회주의 리얼리즘이 아닌 상징주의적이면서도 입체 파적인 화풍으로 스탈린 체제하에서 고통받는 한민족의 수난사를 표현하였

는데 그의 작품 속에는 전반적으로 '슬픔의 미학'이 내재되어 있다. 그의 인생과 예술 세계를 취재한 영국 BBC에서는 그를 '피카소에 버금가는 화가'라고 찬사를 보낸 바 있다.

2006년 타계한 그는 1981년 우즈 베키스탄에서 '공훈 예술가' 칭호를 받았고 1997년에는 한국 정부로부터 금관문화훈장을 수여 받기도 하였다. 그의 작품은 국립예술박물관에 40여 점이 소장되어 있고 한국의 국립 현대 미술관에는 그가 전시회 후 기증한 '레퀴엠 시리즈'를 포함한 147점의 작품이 소장되어 있다.

|**니콜라이 신의 1996년 작 '고향 생각'**|우리 민족의 전통 악기인 장구를 연주하는 여인을 통해 고향을 그리워하는 마음을 표현하고 있다.

---

31) 레퀴엠은 죽은 이를 위한 미사를 할 때 하나님께 죽은 이의 영혼에 영원한 안식을 주시기를 청하며 연주하는 음악이다.

그는 한민족 수난사뿐 아니라 한국적인 의상과 풍습을 통해 고향을 그리워하는 마음을 자주 표현하였는데 필자가 소장하고 있는 '고향 생각'이라는 작품은 우리 민족의 전통 악기인 장구를 연주하는 여인을 통해 고향을 그리워하는 마음을 표현하고 있다. 이 그림은 신순남 특유의 각이 있는 시원시원한 윤곽선과 한국의 전통적인 맛을 물씬 풍기는 붉고 흰 색상의 한복이 분홍색, 곤색, 청색 그리고 흰색의 바탕과 오묘하게 조화를 이루고 있다. 이 그림에서 사용한 색상과 붓 터치는 '추석 명절'과 유사하나 한국으로부터 많은 관심을 받고 있던 1996년 작품이라 그런지 풍기는 분위기는 훨씬 안정적이고 부드럽다.

우즈베키스탄 장식예술의 보고(寶庫), 국립 응용미술 박물관

타슈켄트의 라카트보쉬(Rakatboshi) 거리에는 우즈베키스탄 국립 응용미술 박물관(Uzbekistan State Museum of Applied Art)이 있다.

이슬람 세계에서는 우상숭배를 금지하는 종교적인 이유로 인해 회화 분야에서는 '신(神)의 눈을 통해 보는 세상'을 그리는 세밀화라는 독특한 장르가 제한적으로 발전하였지만, 응용미술 분야에서는 예술가들이 재능을 마음껏 발휘할 수 있어 자수, 보석공예, 도자기, 타일 등의 분야가 크게 발전하였다.

박물관 건물은 다소 작아 보였지만 이곳에서는 우즈베키스탄 각 지역에서 생산되는 전통 수공예품을 비롯한 높은 수준의 장식 예술품들을 만날 수 있었다. 특히 박물관 내부 건물 자체가 우즈베키스탄의 장식 미술을 그대로 보여주고 있었다.

|**국립 응용미술 박물관 내부**| 국립 응용미술 박물관의 화려한 내부 모습은 우즈베키스탄의 장식 미술 그 자체를 보여준다.

〈우즈베키스탄이 자랑하는 전통공예품〉

이 박물관에는 우즈베키스탄 동쪽 페르가나(Fergana) 지역의 특산품인 푸른빛이 도는 리쉬탄(Rishtan) 도자기와 마르길란(Margilan)의 100% 실크로 만든 무지개색이 영롱한 칸-아틀라스 작품들도 많이 전시되어 있어 구태여 우즈베키스탄 동쪽까지 가지 않더라도 이곳에서 뛰어난 작품들을 충분히 감상할 수 있다.

그리고 부하라가 자랑하는 금실 자수 작품들도 있는데, 특히 벨벳 위에 화려한 황금빛 실로 수를 놓고 푸른빛이 도는 실로 군데군데 수놓아 황금색과 푸른색의 조화가 신비감을 느끼게 해 주는 금실 자수 벽걸이는 압권이었다. 그 외에도 각종 보석을 사용한 목걸이, 귀걸이, 팔찌 등 여성 장신

구들과 유명 장인들이 만든 카르나이(Karnay)를 비롯한 우즈베키스탄의
전통 악기들도 전시되어 있다.

|**금실 자수 벽걸이**|벨벳 위에 화려한 황금빛 실로 수놓은 부하라 금실 자수 벽걸
이는 군데군데 수놓아진 푸른빛과 어울려 신비감을 느끼게 해 준다.

〈7인의 미인을 만나다〉

이곳에서 '7인의 미인'이라는 제목의 아름다운 여인의 모습을 담은 장식
용 접시들도 필자의 마음을 사로잡았다. 국립예술박물관에서 보았던 '부하
라 춤'을 그린 화가인 칭기즈 아흐마로프의 작품을 도자기 예술가인 안바르
누그마노프(Anvar Nugmanov)가 도자기 접시로 만든 것이다. '7인의 미인'
은 알리셰르 나보이의 서사시 함사(Khamsa)[32]에 나오는 이야기를 기초로
하고 있다.

'7인의 미인'은 사마르칸트를 여행할 때 헤라트 화파 세밀화 부분에서 잠

---

32)   함사는 '5편의 서사시'라는 의미로 알리셰르 나보이의 서사시 모음집이다.

|**'7인의 미인' 도자기**| 국립 응용미술 박물관 벽에는 사산조 페르시아 황제 바흐람 5세의 7명의 후궁을 묘사한 칭기즈 아흐마로프의 그림을 넣어 만든 장식용 도자기 접시인 '7인의 미인'이 전시되어 있다.

시 언급한 바 있는 사산조 페르시아 황제 바흐람 5세가 지은 7개 별궁에서 황제를 모시는 외국에서 온 후궁들을 말한다. 바흐람 5세는 검정(토요일), 노랑(일요일), 녹색(월요일), 빨강(화요일), 청색(수요일), 녹색과 핑크를 섞은 샌들 색(목요일), 흰색(금요일) 등 각기 다른 색상의 7개 별궁을 지어놓고 이곳에 각기 다른 국가에서 온 7명의 여인을 거주하게 하여 매일 별궁을 바꿔 가며 지냈다고 한다.

칭기즈 아흐마로프는 '7인의 미인'이라는 제목으로 7명의 후궁의 아름다움을 표현하였지만 원래 나보이의 작품에서는 바흐람 5세가 세상을 떠돌아다니며 수행하는 수피, 즉 수피즘 수도사들을 매일 별궁에 초청하여 세상 돌아가는 이야기를 경청하였는데 그 이야기들을 서사시로 읊은 것이다. 나보이는 이 수피들의 이야기를 통해 정의, 정직, 인내 등의 가치를 이야기

하고, 희망찬 미래를 보는 통찰력과 백성들의 불행을 외면하지 않는 군주
로서 갖추어야 할 덕목들을 이야기한다.

알리셰르 나보이 문학박물관과 조명희 문학기념관

|**나보이 초상화와 나보이 문학박물관 내부**|알리셰르 나보이 문학박물관에는 나보이 초상화와 나보
이 관련 자료들이 가득 차 있다.

알리셰르 나보이 문학박물관에 고려인 조명희(趙明熙, 1894~1938) 작
가의 문학기념관이 있다고 하여 나보이에 대해서도 좀 더 알아볼 겸 타슈
켄트의 나보이 거리에 있는 알리셰르 나보이 문학박물관(Alisher Navoiy
Nomidagi Adabiyot Muzeyi)을 찾았다. 4층으로 된 유럽과 우즈베키스탄
양식이 혼합된 노란색 큰 건물인데 밖에는 나보이의 동상이 세워져 있고
입구로 들어서니 계단 위에 또 나보이의 전신 조각상이 서 있다. 좌우로는

각종 나보이 초상화들도 전시되어 있었다.

1층은 로비이고 2층과 3층에 나보이 관련 그림과 문학작품 들이 가득 차 있다. 나보이와 관련된 많은 세밀화와 나보이가 직접 그린 사자(獅子) 그림도 전시되어 있다. 이곳에는 나보이 관련 정말 많은 자료가 있어 실로 '나보이 학(學) 센터'라고 불러도 될 것 같았다.

그는 티무르 제국 시대 수도였던 헤라트에서 태어나고 그곳에서 사망할 때까지 티무르 제국의 고위 관리 겸 시인으로 활동하였는데, 현재 '우즈벡 문학의 시조(始祖)'이자 시성(詩聖)으로 존경받고 있으며 우즈베키스탄 정부에서 자국의 '문화 아이콘'으로 정책적으로 홍보하고 있는 인물이다. 아시아에서 일본에 이어 우리나라에도 그의 흉상이 서울 서초구의 '서리풀 문화광장'에 세워져 있다. 나보이에 대해서는 타슈켄트를 방문하면서 여러 차례 다룰 예정이므로 여기서는 이렇게 간단한 언급만 한다.

〈구소련 사회 '한인 문학의 아버지' 조명희의 문학기념관〉

알리셰르 나보이 문학박물관 4층에 구소련 사회에서 '한인 문학의 아버지'로 칭송받던 조명희 작가의 문학기념관이 자리 잡고 있다. 조그마한 기념관의 문을 열자 맞은편 벽에 걸려 있는 액자가 보였다.

"그러나 필경에는 그도 멀지 않아서 잊지 못할 이 땅으로 돌아올
날이 있겠지. 락동강."

조명희의 소설 〈락동강〉에서 주인공 '박성운'이 죽은 후 그의 애인 '로사'가 북쪽으로 열차를 타고 가는 마지막 부분에 나오는 글이다. 그녀도 지금은

|**조명희 기념관**|벽면에는 소설 〈락동강〉의 내용을 쓴 액자가 걸려 있고, 그 앞에는 조명희 작가의 흉상이 있다.

이렇게 떠나지만 언젠가는 이 정든 땅으로 다시 돌아오리라고.

액자 앞에는 조명희 작가의 흉상이 있고 오른편쪽으로는 조명희가 쓴 친필 시와 편지, 조명희 관련 각종 책과 작품, 그리고 신문 기사 스크랩과 조명희와 그의 가족사진들도 있었다.

연못가에 새로 핀 버들잎을 따서요

우표 한 장 붙이어 강남으로 보내면

작년 왔던 제비는 푸른 편지 받고요

조선 봄이 그리워 다시 찾아옵니다

고국 생각이 한껏 묻어나오는 조명희 작가의 〈푸른 편지〉라는 시다. 1988년 12월 10일로 예정된 타슈켄트의 조명희 작가 문학기념관 개관을 앞두고 소련 한인사회에서 발행되던 한글 신문인 '레닌기치'에서 기사와 함께 이 시를 실었다.

충북 진천 출신인 조명희는 일본에서 유학하고 조선 프롤레타리아 예술가 동맹(KAPF)에 가입해 활동하면서 왕성한 창작활동을 하다가, 1928년 러시아로 망명한 뒤 한때 소련작가동맹의 요직을 맡기도 했다. 일제의 농촌 수탈과 이에 저항하는 지식인 운동가의 삶을 그린 소설인 〈락동강〉이 그의 대표작이다.

조명희는 타슈켄트와 특별한 인연이 있는 것은 아니지만 조명희 후손들이 타슈켄트에 거주하기 때문에 그 후손들의 노력으로 기념관이 세워졌고 지금도 후손들이 이 기념관을 직접 관리를 하고 있다고 한다. 비록 작은 공간이지만 알리셰르 나보이 문학박물관 안에 단독 전시실을 가지고 있다는 것은 박물관 측에서도 상당한 배려를 한 것으로 보인다.

〈소련 최고의 한국학 전문가 '박 보리스' 전시관〉

알리셰르 나보이 문학박물관에는 여타 우즈베키스탄의 유명 작가들의 문학작품과 관련 자료들도 전시되어 있는데 조명희와 같이 단독 전시실은 가지지 못하고 넓은 전시실에 한 칸씩 나누어 소개되고 있다. 그중에는 고려인 역사학자 박 보리스(Park Boris Dmitrievich, 1931~2010)에 관한 자료도 한 칸에 다른 인사와 함께 전시되어 있다.

박 보리스는 고려인 사회를 대표하는 역사학자로 소련이 해체되면서 우리나라에 알려진 인물이다. 주로 제정 러시아 시기의 한·러 관계사와 극동 지역의 한인 독립운동사를 연구하였으며 〈러시아와 한국〉, 〈소련과 한국〉을 포함한 약 130편의 저서와 논문을 저술하면서 소련 최고의 한국학 전문가로 인정받은 인물이다.

알리셰르 나보이 오페라·발레 극장

타슈켄트에는 알리셰르 나보이의 이름을 딴 거리와 건물들이 제법 있다. 타슈켄트의 유명한 오페라와 발레 전용 극장 이름도 '알리셰르 나보이 오페라·발레 극장(Alisher Navoi Opera and Ballet Theatre)'이다. 아미르 티무르 광장의 남서쪽 가까이 있는데 러시아와 우즈베키스탄 건축양식이 혼합되어 지어진 극장으로 구소련 시대 모스크바(Moscow)와 민스크(Minsk)의 볼쇼이 극장과 더불어 3대 오페라·발레 극장으로 유명하였던 곳이다.

이 건물은 모스크바에 있는 레닌 묘를 설계한 알렉세이 빅토르비치 슈세프(A. V. Tchyusev, 1873~1949)가 1947년에 완공하였는데 1966년에 일어난 대지진 때도 무너지지 않았다. 이 극장 건축에는 제2차 세계대전 때 잡힌 일본군 전쟁포로들이 일부 건설에 동원되기도 했다고 한다.

필자는 이곳에서 '리골레토(Rigoletto)' 오페라 공연을 관람하려고 표를 샀다. 자리에 따라 가격 차이가 있지만 7천 원에서 5만 원 정도 수준이었다. 그

|**알리셰르 나보이 오페라 · 발레 극장 전경**| 러시아와 우즈베키스탄 건축양식을 혼합하여 지은 1947년에 완공된 건물로 소련의 3대 오페라 · 발레 극장으로 유명하였던 곳이다.

런데 하루 전날 갑자기 공연이 취소되었다. 공연 날짜가 라마단(Ramadan)[33]이 종료된 다음 날인데 타슈켄트의 이슬람 종교지도자 이맘이 대통령에게 며칠 동안 임시 공휴일로 해 줄 것을 제의하여 갑자기 공연일이 임시 공휴일이 되면서 공연이 취소되었다고 한다. 다소 납득가지 않는 조치였지만 할 수 없이 키르기스스탄과 카자흐스탄을 방문하고 나서 귀국하는 날 공항으로 가기 전 잠시 짬을 내어 극장 내부만 구경할 수밖에 없었다.

타슈켄트에서 한국으로 떠나는 마지막 날 좀 일찍 도착해서 극장으로 들어갔다. 샹들리에들로 화려하게 장식된 복도를 지나 안으로 들어가니 알리셰르 나보이의 동상이 보였고 벽화들이 나타났다. 우즈베키스탄의 문학,

---

33) 라마단은 이슬람력의 아홉 번째 달로 해가 뜰 때부터 질 때까지 식사, 흡연, 음주 등을 금하는 달이다. 이슬람력으로 9월 한 달간 시행되는데 이슬람력에는 윤달이 없어 매년 10일이 앞당겨진다.

전통 무용, 미술 그리고 음악을 각각 표현한 칭기즈 아흐마로프의 그림들이었다.

좀 더 안쪽으로 들어가니 알리셰르 나보이의 〈함사〉에 나오는 이야기들을 주제로 한 네 점의 작품이 있었다. 이 작품들도 모두 칭기즈 아흐마로프의 그림인데 그 표현법이 정통 세밀화와는 확연히 달랐다. 정통 세밀화에 비해 매우 사실적이며 세련되고 화려하게 표현되어 있었다. '신(神)의 눈을 통해 본 진리의 세계'를 표현함으로써 묵직한 철학적 메시지를 던져주는 정통 세밀화와는 확실히 차이가 있는 그림이었다.

나보이의 〈함사〉에 나오는 이야기들은 페르시아와 이슬람권에서는 너무나 잘 알려진 내용이라 여기서 가장 유명한 두 작품에 대해 간단히 설명하고자 한다.

〈파르하드와 쉬린〉

먼저 보이는 두 작품은 '파르하드와 쉬린(Farhad and Shirin)', 그리고 '레일라와 마즈눈(Layla and Majnun)'이란 슬픈 사랑 이야기를 다룬 작품이다.

'파르하드와 쉬린'은 용감하고, 지성적이며, 진정한 사랑을 추구하는 튀르크계 왕자인 파르하드와 절세미인이면서 지성미까지 갖춘 아르메니아 공주인 쉬린과의 아름답고도 슬픈 사랑 이야기를 다룬 알리셰르 나보이의 서사시인데 쉬린 공주가 자신이 요청한 운하 공사에서 뛰어난 과학적 재능을 발휘하고 있는 파르하드를 만나러 가는 장면을 묘사한 그림이다.

원래 이 작품의 기본이 되는 이야기는 페르시아 문학사상 최고의 서정시

|**알리셰르 나보이 오페라·발레 극장의 벽화**|왼쪽은 운하 공사를 하는 튀르크계 왕자 파르하드를 찾아가는 아르메니아 공주 쉬린을 묘사한 그림이고, 오른쪽은 사랑하는 여인 레일라를 만나지 못하여 방황하면서 황야를 떠도는 마즈눈을 찾아간 레일라를 묘사한 그림이다.

인인 피르다우시(Ferdowsi, 935~1020)의 '휘스레브[34]와 쉬린(Khosrow and Shirin)'이라는 서사시이다. 사산조 페르시아 황제 휘스레브 2세(재위: 590~628)와 아르메니아 공주인 쉬린 사이에 실제로 있었던 운명적인 슬픈 사랑 이야기를 엮은 서사시이다. 이 서사시에서도 파르하드라는 인물이 조각가로 등장하기는 하나 별로 중요치 않은 존재이다.

한편 나보이의 '파르하드와 쉬린'에서는 주인공이자 영웅은 페르시아 황제인 휘스레브 2세가 아니고 파르하드라는 튀르크계 왕자다. 이처럼 나보

---

34) 페르시아어로는 '호스로우'라고 발음되나 노벨상 수상자인 튀르키예 작가 오르한 파묵의 '내 이름은 빨강'을 통해서 '휘스레브와 쉬린' 이야기가 우리나라에 많이 알려졌기 때문에 여기서는 이 책의 번역본에서 튀르크어 발음으로 쓴 '휘스레브'를 사용한다.

이는 유명한 고대 페르시아 서사시의 주인공을 튀르크계 인물로 바꾸고 우즈벡어의 모체였던 차가타이어로 작품을 씀으로써 페르시아어를 모르는 우즈벡인들이 흥미롭게 작품을 읽을 수 있도록 한 것이다. 그 내용도 이슬람적인 가치관을 바탕으로 하면서 페르시아 황제 휘스레브 2세의 위선적인 사랑과 정의롭지 못한 행위들에 대한 비판적인 시각을 담아 원본과는 완전히 다른 서사시를 만들었기 때문에 우즈벡인들로부터 큰 환영을 받았다.

〈레일라와 마즈눈〉

'레일라와 마즈눈'도 나보이의 〈함사〉에 나오는 이야기인데 '동양의 로미오와 줄리엣'이라고도 불린다. '레일라와 마즈눈'도 페르시아 시인 피르다우시가 쓴, 또 다른 슬프고 가슴 아픈 사랑 이야기이다. 이 작품은 중동과 중앙아시아 지역에서는 누구나 알고 있고 유럽에도 많이 알려진 유명한 사랑 이야기이다. 알리셰르 나보이는 이 서사시를 우즈벡인들이 읽을 수 있게 차가타이어로 쓴 것이다.

영국의 유명한 기타 연주자이자 가수인 애릭 클랩튼(Eric Clapton)이 비틀즈의 일원이자 친구인 조지 해리슨(George Harrison)의 부인인 패티 보이드(Pattie Boyd)를 연모하여 그녀에게 바친 사랑의 노래였던 '레일라(Layla)'가 바로 이 '레일라와 마즈눈' 서사시에서 따온 제목이다.

레일라와 마즈눈은 서로 애타게 사랑하지만 집안의 강력한 반대에 부딪혀 만날 수조차 없게 된다. 이에 실망한 마즈눈은 반 미친 사람이 되어 황야를 떠돌며 양 떼 속에 숨어서 레일라에게 접근하는 등 그녀를 보고 싶은 마음에 몸부림친다. 그러나 결국 레일라는 집안에서 정해 주는 다른 남자와 결혼을 한다.

레일라의 결혼 생활은 행복하지 못했고 결국 레일라는 일찍 죽음을 맞이한다. 레일라를 그리워하던 마즈눈은 그녀가 죽은 뒤 그녀의 무덤가에서 시신으로 발견되는데 그 옆에는 마즈눈이 쓴 레일라에 대한 여러 편의 애절한 사랑의 시들이 흩날리고 있었다. 칭기즈 아흐마로프가 그린 위의 그림은 좌절하여 황야를 떠도는 마즈눈을 레일라가 만나는 장면을 묘사한 것이다.

'길거리 갤러리' 브로드웨이

알리셰르 나보이 오페라·발레 극장 근처에 '브로드웨이(Broadway)'라 불리는 거리가 있다. 아미르 티무르 공원에서 독립광장으로 이어지는 200m 남짓한 사일고흐 거리(Sailgoh Ko'chasi)가 있는데 이 거리를 별칭으로 '브로드웨이'라고 부른다.

|타슈켄트의 브로드웨이|브로드웨이 양옆에는 우즈베키스탄 유적지를 묘사한 유화 작품들과 골동품들을 전시하고 있다.

이 거리 좌우에는 우즈베키스탄 유적지를 묘사한 그림들이 길을 따라 전시되어 있으며 골동품과 액세서리를 파는 곳도 있다. 이곳을 여유롭게 거닐면서 주위의 카페에서 커피도 마시고 길거리에 전시된 그림들을 보면서 자신이 방문한 유적지들의 과거와 현재의 모습을 비교해 보는 것도 나름 재미있다. 가끔은 괜찮은 그림들도 보인다. 과거에는 이곳 카페에 현지 젊은이들이 많이 모였으나 지금은 관광객들이 대부분이었고 현지 젊은이들은 체홉(Chekhov) 거리나 미라바드(Mirabad) 거리의 카페로 많이 간다고 한다.

화이트 색상이 눈부신 미노르 모스크

1966년 타슈켄트의 대지진 이후 소련은 수년에 걸쳐 타슈켄트에 새로운 소련식 도시를 건설하게 되는데 그 경계가 되는 곳이 안호르(Ankhor) 운하였다. 지진의 피해가 컸던 안호르 운하의 동쪽 지역을 완전히 새로운 소련식 도시로 만든 반면, 지진의 피해가 상대적으로 적었던 서쪽 지역은 예전의 모습을 많이 간직한 채 복구하였다.

이 안호르 운하의 신시가지 쪽 변에는 2014년에 완공된 파란색 돔을 가진 화이트 색상의 건물이 눈부신 미노르 모스크(Minor Mosque)가 있다. 2,400명 이상의 인원이 동시에 예배를 볼 수 있는 큰 모스크인데 타슈켄트에서 가장 아름다운 모스크 중 하나로 꼽힌다. 푸른색과 흰색의 조화 속에 이슬람 서예와 무카르나스 양식이 들어가 있는 이 모스크의 정문은 매우 아름답다. 특히 이 모스크는 밤이 되면 더욱 아름다운 자태를 뽐내어 새로운 관광지로 부각되고 있다.

| **미노르 모스크 전경** | 흰색과 푸른색이 깔끔한 조화를 이루고 있는 모스크가 햇빛을 받아 눈부시게 빛나고 있다.

빠삐에 마쉐 세밀화 보석상자

필자가 우즈베키스탄에 오면 선물용으로 자주 사는 것이 있는데 '빠삐에 마쉐(papier-mâché) 세밀화 보석상자'이다. '빠삐에 마쉐'는 '짓이긴 종이' 라는 의미의 프랑스어 미술 용어인데 물에 불려 걸쭉하게 이긴 종이에 아교, 수지, 고운 모래, 초크(chalk) 등을 섞어 반죽하여 젖어 있는 동안 다양한 형태를 만든다. 이것이 굳으면 그 위에 성화(icon) 제작 기법으로 세밀화 도안이나 세밀화를 그린다. 소련이 해체되면서 고국으로 돌아온 우즈베키스탄 화가들이 발전시킨 일종의 회화 장르라고 할 수 있다.

|**빠삐에 마쉐 보석상자 작품들**|작가: 코쉽 아마노프

우즈베키스탄 관광지에 가면 흔히 볼 수 있는데 필자는 우즈베키스탄 정부에서 예술가들에게 공방으로 내어준 국회의사당 옆 아불커슴 마드라사(Abulqosim Madrasah)의 공방에서 만든 빠삐에 마쉐 보석상자들이 작품성도 있고 가격도 합리적이어서 이곳에서 자주 구입했다.

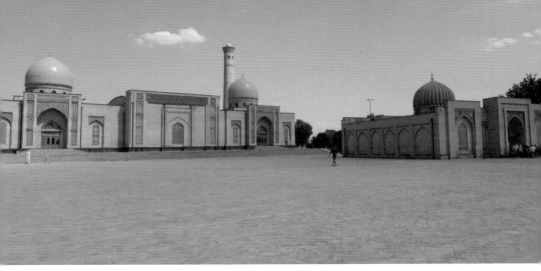

|**하즈라티 이맘 종교·역사 단지**|왼쪽이 틸라 셰이크 모스크의 뒷편이고, 오른쪽 작은 건물은 무이 무보락 마드라사이다. 그리고 그 앞 광장이 하즈라티 이맘 광장이다.

이슬람 성지로 변모해 가는 타슈켄트 구시가지

나보이 거리에서 초르수 바자르(Chorsu Bazaar)를 넘어가면 구시가지가 시작된다. 타슈켄트가 1966년 대지진으로 파괴되어 많은 부분이 새로이 조성되었지만, 이곳은 상대적으로 피해가 적어 과거의 모습들을 많이 간직하고 있다.

'타슈켄트의 종교 중심지' 하즈라티 이맘 종교·역사 단지

구시가지에 있는 하즈라티 이맘(Hazrati Imam) 종교·역사 단지는 타슈켄트의 종교 중심지이다. 아부 바크르 카팔 샤시(Abubakr Kaffal Shashi) 영묘, 틸라 셰이크(Tillya Sheikh) 모스크, 바라크 한(Barakhan) 마드라사, 무미 무보락(Muyi Muborak) 마드라사 등이 모여 하나의 단지를 형성하고 있다.

아부 바크르 카팔 샤시 영묘

  하즈라티 이맘은 '신성한 이맘'이란 의미인데 이슬람 대학자이자 뛰어난 이슬람 이론가였으며 당시 타슈켄트 이맘이었던 아부바크르 카팔 샤시(Abubakr Kaffal Shashi, 903~976)를 말한다. 아부바크르 카팔 샤시 영묘는 하즈라티 이맘 종교·역사 단지의 중심으로 타슈켄트에 있는 의미 있는 문화적, 건축학적 기념물 중 하나로 꼽힌다.

|**아부바크르 카팔 샤시 영묘**|화려한 마욜리카 타일로 장식되어 있고 정문 부분에는 코란 내용이 녹색, 흰색, 금색으로 아름답게 새겨져 있다.

  10세기에 사망한 아부바크르 카팔 샤시의 묘를 찾지 못하다가 1541년에 이곳일 것으로 추정하여 그의 영묘를 이곳에 세웠다고 한다. 다양한 문양

의 화려한 마욜리카 타일로 장식되어 있고 피스타크 맨 위와 팀파눔 부분에 코란의 말씀들이 녹색, 흰색, 금색으로 아름답게 새겨져 있다.

타슈켄트의 금요 예배 장소인 틸라 셰이크 모스크

틸라 셰이크 모스크(Tillya Sheikh Mosque)는 1890년에 지어진 모스크로 타슈켄트에서 금요 예배를 보는 대규모 모스크이다. 하즈라티 이맘 광장에 세워져 있어 '하즈라티 이맘 모스크'라고도 부른다. 신앙심이 깊은 상인인 틸라 셰이크 아타(Tillya Sheikh Ata)가 이 모스크를 지어 무슬림 사회에 희사하였다. 한 번에 2,000여 명의 예배가 가능한 큰 모스크로 타슈켄트의 금요 예배 장소이다. 현재의 모습은 2007년에 개보수한 것으로 안으로 들어가면 통나무에 무늬를 새긴 기둥들이 줄지어 서 있고 모스크 내부는 넓은 홀을 가지고 있는데 내부가 화려하게 치장되어 있다. 이 모스크 앞에는 높은 미나렛 2개가 세워져 있다.

세계에서 가장 오래된 코란이 있는 무이 무보락 마드라사

틸라 셰이크 모스크 뒤편에 작은 건축물이 하나 있는데 이곳이 무이 무보락(Muyi Muborak) 마드라사이다. 무이 무보락 마드라사에는 선지자의 머리카락이 보관되어 있어 '선지자의 집'이라는 의미인 '무이 무보락'이라고 부르게 되었다고 한다. 1856년에 지어졌으나 전쟁으로 파괴되어 현재의 건물은 2007년에 다시 지었다고 한다.

이곳에는 유네스코 세계유산으로 등재된 7세기 중반에 만들어진 세계에서 가장 오래된 코란의 원본이 보관되어 있다. 사슴 가죽에 아랍어로 필사된 오스만 코란이다. 그래서 무이 무보락 마드라사는 비록 규모는 작지만 무슬림 입장에서는 매우 중요한 장소가 되었다.

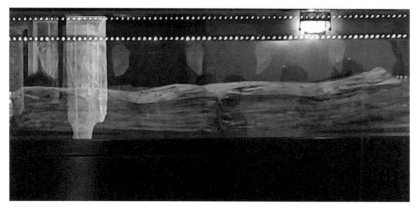

|**오스만 코란 원본**| 무이 무보락 마드라사에는 사슴 가죽에 아랍어로 필사된 세계에서 가장 오래된 오스만 코란이 전시되어 있다.

이 코란은 세 번째 정통 칼리파인 오스만(Uthman, 644~656)이 메디나에서 제작하여 이슬람 세계 각지로 보낸 여섯 권의 정본 중 하나다. 아미르 티무르가 중동 원정 중 이라크(혹은 시리아) 지역에서 이 코란을 전리품으로 거두어 사마르칸트로 가져온 것으로 보고 있다. 이 코란은 1869년 러시아의 투르키스탄 정벌 시 러시아가 이 코란을 가져가 상트페테르부르크 국립도서관에 보관하였다. 이후 소련 시절 무슬림들의 청원에 따라 러시아의 이슬람 자치공화국인 타타르스탄의 우파(Ufa)로 보내졌다가, 1923년 타슈켄트로 옮겨 왔으며 타슈켄트에서도 여러 곳에서 보관하다가 2007년부터 이곳에서 보관 중이라고 한다.

3개의 옥색 돔을 가진 바라크한 마드라사

무이 무보락 마드라사 뒤에는 3개의 옥색 돔을 가진 독특한 형태의 바라크한 마드라사가 있다. 이 마드라사의 구조는 일반적인 마드라사와 다르

| 바라크한 마드라사 전경 | 정문 쪽 좌우에 있는 작은 옥색 돔이 있는 건물은 타슈켄트 지배자인 수유
니즈 칸의 영묘이면서 동시에 수피들의 휴식 장소인 카나카 용도로 사용되었던 건물이고 뒤의 큰 옥
색 돔을 가진 건물은 원래 영묘로 지어진 다른 건물인데 이 두 개의 건물이 합쳐져 바라크한 마드라
사가 되었다.

다. 일반적으로 마드라사는 입구에서 들어가면 앞이 막혀있고 양옆으로 통
로가 나 있는데 이 마드라사는 입구에 들어가면 앞이 탁 트여 있다.

이 건축물은 15세기에서 16세기에 걸쳐 지어졌는데, 원래는 두 개의 건
축물이었다. 하나는 입구에서 보아 안쪽에 있는 큰 돔이 있는 건물로 영묘
용도로 지어졌었고, 다른 하나는 입구 쪽 2개의 상대적으로 작은 돔을 가진
건물로 타슈켄트 지배자였던 수유니즈(Suyunidzh) 칸의 영묘이면서 동시
에 수피들의 휴식 장소인 카나카(Khanaka) 용도로 지어진 건물이었다. 그
러다 미르자 울루그벡의 손자이자 당시 타슈켄트 지배자였던 바라크한의
지시로 1531~1532년에 이 두 건물을 합쳐서 하나의 마드라사로 만들어졌
다. 이처럼 원래 마드라사의 목적을 가지고 지어진 것이 아닌 두 개의 건물
이 합쳐졌기 때문에 일반적인 마드라사와는 그 구조가 다르고 옥색 돔도 3

개나 된다.

이후 바라크한 마드라사는 하즈라티 이맘 광장의 한 축을 이루는 중요한 건축물이 되었다. 현재 이곳에는 우즈베키스탄 모습을 담은 그림들과 전통 기념품들을 판매하는 상점들이 들어서 있다.

실크로드의 중간 기착지 초르수 바자르

하즈라티 이맘 종교·역사 단지 방문을 마치고 점심 식사시간을 놓쳐 가까이 있는 초르수 바자르(Chorsu Bazaar)로 갔다. 초르수란 페르시아어로 '교차로'라는 의미이고 바자르는 '시장'이라는 뜻이다. 즉 '실크로드의 교차로에 있는 시장'이란 의미이다.

|**초르수 바자르 전경**|실크로드 교차로에 있었던 초르수 바자르에서는 우즈베키스탄의 전통과 현재의 주민 상을 알아볼 수 있는 시장이다.

이곳은 부하라 에미르의 지시로 폐허로 변해 가던 사마르칸트의 아미르 티무르 대모스크의 건축자재를 재활용하여 만들었다고 한다. 전통 의류, 카펫, 가구뿐 아니라 과일, 채소, 빵, 향신료 등의 식료품 등 다양한 물품들을 판매하고 있어 우즈베키스탄 주민들의 생활상을 엿볼 수 있는 장소이다. 이곳에 오면 실크로드 시대의 옛 정취를 느낄 수 있다.

초르수 바자르에서 즐긴 점심 식사

초르수 바자르의 식당 코너로 들어가니 우즈베키스탄의 가장 대표적인 고기 요리인 샤슬릭(Shashlik)을 구울 때 피어올라오는 김이 군침을 당겼다. 한편에서는 우즈베키스탄의 '국민 빵'인 난(Non)을 팔고 있다. 점심시간이 한참 지났기에 자리에 앉아 얼른 볶음밥인 오쉬(Osh)와 소고기 샤슬릭을 주문하였다.

오쉬는 지역에 따라 '필라프' 혹은 '쁠로프'라고도 부르는데 '고기·야채 볶음밥'이라 할 수 있다. 기름이 들어가 있어 조금 느끼할 수도 있지만, 필자의 입맛에는 아주 잘 맞았다. 샤슬릭은 튀르크어로 꼬챙이를 의미하는 '쉬시(Shish)'에서 유래되었다고 하는데 이스탄불 근무 시 맛본 쉬시 케밥과 유사하였다.

|**오쉬와 샤슬릭**|쵸르수 바자르 음식 코너에서 주문한 고기·야채 볶음밥인 오쉬와 소고기로 만든 샤슬릭이 먹음직스럽다.

오쉬와 샤슬릭은 양파, 오이, 파, 토마토 등으로 만든 야채 샐러드가 곁들

여 나오기도 하는데 이곳에서는 별도로 주문하여야 했다. 밀가루 반죽에 효소만 첨가하여 탄드르(Tandır)라 불리는 항아리 모양의 둥근 진흙 오븐에서 구운 빵인 '난'은 무료로 제공되었다. '난'은 중앙아시아에서 널리 애용되는 빵인데 러시아어로는 '리뾰시카(Lepeshka)'라고 한다.

|**야채 샐러드와 난**| 맨 왼쪽이 양파, 오이, 토마토를 넣은 야채 샐러드이고, 가운데가 오이피클, 양배추와 고춧가루를 버무린 새콤한 맛의 샐러드, 그리고 맨 오른쪽이 탄드르에 구운 빵인 '난'이다.

이렇게 타슈켄트의 초르수 바자르에서 배를 두둑이 채우고 부하라의 '실크로드 티 하우스'에서 맛보았던 사프란 티를 초르수 바자르에서 구입하는 것으로 우즈베키스탄 인문학 여행을 마감하고 또 다른 주요한 실크로드 도시 중 하나였던 키르기스스탄의 수도 비슈케크(Bishkek)로 이동한다.

제2부

키르기스스탄

'중앙아시아의 스위스' 키르기스스탄

　우즈베키스탄의 수도 타슈켄트에서 비행기로 1시간 정도 가면 키르기스스탄의 수도인 비슈케크(Bishkek)에 도착한다. 4월 말인데 비행기가 이륙한 이후 내릴 때까지 내내 창밖으로 보이는 풍경은 눈 덮인 톈산산맥이었다. 이 산맥의 녹은 물이 강을 이루어 중앙아시아의 오아시스 도시들을 만들고, 이 도시들을 이어 실크로드가 만들어진 것이다. 그리고 이 산맥은 우리와 피를 나눈 고구려 유민 출신의 당나라 장군이었던 고선지(高仙芝)가 '실크로드의 제왕(帝王)'이 되어 넘나들던 곳이다.

|**비행기 안에서 바라본 톈산산맥의 경치**|비행기를 타고 가는 1시간 내내 톈산산맥은 눈으로 덮여 있는 경치를 보여준다.

또한, 이 지역은 중앙아시아에 정착한 튀르크계 민족의 거점 지역이었던 곳으로 이곳을 지나는 실크로드의 요충지를 놓고 튀르크계 민족들과 당나라 및 토번(티베트) 사이에 뺏고 뺏기는 전투가 이어졌던 곳이기도 하다.

현재의 키르기스스탄은 국토 면적이 한국의 약 2배인데 80%가 해발 2,000m가 넘는 산악지대이다. 우즈베키스탄, 타지키스탄, 카자흐스탄 등 여타 중앙아시아 국가들과는 달리 사막이 존재하지 않고, 동·서로 산악지대가 뻗어 있으며 산악의 계곡 부분은 사람이 거주하기 적절한 기후를 가지고 있다.

이 지역은 과거에는 실크로드의 중심 지역으로 빈번한 교류가 있었던 지역이었으나, 실크로드가 쇠락한 후에는 낙후된 지역으로 남아 있었다. 그렇지만, 인간의 손이 덜 닿아 아름다운 경치를 온전하게 보존할 수 있었기 때문에 최근에는 많은 여행객이 찾기 시작하는 곳이기도 하다. 이 천혜의 아름다운 산과 호수와 계곡으로 키르기스스탄은 '중앙아시아의 스위스'라고 불리고 있다.

키르기스스탄을 구성하는 주된 민족인 키르기스(Kyrgyz)족은 튀르크계 민족으로 흉노가 초원의 지배 세력이 되기 전부터 바이칼호 서쪽에 거주하면서 예니세이(Yenisei)강을 기반으로 수렵과 어로, 유목 생활을 하며 살았기 때문에 '예니세이 키르기스(Yenisei Kyrgyz)'라고도 불렸다. 5세기경부터 서쪽으로 이동하기 시작하여 6세기 중반에는 돌궐제국에 병합되었다가 8세기경에는 위구르족[35]의 지배를 받는다. 9세기부터 키르기스족은 위구르를 물리치고 현재의 텐산산맥 지역까지 세력을 확장한다.

---

35) 위구르족은 중앙아시아의 튀르크계 민족으로 현재는 중국의 신장·위구르 자치구에 많이 살고 있다.

13세기 몽골의 본격적인 침공이 시작되면서, 키르기스족은 남진을 시작하였고 16세기에 중앙아시아 지역에 거주하기 시작한다. 18세기에는 청나라, 19세기에는 코칸트 칸국 지배를 받았으며 19세기 후반부터는 러시아 제국의 지배하에 들어갔다. 이후 1936년 소련을 구성하는 사회주의 공화국이 되었다가 1991년 8월에 소련이 붕괴하면서 독립하였다.

　　키르기스스탄은 특별히 발전된 산업이 없어 중앙아시아 국가 중 국민소득이 가장 낮지만, 아름다운 자연환경을 가지고 있어 '중앙아시아의 스위스'로 앞으로 관광산업 발전 전망이 매우 밝다. 또한, 시민혁명을 통한 정권 교체를 이룩하여 중앙아시아 국가 중 가장 민주화되었고, 국민의 자부심도 가장 높은 것으로 평가되고 있다.

비슈케크

키르기스스탄의 수도 비슈케크는 톈산산맥에서 발원하여 이식쿨 호수의 북쪽 변을 지나는 추(Chu)강 변에 위치한 오아시스 도시로 고대에는 톈산산맥을 통과하는 실크로드 대상들에게 음식과 숙소, 그리고 각종 여행 정보를 제공하던 마을이었다. 당시 주민들은 대부분 소그드인이었다고 한다.

비슈케크는 7세기 중반 인도를 여행한 당나라 승려 현장(玄奘)이 쓴 〈대당서역기(大唐西域記)〉에 처음으로 등장한다. 탈라스 전투(751) 이후 이슬람 세계로 편입되었던 비슈케크는 카라한 카간국(840~1212)과 몽골의 지배를 거친 후 코칸트 칸국(1710~1875)에서 주요한 요새 역할을 하였던 곳이기도 하다. 이후 19세기 말 러시아로 편입되면서 행정수도가 되었고, 1991년 소련으로부터 독립하면서 지금의 이름을 가진 키르기스스탄의 수도가 되었다. 그전에는 피쉬펙(Pishpek), 프룬제(Frunze) 등으로도 불렸다.

비슈케크의 중심, 알라 투 광장

알라 투 광장(Ala-Too Square)은 1984년 '키르기스 소비에트 사회주의 공화국' 창립 60주년을 기념하여 만들어진 비슈케크의 중앙광장으로 비슈케크의 중심이라고 할 수 있다. 당시에는 레닌(Lenin) 동상이 광장 중심에 세워져 있었기 때문에 '레닌 광장'으로 불렸다. 그 후 1991년 독립과 함께 광장의 이름이 바뀌었고 2011년에는 키르기스스탄의 독립 20주년 계기에 키르기스스탄의 민족적 영웅인 마나스(Manas)의 동상이 레닌 동상 자리에 세워져 현재에 이르고 있다. 이곳에는 45m 높이의 국기 계양대에 큰 키르기스스탄 국가가 계양되어 있고 2시간마다 근위병의 교대식이 벌어진다.

|**알라 투 광장**| 국기 계양대와 마나스 동상 뒤로 국립역사박물관이 보인다.

키르기스스탄의 전설적 영웅, 마나스

비슈케크에 도착하면 공항 이름부터 '마나스 국제공항'이다. 마나스는 고대로부터 전해 내려오는 민족 서사시 '마나스'의 주인공으로 키르기스스탄의 전설적인 영웅이다. 초원을 누빈 영웅들의 운명적인 삶과 죽음에 관한 이야기가 주제인 서사시 '마나스'는 호메로스(Homeros)의 '일리아스와 오디세이아(Ilias/Odysseia)'보다 16배나 긴 세계에서 가장 긴 서사시로 유네스코 세계유산으로 지정되어 있다.

〈마나스는 실존 인물인가?〉

그럼 마나스는 실존 인물인가? 대답은 '아니다'이다. 마나스는 약 1,000년 전 40개로 분열되어 있던 키르기스 부족들을 통합하여 외적의 침입을 물리친, 구전으로 내려오는 전설 속의 영웅일 뿐이다. 실존 인물도 아닌 그를 키르기스스탄에서는 가장 위대한 영웅으로, 그리고 자기 민족을 압제자들로부터 해방시킨 인물로 추앙하고 있다.

|**마나스 동상**|마나스 광장의 국립역사박물관 앞에는 키르기스 민족의 영웅인 마나스의 동상이 서 있다.

키르기스스탄은 소련의 붕괴로 선택의 여지 없이 독립은 하였으나 당시에는 키르기스족을 중심으로 하여 민족국가를 만들려는 민족적 자각이나, 사회통합을 위한 국민의 정치적 의지도 찾기 어려웠다고 한다. 키르기스스탄 정부는 과거 민족국가를 이루었던 정치적 전통이나 강력한 종교적 정체성도 없는 여건 속에서 키르기스 민족 정체성 형성의 구심점 역할을 할 수 있는 상징 인물이 필요했다. 그래서 실존 인물은 아니지만 모든 키르기스인이 숭배하는 전설적인 전사(戰士)이자 영웅인 마나스를 공식적인 국가의 상징 인물로 채택한 것이다.

〈가장 소중한 민족적 문화유산인 '마나스'〉

키르기스인들은 서사시인 '마나스'를 가장 소중한 민족적 문화유산으로 생각하고 있다. 12세의 나이에 자기 민족을 외적의 압제로부터 해방시킬 것을 서약한 뒤, 키르기스인들을 규합하여 외적을 물리친 마나스의 영웅적인 이야기는 적들에게 둘러싸여 끊임없이 전쟁을 치르면서 자유를 쟁취하고 이를 지키기 위해 투쟁했던 역사를 가진 키르기스인들이 공감할 수밖에 없는 내용이었다.

서사시 '마나스'는 3부로 구성되어 있는데 1부는 마나스가 키르기스 40개 부족을 통합하여 외침을 물리치고 전쟁을 통하여 영토를 넓히는 이야기들로 구성되어 있다. 2부는 그의 아들 세메테이(Semetei)에 대한 이야기이고 3부는 그의 손자 세이텍(Seitek)에 대한 이야기이다.

이 서사시는 키르기스인들이 신의 계시를 받았다고 생각하는 천재 음유시인인 마나스츠(Manaschi)들에 의해 1,000여 년에 걸쳐 구전으로 전승되었고 전승 과정에서 키르기스인들에게 새로운 사건이 일어나면 그 내용을 추가하여 다시 만들어졌다고 한다.

| **'튤립 혁명'의 현장** | 왼쪽 사진은 '튤립 혁명' 시 시위대에 의해 장악되었던 키르기스스탄 대통령궁이고 오른쪽 사진은 대통령궁 앞에 있는 민주화 항쟁 추모 기념비로 선을 지키고 악을 밀어내는 것을 형상화한 작품이다.

'튜립 혁명'의 현장인 대통령궁

알라 투 광장 근처에는 '튤립 혁명'의 현장이었던 키르기스스탄 대통령궁이 있다. 키르기스스탄은 2005년 '튤립 혁명'이라 불리는 시민혁명으로 아카에프(Askar Akayev) 초대 대통령을 물러나게 했으며, 2010년에는 '튤립 혁명'을 통해 집권한 바키예프(Kurmanbek Bakiyev) 2대 대통령 역시 권좌에서 끌어내렸다. 그리고 중앙아시아에서 최초로 6년 단임제 대통령을 완수한 아탐바예프(Almazbek Atambayev, 재임: 2011~2017) 3대 대통령도 재임 기간 중의 비리로 인해 퇴임 후 감옥으로 보냈다.

대규모 반정부 시위는 2020년에도 일어났다. 2020년 10월 4일에 행해진 의회 선거에서 부정이 있었다고 야당과 그 지지자들이 일으킨 반정부 시위이다. 그 결과 총선은 무효로 선언되었고, 당시 젠베코프(Sooronbay Jeenbekov) 대통령은 사임하였다. 이와 같은 정치 역정을 겪은 키르기스스탄은 중앙아시아에서 가장 민주주의가 이루어진 국가로 평가받고 있다.

대통령궁 앞에는 흑백 대리석 사이에서 사람들이 검은 대리석을 밀어내는 형상의 기념비가 세워져 있다. 2005년과 2010년의 민주화 항쟁 시 희생된 시민들을 추모하기 위해 세운 기념비로 백색과 흑색은 선과 악을 각각

|톈산산맥 경치| 알라르차 국립공원 가는 길에서 본 톈산산맥 경치이다. 4월 말인데도 산 위에는 눈이 덮여 있다.

의미하며 선을 지키고 악을 밀어내는 모습을 형상화한 것이다. 2005년에는 6명의 시민이 총에 맞아 사망하였고 약 50명이 부상했으며, 2010년에는 86명이 사망하고 수백 명이 부상했다고 한다.

알라르차 국립공원

알라 투 광장을 둘러본 후에도 아직 너무 이른 시간이라 미술관과 박물관이 문을 열지 않아 비슈케크에서 가장 가까운 산악지대인 알라르차(Ala Archa) 국립공원으로 향했다.

도심을 조금 벗어났을 뿐인데 눈으로 덮인 톈산산맥이 눈앞에 펼쳐진다. 안내인 말에 의하면 톈산산맥 정상이 아직 눈으로 덮여 있는 4월 말, 5월 초의 경치가 가장 좋다고 한다. 시내에서도 눈으로 덮인 아름다운 톈산산맥의 경치를 감상할 수 있다니 감동이다. 알라르차 국립공원에 도착하니 이른 시간이지만 트레킹을 즐기려는 사람들이 이미 산을 오르고 있었다.

실크로드의 땅, 중앙아시아 인문학 여행

정문에 들어서니 좌측에 푸른 눈과 새하얀 털을 가진 신비로운 동물인 눈표범(Snow Leopard) 조각상이 서 있다. 이곳 알라르차 공원에서 서식하고 있는 것으로 확인된 희귀한 동물이다. 정문을 지나 조금 산책을 하였는데 펼쳐지는 광경이 마치 스위스에 와 있는 것 같은 느낌을 준다. 알라르차 국립공원에서 아침의 맑은 공기를 가슴에 가득 담고 실크로드의 중요한 한 축을 담당했던 키르기스스탄을 이해하기 위해 국립역사박물관으로 향했다.

황금 가면이 있는 국립역사박물관

국립역사박물관은 알라 투 광장에서 마나스 동상의 뒷배경을 이루고 있는 건물이다. 1984년에 레닌 박물관으로 지어졌다가 소련으로부터 독립한 후에 키르기스스탄 국립역사박물관(National Historical Museum of the Kyrgyz Republic)으로 이름이 바뀌었다.

|**알라르차 국립공원**|입구 좌측에 세워져 있는 눈표범 조각상이 보이고, 펼쳐지는 풍경은 마치 스위스에 온 기본을 느끼게 한다.

황금빛 찬란한 샴시 유적의 황금 가면

박물관 입구에서 오른쪽 통로로 들어가면 고대의 황금 유물을 전시해 놓은 홀이 나온다. 키르기스스탄 이식쿨 호수의 서쪽에 있는 샴시(Shamshi) 유적지에서 출토된 황금 가면이 대표적인 유물이다. 황금 가면은 샴시 유적지에서 발굴된 여러 황금 유물들과 함께 전시되어 있는데, 황금 가면이 전시된 방에는 안으로 들어갈 수 없고 밖에서 바라보아야 한다. 관리인들이 지키면서 사진도 찍지 못하게 했다. 사진을 찍어도 황금 가면의 모습은 가려져 나오질 않는단다. 황금 가면에 대한 신비감을 더하게 한다.

검은색 벽면 안에 멀리에서 금빛을 뿜어내는 황금 가면의 모습에 탄성이 절로 나왔다.

"아! 이것이 황금 가면의 진짜 모습이구나!"

책이나 언론지상에 소개된 이 황금 가면의 사진을 본 적이 있지만 실제로 보는 황금 가면은 그 모습이 완전히 달랐다. "황금이 이렇게 아름다운 것이구나!" 하는 생각이 새삼 들었다.

이 황금 가면은 5~6세기 몽골-튀르크계 국
가로 알려진 유연(柔然, Rouran, 330~552)[36]
시대의 것으로 추정되는 유물인데 1958년
키르기스스탄의 추이(Chui)주에 있는 샴시
지역 무덤에서 출토되었다.

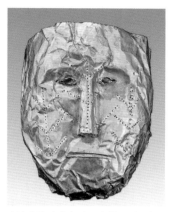

실제 황금 가면으로부터 느껴지는 감
흥과는 전혀 다르지만, 황금 가면에 대한

|샴시 유적에서 발굴된 황금 가면|사
진: Dr. Christoph Baumer

설명을 위해 'History of Central Aisa: The age of the Silk Roads'라는 책자
(2014년 판)에 나오는 황금 가면 사진을 여기에 소개한다.

황금 바탕에 3개의 나뭇가지로 보이는 디자인이 작은 구멍을 뚫어 표현
되어 있으며 그 구멍들은 흰색으로 칠해져 있다. 가지 두 개는 뺨에 새겨져
있고 다른 한 가지는 코에서부터 이마까지 연결되어 있다. 이 나뭇가지 도
안에 대해서는 '생명의 나무'로 사후 세계에서의 부활을 위해 새겨 넣었다
든가, 사슴뿔을 형상화한 것이라든가 하는 다양한 학설이 있다.

여타 지역에서도 몽골-튀르크계 황금 가면들이 출토되었는데 이들은 모
두 투박한 남성 모습임에 반해 샴시 유적지에서 출토된 황금 가면은 갸름
한 여성의 모습이라 주인이 여성이었을 것으로 추정하는 학자들이 많다.
어쨌든 이러한 황금 가면은 황금을 영원불멸한 것으로 신성시했던 북방 유
목민족, 그중에서도 몽골-튀르크계의 매장 풍습 중 하나로 본다.

---

36) 유연은 4세기에서 6세기 중반까지 동아시아 북쪽의 넓은 지역을 통치하던 몽골-튀르크계 국가
이다. 유연(柔然)은 이 국가의 이름을 한자로 차음한 것이다.

| **동복과 기마 인물상** | 왼쪽 사진은 키르기스스탄 국립역사박물관에 전시되어 있는 사카족이 사용한 동복이고 오른쪽 사진은 경주 금령총에서 발굴된 토기 기마 인물상이다. 기마 인물의 뒤쪽에 동복이 보인다.

북방 유목민족의 휴대용 취사도구인 동복(銅鍑)

역사박물관에서 눈에 띈 또 하나의 유물은 북방 유목민족들이 이동 중 천신에게 올리는 제사 음식 등을 끓일 때 사용하던 휴대용 솥인 동복(銅鍑)이다. 기원전 8세기~기원전 3세기에 키르기스스탄 지역에서 스키타이의 일족인 사카족이 활동하던 시기에 만들어진 것으로 기록되어 있다. 시기는 초기 철기시대인데 청동기로 만들어진 것이었다.

동복은 우리나라에서도 다수 출토된 유물이다. 원래 청동으로 제작되어 '동복(銅鍑)'이라고 명명되었으나 철기시대에 만들어진 철제 동복도 발굴되고 있다. 위의 오른쪽 사진은 경주 금령총에서 출토된 토기로 만든 기마 인물상(국보 제91호)이다. 이 사진에서 말을 탄 인물이 뒤에 달고 다니는 솥과 같은 것이 있는데 그것이 바로 동복이다. 이 기마 인물은 머리 뒤가 편편한 편두(扁頭) 두상을 하고 끝이 뾰족한 고깔 형태의 모자를 쓰고 있는 북방 유목민족의 모습 그대로이다. 이런 전형적인 북방 유목민족의 기마 인물상이 어떻게 신라에서 만들어졌던 것일까? 이 의문에 대해서는 앞으로 중앙아시아 여행을 계속하면서 이야기해 보려고 한다.

비슈케크 근교에서 발굴된 십자가 도안들

국립역사박물관에는 비슈케크 근교에서 발견된 십자가 도안들도 전시되어 있는데 중세 시대 이 지역에서 선교 활동을 했던 네스토리우스파 기독교(Nestorianism) 선교사들이 사용했던 것으로 추정하고 있다.

|**십자가 도안들**|네스토리우스파 기독교 선교사들이 사용했을 것으로 추정되는 비슈케크 근교에서 발견된 십자가 도안들이다.

네스토리우스파 기독교는 중국에서는 경교(景敎)라고 불렸는데 비잔틴 제국의 수도 콘스탄티노폴리스의 총대주교인 네스토리우스(?~451)가 주창한 신학을 따르는 기독교 종파를 말한다. 삼위일체설을 인정하나 예수 그리스도를 완전한 신격(神格)으로 인정하지 않고 인격(人格)과 신격의 결합체로 봄으로써, 431년 에페소스 공의회에서 이단으로 결정되어 파문된 후, 동방으로 진출하여 선교 활동을 한 기독교 종파이다. 실크로드 상에서 발굴되는 기독교 교회는 모두 네스토리우스파 기독교 교회이다. 이같이 실크

|**레닌 동상과 마르크스 · 엥겔스 동상**|왼쪽 사진은 국립역사박물관 뒤쪽으로 이전하여 세워진 레닌 동상이고, 오른쪽 사진은 마르크스와 엥겔스가 다정하게 이야기를 나누고 있는 동상이다.

로드를 통해서는 상업적인 무역 거래만 이루어진 것이 아니라 새로운 사상과 지식, 그리고 종교도 전파되었음을 알 수 있다. 이것이 우리가 실크로드를 '동 · 서양 간 문화교류의 길'이라고 부르는 이유이다.

키르기스스탄의 역사를 읽을 수 있는 비슈케크의 동상들

비슈케크 거리를 거닐다 보면 키르기스 민족의 영웅인 마나스를 비롯하여 역사상 위대한 키르기스인의 동상들이 많이 세워져 있다. 우리는 이 동상들을 통해 키르기스스탄 국민의 마음과 사회상을 읽을 수 있다.

레닌 동상과 마르크스 · 엥겔스 동상

국립역사박물관 뒤에는 소련 공산당 창립자인 레닌(Vladimir Lenin)의 커다란 동상이 자리 잡고 있다. 이 동상은 원래 알라 투 광장의 마나스 동상이 있는 자리에 있었는데 현재는 이곳으로 옮겨져 있다. 1991년 소련 붕괴 직후 중앙아시아의 다른 나라에서는 레닌 동상이 사라졌는데 키르기스스탄에서는 레닌 동상이 철거되지 않고, 원래 있던 장소에서 오랜 기간을 존속하다가 2003년이 되어서야 이곳으로 자리를 옮겨 세워져 있다. 이것은 키르기스스탄 사회에서의 레닌에 대한 평가가 다른 중앙아시아 국가들과 차이가 있음을 의미한다.

1916년 제정 러시아가 독일과의 전쟁에서 키르기스인들을 방패 역할로 이용하려는 것에 저항하여 일어난 '피의 항쟁'을 종식시켜 준 사람이 바로 레닌이었다. 그래서 키르기스스탄 국민의 레닌에 대한 여론은 우호적이었고 이를 의식한 키르기스스탄 정부는 고심을 거듭한 끝에, 철거하는 대신 이곳으로 이전하는 것으로 결론을 내렸다고 한다.

비슈케크에는 레닌 동상만 아니라 마르크스주의의 창시자인 독일 철학자 칼 마르크스(Karl Marx)의 동상과 그와 함께 마르크스주의의 기초를 세운 독일의 철학자이자 경제학자인 프리드리히 엥겔스(Friedrich Engels)의 동상도 있다. 이 두 사람이 다정하게 이야기를 나누고 있는 동상이 비슈케크 중심가의 오크 파크(Oak Park)에 세워져 있다. 이 자리에는 과거에 스탈린의 동상이 있었는데 독립 후 이 마르크스 · 엥겔스 동상으로 대체되었다고 한다. 레닌 동상과 마르크스 · 엥겔스 동상으로 우리는 키르기스스탄 사회가 스탈린 정권 같은 공산 독재 정권은 배격하지만, 공산주의나 사회주의 자체에 대해서는 큰 거부감이 없음을 읽을 수 있다.

'위대한 키르기스스탄의 예술가' 톡토굴

키르기스 국립 오페라 · 발레 극장 옆에는 키르기스스탄의 민속악기인 코무즈(Komuz)를 들고 있는 인물의 동상이 있다. '위대한 키르기스스탄의 예술가'로 추앙받고 있는 톡토굴 사틸가노프(Toktogul Satylganov, 1864~1933)

|**인민들 속의 톡토굴**|인민들에게 시와 연주를 들려주고 있는 톡토굴을 묘사한 세미용 추이코프의
그림이다. 출처: 키르기스 국립미술관

의 동상이다. 그는 키르기스스탄에서 가장 유명한 음유시인이자 코무즈 연
주자였다.

그는 가난한 사람들을 모아놓고 시와 연주를 자주 들려주었는데 '인민들
속의 톡토굴'이라는 유화 작품은 키르기스스탄 근대 미술의 선구자 중 한
사람인 세미용 추이코프가 이러한 톡토굴의 모습을 화폭에 담은 것이다.
'튤립 혁명' 등 시민혁명을 통해 민주주의를 추구해 온 키르기스인들의 민
주적 사고는 톡토굴로부터 시작되었다고 할 정도로 그는 민주주의적 성향
을 지닌 인물이었다고 한다. 그는 시를 통해 키르기스인들을 선동하여 제
정 러시아에 대항케 했다는 이유로 체포되어 1933년 감옥에서 사망한다.
현재 키르기스스탄에서는 국민적 영웅으로 추앙되고 있으며 100솜짜리 지
폐 속의 인물이기도 하다.

키르기스 여성의 상징, 쿠르만잔 다트카

마나스 동상에서 국립역사박물관을
바라보고 오른쪽으로 들어가면 키르
기스스탄 역사상 가장 유명한 여성인
쿠르만잔 다트카(Kurmanjan Datka,
1811~1907)의 동상이 나온다. 2011년
에 탄생 200주년을 기념하여 그해를
'쿠르만잔 다트카의 해'로 선언하여 축
하할 정도로 그녀는 키르기스스탄 여
성 중 가장 위대한 인물로 추앙받고
있다. 2014년에는 그녀의 생애를 그린
〈산의 여왕(Queen of Mountain)〉이라
는 제목의 영화가 만들어지기도 했다.

**쿠르만잔 다트카의 이야기를 다룬
〈산의 여왕〉 영화 포스터**

그녀는 18세 때 부모가 정한 결혼을 당당히 거부하고 알라이(Alai) 지방
으로 떠난다. 당시 키르기스 사회에서는 상상할 수 없는 일이었다. 그리고
그곳에서 자신이 사랑한 그 지역의 통치자와 결혼한다. 1862년 남편이 살
해되자 그녀는 남편의 뒤를 이어 '다트카(Datka, 장군)'라는 칭호를 가진 알
라이 지방의 통치자가 되었으며 제정 러시아의 침략에 현명하게 대처하여
그 지역을 전쟁의 참화와 파괴로부터 구했다고 한다. 키르기스스탄 국민은
강인하고 용감하며, 전통적인 관습을 과감히 거부하면서 자아(自我)를 실
현하는 삶을 산 그녀를 '가장 모범적인 키르기스 여성'으로 존경하고 있다.

'키르기스스탄의 대문호(大文豪)' 칭기즈 아이트마토프

마나스 동상에서 앞을 바라보면 멀리 반대편에 동상 하나가 서 있다. '키르기스스탄의 대문호' 칭기즈 아이트마토프(Chingiz Aitmatov)의 동상이다.

1928년 키르기스스탄 탈라스 계곡의 작은 산간 마을인 셰케르에서 태어난 그는 1958년 〈자밀라(Jamilia)〉라는 소설을 발표하여 프랑스를 비롯한 유럽에서 큰 반향을 일으킨다. 프랑스 시인 루이 아라공(Louis Aragon, 1897~1982)은 이 작품을 "세계에서 가장 아름다운 사랑 이야기"라고 극찬하였다. 이 작품은 우리나라에서도 번역, 출간되었는데 그는 이 소설로 1963년 구소련 시절 최고의 영예인 '레닌 상'을 수상한다.

칭기즈 아이트마토프 동상

전쟁에 나간 남편을 배신하고 자신의 사랑을 찾아 떠나는 여인의 삶을 다룬 소설 '자밀라'는 당시 무슬림이 다수인 남성 중심의 키르기스스탄 사회에서 격론을 불러일으켰다. 이후에도 그는 여러 주제를 다루면서 작품활동을 계속하여 〈첫 선생님〉을 비롯한 많은 뛰어난 작품들을 남겼다.

〈자밀라〉와 〈첫 선생님〉을 비롯한 그의 소설 다수가 영화로 제작되었는데 자신 작품의 영화촬영 현장을 보기 위해 러시아를 방문했다가 신부전증으로 쓰러진 뒤 2008년 5월 79세의 나이로 독일에서 사망한다. 그가 사망한 2008년에 그는 노벨 문학상 예비 수상자 명단에 올랐으나 죽음으로 인해 수상까지는 이르지 못하였다.

세상에서 가장 아름다운 사랑 이야기 〈자밀라〉

소설 〈자밀라〉는 '키르기스스탄의 대문호' 칭기즈 아이트마토프가 1958년에 발표한 제2차 세계대전 시기 키르기스스탄의 농촌을 배경으로 한 로맨스 소설이다. 자밀라는 남편이 전쟁에 나가 있는 동안 키르기스스탄의 전통적인 가정에서 살고 있었다. 그러던 중 전쟁에서 부상하여 전역한 다니야르라는 청년과 집단농장에서 함께 일하다가 두 사람은 사랑에 빠지게 되고 마침내 함께 마을을 떠난다.

|영화 〈자밀라〉의 한 장면|자밀라와 다니야르가 자신들의 사랑을 찾아 마을을 떠나고 있다.

자밀라가 다니야르와 함께 마을을 떠나는 것을 본 그녀의 시동생인 세이트는 그동안 자신이 형수인 자밀라를 사랑했다는 것을 깨닫는다. 형수인 자밀라에 대한 이루어질 수 없는 사랑을 통해 자신의 예술적 재능을 발견

했던 세이트도 자신이 원하는 화가의 길을 걷기 위해 마을을 떠난다.

전쟁에 나간 남편을 배신하고 자신의 사랑을 찾아가는 자밀라와 형수인 자밀라를 연모하는 세이트의 행동은 당연히 부도덕하고 비윤리적이지만, 이 소설은 자밀라와 세이트의 삶을 통해 자신의 의지와는 상관없이 전통적인 관습을 맹목적으로 따르던 당시의 키르기스스탄 국민에게 "전통적인 관습에 과감히 도전하여 자신이 원하는 주체적인 삶을 살아가야 한다"는 시대적 메시지를 던진 것이다.

영화 〈자밀라〉에서는 키르기스스탄의 세계적인 영화배우 수이몬쿨 초크모로프(Suimonkul Chokmorov)가 러시아 여배우 나탈리야 아린바사로바와 함께 주연을 맡았다. 수이몬쿨 초크모로프는 많은 예술 영화에 출연하여 여러 차례 수상하였으며 1977년 제10회 모스크바 국제 영화제 심사위원으로도 활동하였다. 1992년 52세의 나이로 사망한 그는 키르기스스탄의 5,000솜 지폐 속의 인물이다.

키르기스스탄의 대표적인 민속 공예 예술

칭기즈 아이트마토프의 동상을 보고 옆에 있는 기념품 가게를 들렀다. 그곳에는 여러 가지 기념품을 팔고 있었는데 필자의 관심을 끄는 상품이 두 가지 있었다. 하나는 키르기스스탄의 전통 수공예인 알라키이즈(Ala-kiyiz)와 쉬르닥(Shyrdak) 제품이었고 다른 하나는 전통 남성 모자인 칼팍(Kalpak)이었다.

알라키이즈와 쉬르닥

키르기스스탄에서는 양모로 만든 전통 수공예인 알라키이즈와 쉬르닥이 유명하다. 비슈케크의 상점에 가면 알라키이즈와 쉬르닥 제품들을 쉽게 만날 수 있는데, 알라키이즈는 문자 그대로 '알록달록한 펠트(felt)'[37]라는 의미로 한 겹으로 되어 있다. 반면 쉬르닥은 펠트를 한 겹 더 대어 두 겹으로 만들어 도드라진 고급스러운 느낌을 준다.

알라키이즈 카펫과 쉬르닥 카펫은 모두 결혼할 때 신부의 혼수 품목이었다고 한다. 키르기스인의 펠트 카펫은 집 안을 따뜻하게 하고 아름답게 하는 용도로 사용되었다. 알라키이즈는 대개 부엌이나 현관 근처에 깔았고, 쉬르닥은 제작 과정이 복잡하고 값도 비싸므로 집 안에서도 가장 중요하다고 생각되는 장소에 사용하였다고 한다.

오늘날 알라키이즈와 쉬르닥 전통 기능보유자의 수가 점차 줄어들고 있고, 시장에서는 일반적으로 양모가 아닌 화학섬유 소재로 만들기 때문에

---

37) 펠트는 양모 또는 양모와 다른 섬유를 혼합한 섬유를 사용하여 만드는 직물이다. 탄성과 충격에 대한 쿠션 효과가 좋고 매우 따뜻하다.

양모를 이용하여 만드는 전통 기술 보존 여건이 나빠지고 있다고 판단한 유네스코는 2012년 알라키이즈와 쉬르닥을 '인류무형문화유산 긴급 보호 목록'에 등재하여 이 기술을 보호하고 있다. 비슈케크 거리 상점에서 볼 수 있는 제품들은 대개 화학섬유 소재로 만들 제품이다.

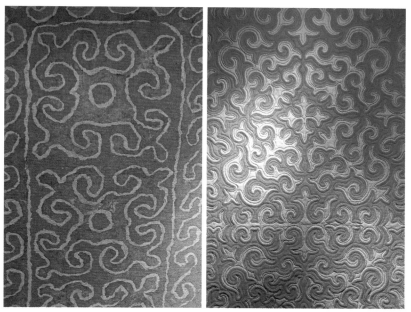

|**알라키이즈와 쉬르닥**| 왼쪽 사진은 펠트가 한 겹으로 된 알라키이즈 방식의 카펫이고, 오른쪽 사진은 펠트를 두 겹으로 한 쉬르닥 방식으로 만든 펠트 카펫이다.

천손(天孫)이 쓰는 칼팍과 편두 풍습

비슈케크 시내에서 흔히 볼 수 있는 기념품 중 또 하나는 흰색 펠트로 만든 남성용 전통 모자인 칼팍(Kalpak)이다. 칼팍 공예는 관련 공예가들에 의해 대대로 전승되면서 그 기술이 축적되고 끊임없이 발전되어 현재 유네스코 무형문화유산에 등재되어 있다.

|**남성용 전통 모자 칼팍**|흰색 펠트로 만드는 칼팍 공예는 유네스코 무형문화유산이다.

칼팍은 머리의 뒷부분이 편편하고 길쭉한 두상인 편두(扁頭)에 알맞은 고깔모자다. 앞에서 본 신라 시대에 만들어진 기마 인물상이 쓰고 있던 바로 그 모자의 현대판이다. 고대 키르기스 인들은 자신들이 천손(天孫)이라는 자긍심을 가지고 자신들이 하늘의 계시를 받을 수 있는 특수한 계급이라는 점을 강조하기 위해 어린이가 태어나면 머리통을 눌러서 머리 뒷부분을 편편하게 하고 두상을 뾰족하게 만들었다고 한다.

중국의 역사서인 〈위지동이전(魏志東夷傳)〉에 의하면 한반도에서도 삼한(三韓) 시대, 즉 진한, 마한과 변한에 편두 풍습이 있다고 기록하고 있다. 이러한 편두 풍습은 한반도뿐만 아니라 톈산산맥 주위의 여러 민족에서 행하던 풍습인데, 특히 키르기스 민족에게서 두드러졌다고 한다. 당나라 고승 현장(玄奘)도 그의 인도 여행 견문기인 〈대당서역기〉의 '카슈가르 편'에서 "그들은 자식을 낳으면 머리를 눌러서 편편하게 만드는 풍습이 있다"라고 이 지역에서의 편두 풍습을 언급하고 있다. 그러나 현재는 우리나라와 마찬가지로 키르기스스탄에서 편두 풍습을 찾아보기 어려웠다.

유럽 문화가 공존하고 있는 비슈케크

키르기스스탄 비슈케크에서는 의외로 유럽 문화를 곳곳에서 느낄 수 있었다. 그것은 오랫동안 러시아 문화 속에서 살아왔었기 때문일 것으로 보인다. 비슈케크에서 만날 수 있는 유럽 문화는 키르기스스탄에 대한 독자분들의 인식에 변화를 줄 수도 있을 것 같아, 필자가 비슈케크에서 경험한 유럽 문화를 여기에 잠시 소개하고자 한다. 비슈케크의 유럽 문화는 키르기스 국립미술관 주변에서 쉽게 찾아볼 수 있다.

키르기스 국립미술관

다음 날 오전 키르기스 국립미술관을 찾았다. 이 미술관의 정식 명칭은 키르기스스탄 근대 미술의 선구자 중 한 사람인 가파르 아이티에프의 이름을 딴 '가파르 아이티에프 키르기스 국립미술관(Gapar Aitiev Kyrgyz National Museum of Fine Arts)'이다.

가파르 아이티에프 키르기스 국립미술관 전경

이 미술관은 1935년 1월에 개관되었는데 1974년에 현재의 건물로 이전하였다고 한다. 초기에 소장된 작품들은 소련의 미술관과 박물관들로부터 선물 받은 작품들이었는데 이후 점점 많은 작품을 구입하여 이제는 20,000여 점에 이르는 작품을 소장하고 있다.

〈키르기스스탄 근대 회화의 선구자들〉

이 미술관 개관에는 여러 키르기스스탄 미술가들의 도움이 컸는데, 그중에서 가장 크게 기여한 두 명의 키르기스스탄 근대 회화의 선구자를 여기에 소개하고자 한다.

가파르 아이티에프의 1938년 작 '운동선수'

먼저 소개할 인물은 이 미술관의 이름에 나와 있는 가파르 아이티에프(Gapar Aitiev, 1912~1984)이다. 모스크바 미술대학에서 공부한 그는 러시안 리얼리즘과 네오리얼리즘[38]을 혼합한 화풍으로 키르기스스탄의 아름다운 자연과 키르기스인들의 일상을 주로 묘사한 화가로 키르기스스탄의 근대 미술형성과 발전에 지대한 영향을 미친 인물이다. 그는 1967년 '톡토굴 키르기스스탄 상'을 수상하고 '레닌 훈장'도 받았으며 소련의 '인민예술가' 칭호도 받았다.

두 번째로 소개할 작가는 키르기스스탄 화가 중 가장 탁월한 능력을 보여준 화가로 평가받고 있는 세미용 추이코프(Semyon Afanasevich Chuikov, 1902~1980)이다. 10살 때부터 예술 세계에 발을 들여놓은 그는 1920년부터 타슈켄트의 '투르키스탄 아트 스쿨'에서 수학하고 1927년에는 키르기스스탄 예술가로 '소비에트 연방 예술전'에 참여하는 등 젊은 시절부터 활발한 예술 활동으로 재능을 인정받은 화가이다. 그는 1934년 '키르기스 예술가 연맹'을 설립하고 1935년에는 후에 '추이코프 예술학교'가 되는 아트 스튜디오를 개설하는 등 키르기스스탄의 예술 발전에 크게 기여한다.

그의 작품 중에서 가장 유명한 작품은 1958년 벨기에에서 개최된 '브뤼셀 국제 아트페어'에서 금메달을 수상한 '키르기스스탄의 딸(Daughter of Soviet Kyrgyzstan)'이다. 이 작품은 순박하고 신선한 느낌을 주는 시골 여학생의 모습을 묘사한 그림인데 소련의 '중앙아시아 사회주의 승리' 홍보 포스터로 사용되기도 했다. 그렇지만, 그가 묘사한 소녀는 사회주의 이념과는 상관없는 순박한 키르기스스탄 소녀 그 자체이다. 주로 대상들의 내적인 정신세계를 그려내는 그의 작품들은 키르기스 국립미술관을 포함한 많은 세계 주요 박물관에 소장되어 있다.

---

38) 러시아 회화에서 네오리얼리즘은 현실이 일상처럼 반영된 회화를 추구하고 인간의 일상을 그대로, 즉 리얼하게 표현하는 사조를 말한다.

추이코프의 1947년 작 '키르기스스탄의 딸'

〈유명 영화배우이자 화가인 수이멘쿨 초크모로프〉

　국립미술관의 작품들을 천천히 감상하고 있는데 특별히 필자의 눈에 들어오는 작품 한 점이 있었다. 아이를 돌보고 있는 여인을 푸른색 배경에 거칠고 강렬한 스트로크로 그려 낸 '어머니(mother)'라는 작품이었다.

　작가가 묘사한 어머니는 자애로운 어머니 모습이라기보다는 카리스마 넘치는 강인한 유목민 여인의 모습이다. 타슈켄트의 우즈베키스탄 국립예술박물관에서 감상한 라힘 아흐메도프의 '생각에 사로잡힌 어머니'의 이

미지와는 완전히 다른 어머니다. 아이도 어머니에게 보채지도 않고 잘 놀고 있는데 몸이 튼튼하다. 필자는 이 그림을 통해 상대적으로 정주 생활에 익숙했던 우즈베키스탄인들과는 다른, 유목민 성향이 강한 키르기스인 어머니의 모습을 읽을 수 있었다.

그런데 이 그림을 그린 화가의 이름을 보니 어디서 들어본 듯한 이름이다.

수이멘쿨 초크모로프의 '어머니'

"수이멘쿨 초크모로프(Suimenkul Chokmorov)!"

키르기스스탄이 낳은 대문호인 칭기즈 아이트마토프의 소설을 영화화한 영화 〈자밀라〉에서 남자 주인공 역을 맡은 바로 그 유명한 배우이다.

수이멘쿨 초크모로프는 세계적인 명성을 얻은 배우이기도 하지만 '레닌그라드 예술 아카데미'에서 미술 공부를 하고 비슈케크의 '프룬제 예술학교'에서 미술 교사를 한 바 있는 유명한 화가이기도 했다. 우리나라에도 유명 연예인 중에 회화에 뛰어난 능력을 보여주는 사람들이 많은데 수이멘쿨 초크모로프도 남다른 감성을 지니고 다방면에 뛰어난 능력을 보여준 예술가였던 것 같다.

| 세미용 추이코프 하우스 뮤지엄 외부와 내부 | 오른쪽 사진 멀리에 세미용 추이코프의 유명한 작품인 '키르기스스탄의 딸' 스케치가 보인다. 그리고 좌측 벽에는 인도와 프랑스를 여행하면서 그린 그림들이 전시되어 있다.

세미용 추이코프 하우스 뮤지엄

국립미술관을 관람하고 '세미용 추이코프 하우스 뮤지엄(The House Museum of Semyon Chuikov)'을 찾아 나섰다. 주택을 개조하여 만든 박물관이라 그런지 주소를 가지고 찾는데도 만만치 않았다. 한참 헤매다가 드디어 하얀색으로 깨끗하게 단장된 이 박물관을 찾았다.

이곳은 세미용 추이코프가 타슈켄트의 '투르키스탄 아트 스쿨'에서 만난 동료 화가이자 부인인 예브게니 말레이나(Yevgeny Maleina)와 1949부터 1979년까지 30년간 거주하였던 집인데 그가 사망한 지 7년이 지난 1987년 그의 생일을 기해 박물관으로 새롭게 태어났다.

3개의 방으로 구성된 이 조그만 박물관은 그의 60년 화가로서의 경력과 키르기스스탄의 미술 발전 과정을 보여주는 적지 않은 자료들이 있다. 이곳에서 소장하고 있던 그의 가장 유명한 작품이었던 '키르기스스탄의 딸'은 현재는 키르기스 국립미술관으로 이전되었고, 이곳에는 이 그림의 스케치만 남아 있다.

세미용 추이코프는 인도를 여행하면서 인도인의 생활상을 담백하게 그려

| **키르기스 국립 오페라·발레 극장** | 그리스 스타일의 기둥에 그리스 신화의 뮤즈들을 표현하는 전형적인 그리스 건축양식으로 지어진 아름다운 건물이다. 건물 외부에는 공연 현수막이 걸려 있다.

1967년에 소비에트 연방 화가로는 처음으로 인도 정부로부터 '네루 (Jawaharlal Nehru) 상'을 수여 받았는데 이 인도 시리즈 작품들을 이곳에서 감상할 수 있다. 그리고 이곳에는 '키르기스스탄의 딸' 그림의 모델과 작가가 함께 찍은 사진도 있고 프랑스를 여행하면서 그린 그림들도 감상할 수 있다.

그리스 전통 건축방식으로 지어진 국립 오페라·발레 극장

키르기스 국립미술관 근처에 키르기스 국립 오페라·발레 극장(Kyrgyz National Opera and Ballet Theatre)이 있다. 이 건물은 라부렌코(L. Laburenko)라는 건축가에 의해 지어졌는데 그리스 스타일의 기둥에 그리스 신화의 뮤즈 들을 표현하는 등 전형적인 그리스 전통 건축양식으로 지어진 건축물이다.

|**국립 오페라·발레 극장의 내부 복도**|내부 복도에는 극장의 설립과 공연 관련 유명 인사들의 초상화가 전시되어 있다.

　비슈케크를 방문한 날 저녁에 시간을 내어 이 극장의 공연을 관람했다. 각 층의 복도에는 극장의 설립과 공연에 관련된 유명 인사들의 초상화가 전시되어 있고, 2층에는 별도의 넓은 공연장도 있었다.

　원래 비슈케크에서 발레 공연을 보고자 했지만, 일정이 맞지 않아 록 뮤지컬 형태의 공연을 보게 되었다. 프레디 머큐리(Freddie Mercury)를 중심으로 결성된 록 밴드 '퀸(Queen)'의 음악을 위주로 한 뮤지컬이었는데 현지어로 해서 내용을 알아듣지 못해 다소 아쉬움이 있었지만, 공연은 수준급이었다. 우리나라의 영화 한 편 가격 정도로 이렇게 훌륭한 극장에서 뮤지컬 공연을 볼 수 있다는 것이 믿기지 않았다. 국립 오페라·발레 극장의 화려한 내부와 훌륭한 공연을 함께 즐긴 너무나 만족스러웠던 저녁이었다.

| **록 뮤지컬 공연** | 국립 오페라·발레 극장에서의 록 뮤지컬 공연 포스터와 공연 모습이다.

키르기스스탄의 세계적인 발레 무용수 동상

국립 오페라·발레 극장 주변에는 키르기스스탄의 유명한 발레 무용수의 동상들이 세워져 있다. 이 극장과 하얏트 호텔 사이에 있는 그리 크지 않은 공원에 키르기스스탄의 세계적인 발레리나인 부부사라 베이셰날리예바(Bubusara Beyshenalieva, 1926~1973)의 동상이 있다. 그리고 국립 오페라·발레 극장의 정문 맞은편 공원에는 유명한 발레리노였던 촐폰벡 바자르바예프(Cholponbek Bazarbaev, 1949~2002)의 동상도 세워져 있다.

부부사라 베이셰날리예바는 오랫동안 키르기스스탄 발레의 '프리마돈나'로 여겨졌던 발레리나로 〈백조의 호수〉, 〈로미오와 줄리엣〉, 〈잠자는 미녀〉 등에서 주연을 맡아 세계 각국을 순회공연 하면서 국제적인 명성을 얻은 발레리나였다. 46세라는 젊은 나이에 암으로 세상을 떠난 이 전설적인 발레리나를 기념하기 위해 키르기스스탄의 비슈케크에는 그녀의 이름을

|발레 무용수 동상들| 왼쪽은 부부사라 베이셰날리에바의 동상이고 오른쪽은 촐폰벡 바자르바예프의 동상이다.

딴 거리가 만들어졌고 키르기스스탄 국립예술원도 그녀의 이름을 따라 명명되었으며 5솜 지폐에는 그녀의 초상화가 그려져 있다.

한편, 촐폰벡 바자르바예프는 그 재능을 인정받아 32세에 키르기스스탄 발레리노로는 처음으로 소련의 '인민예술가' 칭호를 받은 남성 무용수이다. 그의 이름을 붙인 비슈케크 발레학교에서는 지금도 키르기스스탄의 발레 무용수들을 키워내고 있다. 그도 2002년 젊은 나이에 교통사고로 사망하였다.

키르기스스탄에서 '퀸'의 음악으로 만든 록 뮤지컬 공연을 그리스풍의 화려한 오페라·발레 극장에서 관람할 수 있고, 키르기스스탄이 여러 세계적인 발레 무용수들을 배출하였다는 사실은 필자에게는 신선한 충격이었으며, 키르기스스탄에 대해 필자가 가지고 있었던 인식이 현실과 상당한 차이가 있음을 느끼게 해 주었다.

프룬제 레스토랑 전경 │ 유럽식 건축물의 1층에 있는 프룬제 레스토랑은 외관부터 고급스럽다.

비슈케크에서 즐긴 유럽식 요리

비슈케크에 며칠간 체류하면서 매일 현지 음식만 먹다 보니 싫증이 나서 점심시간에 유럽식 레스토랑을 찾았다. 비슈케크의 국립미술관 주변에는 의외로 유럽식 레스토랑이 많이 보였다. '사이클론(Cyclone)'이라는 이름의 조그마한 레스토랑에 들어갔는데 조용하고 분위기도 좋았다.

스파게티를 주문하여 먹었는데 음식도 맛이 있었고 가격도 예상외로 아주 저렴하였다. 점심시간이라 마시지는 않았지만, 와인도 제법 비치되어 있었다. 여행하다가 현지 음식에 질리고 한식당을 찾기 어려울 때는 점심 식사를 이런 레스토랑에서 간단히 해도 좋을 것 같다는 생각이 들었다.

유럽식 레스토랑에서의 점심 식사 가격이 의외로 저렴하고 음식 맛도 괜

찮아서 다음 날에는 용기를 내어 구글에서 'Italian restaurants in Bishkek'이라고 쳐서 찾은 프룬제(Frunze)라는 한 고급 레스토랑에 저녁 예약을 하고 그곳에 들렀다.

프룬제 레스토랑에 도착하니 레스토랑 건물의 외관이 상당히 고급스러워 보였다. 유럽식 건축물의 1층에 있는 레스토랑 문 앞에서 멋진 여성의 안내를 받아 식당 안으로 들어가니 상당히 넓은 홀에 이미 많은 손님이 식사하고 있었다. 대부분이 현지인들로 가족과 함께 저녁 식사를 즐기고 있었다. 벽면에는 다양한 그림이 전시되어 있어 분위기를 한층 고급스럽게 만들어 주었다.

|**프룬제 레스토랑 내부**|레스토랑 내부는 샹들리에들과 유화들로 화려하게 꾸며져 있다

연어 타르트와 양갈비를 주문하고, 저녁이라 이번에는 와인도 한잔 마시

려고 와인 리스트를 요청하니 긴 와인 리스트를 내놓았다. 세계 각국의 와인과 함께 부담 없는 가격의 조지아(Georgia) 와인도 많이 있었다. 와인은 몬테풀치아노 다브루조(Montepulciano d'Abruzzo)라는 이태리 와인을 주문하였다.

요리들이 잘 플레이팅 되어 나왔으며 맛도 상당히 좋았다. 그리고 와인은 과거에 한국과 외국에서 필자가 마셔 본 같은 와인 중에서 품질이 가장 좋은 것 같았다. 이렇게 사치스럽게 먹었는데도 서울에서 평범한 양식당에서 저녁 식사만 했을 때의 가격 정도여서 기분이 더 좋았다. 여행 중 보기 드물게 누려 본 호사였으며 가성비 높은 멋진 식사였다. 비슈케크에 이렇게 유럽 문화가 광범위하게 공존하고 있음은 새로운 발견이었고 비슈케크에서 사흘을 머무는 동안 하루하루를 예상하지 못한 즐겁고 멋있는 시간을 보냈다.

키르기스스탄의 개방적 이슬람 문화

비슈케크에서는 키르기스스탄이 우리가 생각하는 이슬람 사회와는 크게 차이가 있음을 느낀다. 술도 마음대로 마시고 하루에 5번 예배 시간을 알리는 아잔(adān) 소리도 들리지 않았다. 이슬람교도가 대부분이지만 헌법상 세속주의 국가인 튀르키예의 이스탄불에서 필자가 살면서 느꼈던 것보다도 훨씬 더 세속적이고 개방적이다. 필자가 사우디아라비아와 아랍 에미리트와 같은 중동 국가를 여행하였을 때와는 전혀 다른 분위기였다.

"여기도 이슬람교도가 많은 지역인데 왜 중동 지역을 여행할 때 느끼는 문화적 차별성 같은 것을 느끼지 못하는 것일까?" 하는 의문이 들었다.

많은 학자는 그 이유로 중앙아시아 이슬람은 중동의 이슬람과 달리, 이슬람 율법을 존중은 하되 이에 얽매이지 않고, 내면적 각성을 통해 신과 합일하는 것을 최상의 가치로 여기는 수피즘(Sufism)이 지배적인 것을 하나의 이유로 들고 있다. 또 이슬람이 중앙아시아로 전파되는 과정에서 텡그리즘(Tengrism)[39]이나 샤마니즘, 조로아스터교 등 기존 토착 신앙을 모두 수용한 결과로 분석하는 학자들도 있다. 그리고 무신론적인 세계관을 가졌던 소연방 체제에서 오랫동안 살아온 것도 중요한 이유 중 하나로 꼽고 있다.

특히 키르기스스탄인들에게 서사시 '마나스'는 하나의 종교 경전과도 같다. 유목 세계의 질서 유지를 위한 고유한 법칙은 이슬람 교리보다 더 중요한 생활 철학으로 받아들인다. 따라서 이 '마나스'가 가르치는 생활 규범이 키르기스스탄의 이슬람 사회를 형성하는 데 큰 영향을 주었다고 보고 있다. 특히 서사시 '마나스'에는 여성 전사(女性戰士)와 같은 강인한 여성이 많이 등장하고 여성의 독립성에 대해 긍정적인 가치관을 보여주고 있는데 이것은 중동 지역의 이슬람과는 상당한 차이가 있는 것이다.

이처럼 키르기스스탄에서는 우리가 일반적으로 가지고 있던 이슬람 사회에 대한 인식의 전환을 가져오게 한다. 이는 수피즘, 토착 신앙의 수용, 소련 사회주의 체제의 경험 그리고 유목민 사회의 특수성 등이 복합적으로 작용하여 키르기스스탄의 개방적 이슬람이 형성되었기 때문으로 보인다.

---

39) 텡그리즘은 샤머니즘, 정령 숭배, 다원주의, 조상 숭배를 특징으로 하는 중앙아시아의 전통 신앙이다. 텡그리는 고대 튀르크어로 '천신(天神)'을 의미한다.

토크목 지역(발라사군, 쇄엽)

    다음 날 아침에 중세 시대 튀르크계 민족들의 거점 지역이었던 토크목 지역 방문과 키르기스스탄 관광의 핵심인 이식쿨(Issyk-Kul) 호수를 보기 위해 동쪽으로 출발하였다. 비슈케크에서 1시간 정도 차를 타고 이동하니 키르기스스탄 제3의 도시인 토크목(Tokmok)의 삼거리가 나왔다.

|**토크목 삼거리**| 토크목 삼거리에서 우측으로 15분 정도 이동하면 유명한 관광지인 부라나 타워가 나온다.

    토크목은 톈산산맥에서 발원한 추(Chu)강 변에 형성된 오아시스 도시로 동쪽으로 이식쿨 호수와 연결되고 서쪽으로는 비슈케크를 거쳐 현재는 우즈베키스탄이 된 소그디아나 지역으로 연결되며, 남쪽으로는 키르기스스탄의 남부도시 나린을 거쳐 톈산산맥을 넘어 중국의 카슈가르(혹은 카스)

|**시내에서 본 눈 덮인 톈산산맥**| 토크목 삼거리에서 부라나 타워로 가는 길에 길거리에서 본 눈으로 완전히 덮여 있는 톈산산맥의 경치다.

로, 그리고 북쪽으로는 카자흐스탄과 연결된다. 이러한 사통팔달의 교통의 요지이므로 이 지역은 수천 년 동안 흉노, 돌궐, 토번(티베트), 당나라, 몽골 등 유라시아 평원의 패권을 노리는 국가들의 각축장이 되었던 곳이다. 이곳의 유적들은 많은 부분이 과거의 영광을 잊은 채 아직도 땅속에 잠들어 있다.

카라한 카간국의 수도였던 발라사군

토크목 삼거리에서 오른쪽으로 접어드니 톈산산맥의 설경이 눈앞에 펼쳐진다. 가슴이 철렁할 정도의 감동이다. 시내에서 바로 이런 경치를 볼 수 있다니 놀라웠다. 5월이 다 되어 가는데도 톈산산맥은 여전히 눈으로 덮여 있다.

15분 정도 차로 달리니 중앙아시아 지역에서 가장 오래된 첨탑인 부라나 타워(Burana Tower)가 나왔다. 눈 덮인 텐산산맥을 배경으로 고고히 서 있는 부라나 타워의 경이로움에 넋을 잃는다.

중앙아시아에서 가장 오래된 미나렛인 부라나 타워

부라나 타워는 11세기에 세워진 중앙아시아 지역에서 가장 오래된 미나렛으로 천문대와 전망대 역할도 하였다고 한다. 현재는 윗부분이 파손된 채 남아 있다. 원래 높이는 46~47m 정도였던 것으로 추정하는데 지진으로 허물어져 현재는 24m 정도만 남아 있다. 지하로 5.6m 들어가 있으며 중앙아시아의 여느 미나렛과 같이 입구는 지상에서 5m 높이에 있다. 1970~1974년에 '키르기스 소비에트 사회주의 공화국 역사연구소'의 고고학 팀에 의해 복원되었으며 현재 유네스코 세계유산에 등재되어 있다.

지금은 외부에서 계단을 타고 입구로 올라갈 수 있고 그곳에서 꼭대기까지 올라갈 수 있도록 나선형 계단이 만들어져 있다. 필자는 계단을 이용해 끝까지 올라가 봤는데 꼭대기에서 바라보는 경치는 아름다웠으나 기어 올라가는 과정이 만만한 일이 아니었다.

| 부라나 타워 | 11세기에 세워진 당시 중앙아시아 지역에서 가장 높았던 미나렛인 부라나 타워가 멀리 톈산산맥을 배경으로 고고히 서 있는 모습이 경이롭다.

중앙아시아 최초의 튀르크계 이슬람 국가인 카라한 카간국

발라사군은 원래 기원전 2세기부터 실크로드를 따라 무역을 주도해왔던 소그드인들이 세운 고대 도시였다. 사통팔달의 교통의 요지이므로 6세기에는 거대한 상업 도시가 형성되는 등 실크로드의 중심지 역할을 하였던 곳이었다.

751년 탈라스 전투에서 당나라가 패한 후 이슬람교가 이 지역에 본격적으로 진출하였고, 751년 탈라스 전투에서 이슬람 압바스 왕조 연합군의 승리에 결정적 공헌을 한 카를룩(Karluk)족은 766년 발라사군에서 가까운 쇄엽(suyab)을 거점으로 하여 카를룩 연맹체를 형성한다. 이 카를룩 연맹체가 모체가 되어 840년 이곳 발라사군을 수도로 한 카라한 카간국Kara-Khanid Khaganate, 840~1212)이 설립된다.

그리고 934년 사투크 부그라(Satuq Bughra, 재위: 920~955) 카간은 그의 지배를 받고 있던 돌궐인들과 함께 이슬람으로 개종하고 이슬람교를 국교로 선포함으로써 카라한 카간국은 중앙아시아 최초의 튀르크계 이슬람 국가가 된다. 이때 그들이 믿은 이슬람은 금욕주의를 기본으로 인간 내면의 신비적 변화를 일으킴으로써 신에게 직접 다가가는 이슬람 신비주의 종파인 수피즘 이슬람이었다.

유네스코에서 세운 표지판에도 'City of Balasagun(Site of Burana)'이라고 기록하여 부라나 타워가 있는 이곳이 카라한 카간국의 수도였던 발라사군의 자리임을 확인해 주고 있다.

그리고 이곳에는 11세기 당시 부라나 타워가 포함된 발라사군의 상상 모형도 사진도 전시되어 있는데 이 모형도에서는 부라나 타워가 이슬람 사원에서 연결되는 미나렛인 것으로 묘사하고 있다.

|**발라사군의 상상 모형도**|발라사군 상상 모형도의 중앙에 있는 부라나 타워는 모스크와 연결되어 있어 이것이 미나렛이었음을 보여주고 있다. 자료: 부라나 타워 전시관

'튀르크 문화발전의 선구자' 유수프 하스 아집과 마흐무드 알 카슈가리

카라한 카간국은 당시 이슬람 세계의 종주국인 셀주크 제국의 영향력 아래에 있을 때 이슬람 문화권과 더욱 깊이 연계되면서 튀르크 문화를 발전시킨다. 당시 야만 민족에 불과했던 돌궐족에게 문화의 빛을 밝힌 튀르크 문화발전의 선구자들이 있었는데 바로 유수프 하스 아집(Yusuf Khass Hajib, 1017~1077)과 마흐무드 알 카슈가리(Mahmud al-Kashgari, 1029/38~1102)가 가장 대표적인 인물이다.

유수프 하스 아집은 인간이 행복과 안락을 얻기 위한 지혜를 담은 글인 〈쿠타드구 빌릭(Kutadgu Bilig)〉, 즉 〈지혜의 글〉이라는 철학적 장편 서사시를 1069년에 집필한다. 이 서사시를 중국에서는 〈복락지혜(福樂智慧)〉라고 부른다. 뛰어난 예술성을 지닌 문학작품으로 평가받고 있는 이 서사시는 수피즘 이슬람 사상을 반영한 최초의 튀르크 문학작품으로 고대 튀르크계 언어인 카를룩어(回鶻文)로 써졌다. 부라나 타워에 가면 조그마한 박물관이 하나 있는데 그곳에 유수프 하스 아집의 석고 흉상과 함께 이 책자의 사본이 전시되어 있다.

한편, 마흐무드 알 카슈가리는 이식쿨 호수 근처에 있는 바르스한(Barskhan) 출신으로 당시 카라한 카간국 학문의 요람이었던 카슈가르의 마드라사에서 수학하고 셀주크 제국의 중심도시였던 바그다드로 건너가 1072년부터 약 5년간에 걸쳐 튀르크어-아랍어 사전인 〈튀르크어 대사전(Divan Lugat at-Turk)〉을 편찬한다. 이 사전은 최초의 튀르크어 사전으로 튀르크어를 쓰는 민족들의 역사와 문화를 연구하는 데 대단히 중요한 자료로 평가받고 있다.

죽은 자의 영혼을 그릇에 담고 있는 석인상, 발발

부라나 타워 주변에는 발발(Balbal)이라고 불리는 석인상들이 80여 개가 세워져 있는데 추이 계곡 근처의 고대 무덤에서 수집된 것을 이곳으로 옮겨놓았다고 한다. '발발' 석인상들 속으로 들어서니 무언가 음산한 분위기가 느껴진다. 그리고 유튜브를 통해 들은 적이 있는, 키르기스스탄에서 고인과 마지막 작별을 하면서 고인을 여읜 아픈 마음을 슬픈 곡조에 담아 부르는 노래인 〈코쇼크(Koshok)〉의 선율이 들려오는 것 같다.

사랑하는 어머니!
이 계곡에는 슬픔이 가득 차 있네요.

|**부라나 타워 주변의 석인상들** | 왼쪽 사진의 석인상은 수염이 나 있어 남성으로 보고, 오른쪽 사진의 석인상은 수염이 없어 여성으로 본다.

사랑하는 어머니!
이곳에는 더 이상 달빛도 비추지 않네요.

너무나 사랑하는 우리 어머니!
편히 영면하세요. 얼마 후면 무덤가에 포플러 나무 열 그루가 푸르게 자랄 겁니다…….

어머니를 떠나보내는 슬픔을 노래한 키르기스스탄의 전통 애가(哀歌)인 〈코쇼크〉의 한 구절이다. 〈코쇼크〉의 곡조는 우리나라에서 상여를 메고 가는 상여꾼들이 "어이야 어이야"라는 후렴구에 맞추어 저승으로 가는 길이 편안하기를 염원하며 부르는 '상엿소리'의 분위기와 비슷하다.

석인상들은 한때 초원을 호령했던 돌궐 전사의 묘지에 세운 것이 많지만 석인상 중에는 여성 석인상도 있다. 수염이 조각되지 않은 석인상인데 이곳에도 여성 석인상이 몇 개 세워져 있었다. 이 여성 석인상 앞에 서니 어머니의 죽음을 애달파 하는 딸이 부르는 〈코쇼크〉의 곡조가 더 잘 들리는 것 같았다.

실크로드의 교차로, 쇄엽

부라나 타워를 답사한 다음 쇄엽(碎葉)으로 향했다. 쇄엽은 중국 역사책에서 쇄엽, 세엽(細葉), 소엽(小葉) 등으로 기록하고 있는데 '스이아부(Suyab)'를 소리 나는 대로 한자로 적은 것이다. 쇄엽은 발라사군에서 서쪽으로 조금 떨어진 곳에 있는데 지금은 악베심(Ak-beshim) 마을이다. 부라나 타워를 구경하고 나오는 길에 보니, 부라나 타워 입구에 악베심으로 가는 안내 지도가 세워져 있었다. 관광객들이 부라나 타워를 구경하고 난 다음 악베심으로 많이 이동하는 모양이었다.

안내 지도를 참고삼아 15분 정도 차량으로 이동하니 악베심 마을이 나왔다. 마을 입구에 도착하여 쇄엽성 터까지 가기 위해 마을을 가로지르는 철길을 건너고 자작나무가 줄지어 서 있는 도로를 지났다. 그런데 중간에 표지판이 없어져 몇 차례 물어 다시 찾은 악베심 표지판을 따라 계속 가니 도로의 끝 지점에 '유네스코 세계유산 지역'이라는 표지판이 보이고 두 채의 유르트와 고고학 탐사 중인 사람들이 보였다.

돌궐, 토번(티베트), 당나라의 각축장이었던 쇄엽

쇄엽은 실크로드의 길목에 위치하여 고대로부터 소그드인들이 도시를 조성하고 교역해 온 지역으로 주변 여러 국가와 민족들이 이 지역을 차지하기 위해 각축전을 벌였던 장소이다. 서돌궐(西突厥, 583~657)이 이 지역을 차지한 후에는 서돌궐의 수도 역할을 하였고 657년 서돌궐이 멸망한 후부터 이곳은 당나라의 세력권으로 들어갔다.

당나라는 쇄엽에 당나라 수도인 장안성을 모델로 한 요새형 성곽인 쇄엽성(碎葉城)을 구축하여 쇄엽을 안서 4진(安西四鎭)[40]에 포함시킨다. 그렇지만, 서돌궐 제국 멸망 이후에도 여타 돌궐계 부족들과의 이 지역 쟁탈전은 계속 이어진다.

한편, 7세기 초부터 강성해지기 시작한 토번은 송첸캄포(Songtsen Gampo, 재위: 641~650) 왕 시절 최초로 통일국가를 이루고 당나라에 압박을 가해왔다. 이때 당나라는 토번의 요구로 문성공주(文成公主, 623~680)를 송첸캄포의 첩으로 보내야 했고 토번으로 간 문성공주는 불교 전파에 힘을 써 티베트 불교 형성에 이바지한다.

토번은 669년부터 실크로드 지역에 대한 본격적인 공세를 전개하여 당나라는 쇄엽 지역 쟁탈전에서 한동안 수세에 몰리기도 했다. 이 시기 토번은 '토번 최고의 명장' 가르친링(Gartrinring, ?~699)의 활약으로 당나라와의 전쟁 시마다 승리를 거두었다.

가르친링의 당나라와의 전쟁에서 연속적인 승리는 한반도 정세에도 큰 영향을 미친다. 고구려와 백제가 멸망한 후 한반도를 장악하려는 당나라에 대항하여 벌어진 신라와 당나라 간의 전쟁(670~676) 중에 당나라는 주력부대를 토번 쪽으로 이동시킬 수밖에 없어 신라가 이 전쟁에서 승기를 잡을 수 있었다. 즉 가르친링의 활약이 신라의 삼국 통일 완성에 크게 기여하였던 것이다.

699년 가르친링이 권력다툼으로 제거된 후 당나라는 다시 이 지역에서의 영향력을 증대시켰으며, 이후 쇄엽은 719년까지 당나라의 안서 4진의

---

40) 안서 4진은 서역 지역에 설치된 당나라의 4개의 진(鎭)으로 쿠차, 소륵(疏勒), 우전(于闐), 언기(焉耆, 후에 쇄엽으로 교체) 등을 말한다.

하나로 서역 진출의 최전방 요새 역할을 한다.

그러나 8세기 초엽부터 돌궐계 부족들이 다시 이 지역을 재탈환하기 위해 호시탐탐 노렸고 이 과정에서 741년 고구려 유민 출신으로 후에 '실크로드의 제왕(帝王)'이 되는 고선지 장군이 이 지역에 등장한다. 고선지는 고구려 멸망 후 당나라 장수가 된 고구려 장군 출신 고사계(高斯界)의 아들이다. 즉 고구려 유민 2세인 것이다. 당시 고구려 유민이 노예 신분을 벗어나는 유일한 길은 군인이 되는 것이었다. 고선지도 아버지의 뒤를 이어 군인의 길을 걸었다.

고선지의 첫 번째 단독 출정인 달해부 정벌

741년 돌궐계 부족인 달해부(達奚部)가 톈산산맥 서쪽에 있는 흑산(黑山)에서 출발하여 이곳 쇄엽을 목표로 진군해 오고 있어 당나라 조정에서는 안서절도사[41]에게 달해부 진압 명령을 내렸고, 안서절도사의 명을 받은 고선지는 기병 2,000기를 이끌고 출정한다.

고선지는 쇄엽으로 가는 길목인 능령(綾嶺) 아래에서 지키고 있다가 장거리 행군으로 지쳐있는 달해부 군대를 기습 공격하여 궤멸시키고 쇄엽성을 지킨다. 고선지로서는 첫 번째 단독 출정한 전투에서의 승리였다. 구당서(舊唐書)에는 이에 대해 "개원 말 달해부가 반란을 일으켜 흑산에서 북쪽으로 나아가 쇄엽으로 빠르게 진군했다(開元末, 會達奚部落背叛, 自黑山北向, 西趣碎葉)"라고 하면서 이에 안서절도사가 고선지를 파견하여 이들을 격파한 것으로 기록하고 있다.

---

41) 안서절도사는 당나라가 서역의 안서 4진을 방어하기 위해 설치한 안서도호부의 수장이다.

이 공로로 고선지는 안서절도부사(安西節度副使)로 승진한다. 이처럼 쇄엽이 바로 후일 안서도호부의 수장이 되어 실크로드를 지배하게 될 고선지가 당나라 조정의 관심을 받고 승승장구하게 되는 계기가 된 장소인 것이다. 이와 같이 쇄엽은 우리 한민족의 피를 이어받은 인물이 만들어 낸 역사가 있는 곳이기에 필자가 이곳을 찾은 것이다.

'실크로드의 제왕(帝王)'이 된 고선지

달해부 정벌로 안서절도부사로 승진한 고선지는 747년 당나라 조정으로부터, 토번과 혼인 관계까지 맺으면서 토번 쪽으로 기울고 있는 소발률국(小勃律國, 현재 파키스탄의 길기트 지역에 있었던 왕국)을 비롯하여 당나라의 지배로부터 이반을 하려는 서역 국가들을 정벌하라는 지시를 받는다.

이 지시는 황제가 안서절도사가 아닌 안서절도부사 고선지에게 직접 내린 명령이었고 이를 감독하기 위해 조정에서는 감독관으로 환관 변령성(邊令誠)과 술사(術士)[42] 한리빙을 파견하였다. 이미 같은 명령이 안서절도사 부몽영찰(夫蒙靈察)을 포함한 다른 장수들에게 세 차례나 내려졌으나 모두 실패하여 당나라 조정에서 이번에는 고선지를 선택하여 황제가 직접 명령을 내린 것이었다.

이 소발률국 정벌에서 고선지는 군사 전략가로서 탁월함을 유감없이 발휘한다. 승리의 핵심을 파악한 군사전략, 산악 정세에 대한 풍부한 지식, 치밀한 계획과 지도력 등이 없이는 이루어 낼 수 없는 전투를 완벽한 승리로 이끈 것이다. 고선지가 택한 전략은 은밀한 이동을 위해 고도가 해발 4,600m

---

42) 술사는 천문, 지리에 능통하여 길흉화복을 예측하는 사람을 말한다.

가 넘는 힌두쿠시산맥 탄구령(坦駒嶺, Darkot Pass)[43]을 넘어가는, 아무도 예상하지 못한 적의 허를 찌른 '탄구령 루트 전략'이었다.

그는 이 전투 승패의 관건은 토번의 대규모 지원군이 오기 전에 토번과 소발률국을 잇는 다리를 신속히 절단하는 것으로 판단하고, 부하들의 어려움을 알면서도 은밀한 이동을 위해 험준한 탄구령을 넘는 전략을 선택한 것이다. 이 탄구령을 넘는 과정에서 보여준 그의 전술과 리더십은 '전쟁의 신(神)'이라고 불릴 수 있을 정도로 탁월한 것이었다. 그래서 고선지의 전적지를 직접 여러 차례 답사한 영국 탐험가 슈타인(M. A. Stein)은 고선지를 "세계에서 가장 천재적인 전략가"로 칭송한 바 있다.

고선지의 이러한 계획이 차질 없이 진행될 수 있었던 것은 아마도 고구려 유민 병사들의 몫도 컸을 것으로 생각된다. 당시 군인으로 지원한 많은 고구려 유민들이 서역으로 보내졌고 고구려 출신 장수들은 그 고구려 유민들을 모집하여 활용하였던 기록이 있기 때문이다.

고선지 군대의 소발률국 정복은 과거에 당나라에 조공을 바치다가 등을 돌린 20여 개국뿐 아니라 이슬람 제국과 동맹을 모색하고 있던 서역의 총 72개 소국들이 자발적으로 당나라에 조공을 바치는 결과를 가져왔다. 그리고 고선지는 그 공로를 인정받아 안서절도사로 승진한다. 당나라 황제 현종은 고선지에게 안서절도사 임명과 함께 당나라와 서역을 오가는 사신(使臣)의 임무까지 관장하도록 했다. 이로써 고선지는 서역 국가 전체를 총괄하면서 실크로드를 경영하는 실질적인 '실크로드의 제왕(帝王)'이 된 것이다.

---

43) 탄구령은 현재의 파키스탄의 '다르콧 고개(Darkot Pass)'를 말한다.

쇄엽성의 고고학적 발굴 성과

쇄엽성 터에 도착해 보니 황량한 황무지였지만 발굴 흔적이 많이 보이고 현재도 일부 구간에서는 발굴작업이 진행되고 있었다. 그동안 쇄엽 지역의 고고학적 발굴 결과에 의하면, 첫 번째 발굴된 쇄엽의 도심(샤흐리스탄)은 35헥타르에 달했고 방어용 성벽으로 둘러싸여 있었으며 망루들이 세워져 있었다고 한다. 그리고 도심의 남서쪽에는 성채(시타델)가 있었던 것이 확인되었다. 같은 시대에 건축된 두 번째 발굴된 도심은 60헥타르가 넘는 큰 규모로 첫 번째 발굴된 도심의 남쪽 성벽에서 100m 정도 떨어진 곳에 있었다고 한다.

1939~1940년에 이루어진 탐사에서는 9~10세기의 것으로 추정되는 불교사원 구조물이 발견되었고 1953~54년 탐사 시에는 도심의 북서쪽 부분에서 8세기의 것으로 추정되는 네스토리우스파 기독교 교회터도 발견되었다. 특히 1982년에는 쇄엽성의 불교사원 유적지에서 쇄엽성을 건설한 왕방익(王方翼, 625~684)의 신도비(神道碑)[44]가 발견되었는데 이 신도비 내용으로 당나라의 진(鎭)이 이곳에 세워져 당나라의 서역 진출이 톈산산맥 이북까지 확대되었음을 알 수 있게 되었다. 이

|쇄엽성 고고학 발굴 현장|일본 데이쿄 대학 연구원이 고고학 발굴 성과를 설명하고 있다. 바로 앞에는 발굴된 당나라 시대에 유행한 다양한 색상의 자갈로 만들어진 길이 보인다.

---

44)   신도비는 죽은 사람의 행적을 기록하여 무덤 앞에 세운 비석이다.

러한 탐사 노력으로 이곳은 2014년에 실크로드의 한 부분으로서 유네스코 세계유산에 등재된다.

현재는 2015년부터 일본의 데이쿄 대학(Teikyo University, 帝京大學)에서 발굴작업을 진행하고 있다. 2016~2018년 탐사에서 당나라 시대의 정원과 공원 장식에서 전형적으로 나타나는 다양한 색상을 가진 자갈로 만들어진 길과 제조자의 낙인이 찍혀있는 타일들이 발견되었다. 필자 방문 당시 데이쿄 대학 탐사단의 한 연구원이 이 길을 자랑스럽게 보여주면서 발굴 성과를 설명해 주었다.

당나라의 시선(詩仙) 이백의 출생지인 쇄엽성

두보와 함께 중국 역사상 가장 위대한 시인으로 꼽히며, 시선(詩仙)으로도 불리는 이백(李白, 이태백, 701~762)이 당나라의 가장 변방 지역이었던 이곳 쇄엽성에서 출생하였다. 이백이 701년 쇄엽성에서 태어나 어린 시절을 쇄엽에서 보냈다는 주장은 이제 거의 정설로 되어있다. 범전생(范傳生)이 쓴 이백의 묘비명 기록에 의하면 "이백은 원래 양나라 무소왕(武昭王)의 9대손이지만, 수나라 말기에 그의 조상이 쇄엽으로 쫓겨 가 방랑 생활을 하면서 이름을 은밀하게 고쳤다"라고 되어있다.

학자들은 쇄엽성이 703년 돌궐 부족에게 점령당하였기 때문에 그 시기 즈음에는 이백의 가족들도 사천성(四川省, 쓰촨성)으로 이동하였을 가능성이 큰 것으로 보고 이백은 아주 어린 시절에 이곳 쇄엽성에서 살았을 것으로 추정한다. 중국에서는 이곳이 이백의 출생지라는 것이 많이 알려진 것 같다. 필자가 이곳을 방문하던 때에도 중국인 관광객을 실은 버스가 여러 대 들어왔다. 필자는 이곳을 찾느라 한참 고생하였는데 중국에서는 이미 관광상품으로 개발된 것 같았다.

현장 법사와 서돌궐 카간의 만남

쇄엽은 〈대당서역기〉를 쓴 당나라 승려 현장 법사와도 관련이 있다. 현장 법사가 불법을 구하러 인도로 가는 길인 630년 이식쿨 호수의 서쪽 끝에 있는 쇄엽에서 서돌궐의 카간인 엽호가한(葉護可汗)을 만나 편의를 제공받은 기록이 있다. 초록색 비단옷을 입고 비단 터번을 두르고 긴 머리를 등 뒤로 늘어뜨린 서돌궐 카간은 호화스럽게 장식된 유르트 안에서 현장 법사를 환대하면서 불교에 대해서 호의적인 태도를 보였다고 한다.

이 당시 투르판에서 페르시아 국경까지의 영토를 가진 튀르크 연맹체의 맹주였던 서돌궐의 엽호가한은 현장 법사에게 인도에 가지 말고 쇄엽에 머물러 달라고 며칠 동안이나 설득하였지만, 현장 법사가 동의하지 않자 그는 현장 법사에게 통역사와 여행비용으로 비단 50필을 주면서 인도 순례를 마치고 돌아오면 다시 만나기로 약속하였다. 그러나 현장이 지나간 직후 카를룩 부족을 비롯한 3개 부족의 반란으로 서돌궐은 분열되었고 엽호가한도 죽음으로써 이들의 재회는 이루어지지 않았다고 한다.

세계 전쟁사에 빛나는 고선지 장군의 '탄구령 루트 전략'

● 절벽 위에 설치된 토번(티베트)의 군사기지 연운보 함락

747년 당나라 황제로부터 당나라의 지배로부터 이반을 하려는 서역 국가들을 정벌하라는 명령을 받은 고선지는 1만 명의 군사를 이끌고 안서도호부가 있었던 쿠차에서 출발하여 안서 4진 중 하나인 소륵(카슈가르)을 지나 파미르 고원의 요새인 총령수착(蔥嶺守捉, 타슈쿠르간)에 도착한다. 여기에서 다시 눈 덮인 파미르 고원을 넘어 20여 일 걸려서 절벽 위에 설치된 토번군 성채인 연운보(連雲堡, Kansir Fort) 앞에 도착한다. 쿠차를 떠나온 지 75일 만이다.

연운보 성채는 절벽 위 높은 곳에 있어 적의 동태를 잘 살필 수 있는 장소였고 그 밑에는 파륵천(婆勒川)이라는 강이 흐르고 있는 난공불락의 요새였다. 고선지 군대로서는 토번군이 위에서 내려다보는 위치에서 물이 불어 있는 파륵천을 건너야 하고, 또 연운보까지 가파른 언덕을 올라가야 하는 상황이었다.

그래서 고선지는 칠흑같이 어두운 밤에 파륵천을 건너고 아침 일찍 공격을 개시하는 전략을 택한다. 전날 비가 많이 와서 강물이 불어 있었으나 비가 그치자 다행히 강물이 급격히 줄어들어 간밤에 강을 건너는데 큰 지장을 주지는 않았다. 강을 무사히 건넌 고선지 군대는 해가 뜨자마자 공격을 개시하였다. 난공불락의 요새로 생각하고 무방비 상태로 있었던 토번군은 고선지 군대의 상대가 되지 않았다. 정오도 되기 전에 1만 명의 토번군이 지키고 있던 연운보는 함락이 되고 만다.

• 해발 4,600m가 넘는 탄구령을 넘다

연운보를 함락시키고 나서 고선지는 바로 소발률국(小勃律國)을 정벌하기 위해 출격하였다. 이번에 고선지가 택한 전략은 그야말로 아무도 예상하지 못한 불가능에 가까운 전략이었다. 그리고 세계 전쟁사에서도 유례없는 얼음으로 뒤덮인 해발 4,600m가 넘는 힌두쿠시산맥의 탄구령(坦駒嶺)을 넘는 것이었다. 카르타고의 명장 한니발과 프랑스의 나폴레옹이 넘은 해발 2,500m의 알프스산맥에 비해 훨씬 높아 여름철에도 꼭대기는 빙판인 고개이다. 약 7,000명의 군사와 무기 그리고 보급물자를 싣고 얼음으로 미끄러운 탄구령을 넘는다는 것은 사실 이해하기 힘든 전략이었다.

그렇지만 고선지의 생각은 달랐다. 비록 힘들고 불가능에 가까운 어려운 길이지만 적을 만나지 않고 조용히 최단 시간 내에 소발률국으로 진격하여, 토번과 소발률국을 연결하는 다리를 토번의 대규모 구원군이 오기 전에 절단하는 것이 이번 전쟁 승패의 관건이라고 보았기 때문에 이러한 전략을 세운 것이었다. 이 전략에 반대하는 황제의 감시관으로 온 환관 변령성과 술사 한리빙을 부상병 3,000명과 함께 연운보에 남겨두고 고선지는 탄구령으로 향한다.

연운보를 떠난 지 3일 만에 드디어 고선지 군대는 우여곡절 끝에 탄구령 정상에 도달하였다. 그러나 탄구령을 오르는 데 지친 병사들은 적의 공격이 있을지도 모르는 상황에서 미끄러운 내리막길을 내려가려고 하지 않았다. 그때 소발률국 주민 20명이 고선지 군대가 있는 곳에 나타난다. 그들은 자기 주민들이 고선지 군대가 오기를 기다리고 있으며 토번과 소발률국을 잇는 다리도 자신들이 이미 끊어 버려 토번군의 저항이 없을 것이라고 말해 준다.

그런데 이것은 고선지가 군사들의 사기를 진작시키기 위해 꾸민 계책이었다. 고선지가 현지 언어를 할 수 있는 자신의 부하들을 현지인으로 위장시켜 은밀히 나타나도록 사전에 계획을 짠 것이었다. 고선지는 탄구령을 내려가는 시점에 부하들의 사기가 저하될 것을 예상하여 미리 치밀한 계획을 세운 것이다. 정말 탁월한 전술가라 감탄하지 않을 수 없다.

사기가 오른 군사들은 아래로 내려가기 시작했으며 소발률국의 수도인 아노월성(阿弩越城)에 도착한 고선지는 아노월성을 공격함과 동시에 소발률국과 토번을 잇는 다리인 '사이교(娑夷橋)'를 절단하기 위해 긴급히 기병을 파견한다. 이 다리는 등나무로 되어있는 튼튼한 다리라서 그날 저녁이 되어서야 겨우 자를 수 있었다. 이점에서도 고선지의 빈틈없는 전술 추진을 엿볼 수 있다. 후에 토번의 구원군이 도착하였으나 이미 다리가 절단되어 있어 건널 수가 없었다. 이로써 소발률국이 다시 당나라의 지배하에 들어오게 된다. 고선지의 탁월한 전략의 결과였다.

이식쿨 호수

천혜의 호수, 이식쿨

쇄엽 방문 후 천혜의 비경을 자랑하는 이식쿨(Issyk-Kul) 호수로 출발하였다. 토크목에서 2시간 정도 동쪽으로 가니 이식쿨 호수의 서쪽 끝자락이 보이기 시작하였다. 그때부터 약 1시간 동안 이식쿨 호수를 오른편에 끼고 차를 천천히 달리면서 설산을 배경으로 햇빛에 반사되어 변화하는 이식쿨 호수의 갖가지 푸른색을 만끽할 수 있었다.

달리는 차 안에서 바라보는 이식쿨 호수는 그 색깔이 위아래로 뚜렷이 나뉘면서, 멀리는 짙은 남색, 가까이는 그것보다 다소 연한 터키석 색깔을 보였다. 설산을 배경으로 한 이식쿨 호수의 이러한 신비스러운 풍경에 감탄사가 연속적으로 터져 나왔다.

이식쿨 호수와 그 주변 경치는 상상할 수 없을 정도로 아름답다. 이식쿨 호수는 키르기스스탄에 있는 1,923개의 호수 중 하나로 해발 1,600m 고지에 있고 둘레가 약 400km, 깊이는 최대 668m, 면적은 제주도의 3.5배나 되는, 남미의 티티카카호 다음으로 세계에서 두 번째로 큰 산정 호수라고 한다. 키르기스인들은 이 호수를 '바다'라고 부른다.

이식(Issyk)은 튀르크어로 '따뜻하다'는 의미이고 쿨(Kul)은 '천연 호수'를 뜻하는데 화산작용으로 인하여 1년 내내 얼지 않는 특성 때문에 붙여진 이름이다. 호수 바닥에서는 온천수가 솟아나고, 미네랄 함유량이 많아 겨울

│차 안에서 본 이식쿨 호수│ 촐폰아타로 가는 차 안에서 바라본 눈 덮인 톈산산맥을 배경을 한 이식쿨 호수는 위쪽과 아래쪽이 짙은 남색과 터키석 색깔로 각각 뚜렷이 나누어졌다.

에도 얼지 않는다. 호수의 염분 농도는 약 0.6% 정도(바다는 보통 3.5%)로 짠 느낌이 약간 있다고 한다.

톈산에서 녹은 빙하수와 눈이 녹은 물이 118개의 강과 하천을 따라 이식쿨 호수로 흘러 들어가는데 호수에서 흘러나가는 강은 없고 호숫물은 그냥 증발하여 없어진다고 한다. 그런데 흘러들어오는 물보다 증발하는 물이 더 많아 매년 5cm씩 수면 높이가 줄어들고 있다고 한다.

톈산의 진주

이식쿨 호수의 중심 도시인 촐폰아타(Chopon-Ata)에 도착하여 최근 조성된 루흐 오르도 문화 단지(Rukh Ordo cultural complex)로 들어가 이식쿨 호수 변으로 나가 보았다. 티 없이 맑은 호숫물과 저 멀리 보이는 눈 덮인 톈산산맥, 찰랑거리는 물결 소리, 그리고 햇빛과 어울려 층층이 다른 색상을 뽐내는 이식쿨 호수는 키르기스인들에게는 세상의 그 어느 것과도 바꿀 수 없는 보물일 것 같다는 생각이 들었다. 그들이 말하는 대로 '톈산의 진주'인 것이다. 그리고 숨을 들이켜 마실 때마다 가슴 속으로 들어오는 이식쿨 호수의 맑은 공기는 필자에게 "정말 이곳에 잘 왔구나!" 하는 생각이 들게 하였다.

루흐 오르도 문화 단지에서 바라본 이식쿨 호수

이곳에서 이식쿨 호수를 바라보고 있으니 이식쿨 출신 키르기스스탄 시인인 알리쿨 오스모노프(Alykul Osmonov)가 생각났다. 그는 '생(生)'에 대한 사랑'을 항상 노래했지만, 고아로 보낸 불행했던 어린 시절에 얻은 병을 극복하지 못하고, 결국 35세라는 젊은 나이에 세상을 떠나야 했던 아까운 천재 시인이다. 젊은 나이에 세상을 떠났지만, 그가 키르기스스탄의 문학에 끼친 영향이 컸기에 키르기스인들은 그의 동상을 세우고, 200숌 지폐의 인물로도 선정하여 그를 기리고 있다.

"이식쿨, 물결 찰싹이는 우리들의 호수,

호숫가에서 즐겁게 조잘거리던 소녀들.

그들이 만든 산호 팔찌, 오랜 세월 동안 잠겨 있던 것들이

너의 심연 깊은 곳에서 반짝거리며 다시 눈부시게 피어나는구나."

이식쿨 호수에 대한 주옥같은 서정시들을 남긴 알리쿨 오스모노프의 〈키르기스인의 호수(Kirghizian Lake)〉의 일부분을 읊으면서 이식쿨 호숫가에서 잠시 그를 기려보았다.

이식쿨 호수에 가라앉아 있는 고대 문명

이식쿨 호수의 생성에 대해서는 내려오는 전설이 있다. 이 지역의 지배자가 한 여인을 사랑하여 그 여인을 납치한다. 그 여인의 연인이 그녀를 구해 왔으나 지배자는 다시 그 여인을 납치하여 감옥에 가두어 버리고 마침내 그 여인은 감옥의 창문에서 뛰어내려 자살한다. 이 여인의 죽음에 대한 소문은 퍼져 나갔고 이에 노한 하늘이 지배자에게 천벌을 내려 홍수로 물이 궁전을 뒤덮게 만든다. 그리하여 이 지역 전체가 물에 잠기게 되어 이식쿨 호수가 생겨났다는 전설이다.

이 이야기는 전설로 내려오는 내용이지만 실제로 이식쿨 호수에는 고대 문명이 가라앉아 있다. 소련 고고학 연구소가 1958년부터 탐사를 시작하여 성벽 흔적과 거대한 취락 구조를 발견하였다. 인양된 유물들은 대개 서돌궐 시대의 것이나, 호반을 따라 청동기 시대 유물들도 발견되었으며, 또 호수 안에서 스키타이계 사카족의 무덤도 발견되었다. 현재도 탐사작업이 진행 중이다.

촐폰아타 야외 암각화 박물관

루흐 오르도 문화 단지를 나와 이식쿨 호수 주변에 있는 중앙아시아에서 가장 접근성이 뛰어난 암각화(岩刻畵) 유적지인 '촐폰아타 야외 암각화 박물관'을 찾았다. 이곳에는 7,000여 점의 편편한 바위 위에 새긴 다양한 암각

|**촐폰아타 야외 암각화 박물관**|왼쪽 사진은 암각화 박물관 입구에 있는 야생 양 암각화이고, 오른쪽은 암각화들이 늘려 있는 '야외 암각화 박물관'의 풍경이다.

화들이 늘려 있는데 키르기스스탄의 5대 암각화 유적지 중 하나이다. 이곳에서는 1950년 초부터 '키르기스스탄 과학 아카데미 역사연구소'에 의해 고고학적 발굴과 조사 작업이 이루어졌다고 한다.

이 암각화 박물관에 들어서면 입구에 뿔이 큰 야생 양을 묘사한 암각화를 만날 수 있다. '촐폰아타 야외 암각화 박물관'의 대표적인 암각화로 기원전 7세기~기원전 3세기에 톈산산맥 주변에서 살던 사카족에 의해 그려진 것으로 추정하고 있다. 과장되게 그려진 야생 양의 뿔이 특이하다.

이곳에는 야생 양뿐 아니라 나무 모양의 큰 뿔을 가진 사슴, 소, 말, 개, 늑대 등 동물들이 그려진 암각화와 인간의 모습이 그려진 암각화, 그리고 동물을 추격하며 사냥하는 모습을 형상화한 6~7세기경 돌궐족들에 의해 만들어진 것으로 보이는 암각화 등 다양한 암각화들이 있다.

키르기스스탄으로 오기 전 사마르칸트에서 과거 '코리아 실크로드 프로젝트'에서 탐사단장을 맡았던 윤명철(尹明喆) 국립 사마르칸트 대학교 교수(전 동국대학교 역사학과 교수) 내외분을 반갑게 만나 오찬을 함께하였는데 필자가 키르기스스탄의 '촐폰아타 암각화 박물관'을 방문할 예정이라고 하니까 자신의 논문 한 권을 주셨다. '촐폰아타 암각화 공간의 성격'이라는 제목의 논문이었다.

이 논문에서 그는 "촐폰아타 암각화 지대는 일반적인 암각화 지대와 다른 또 하나의 특성이 있다"고 하면서 "암각화가 단독으로 존재하지 않고, 고분(kurgan), 발발(bal bal), 원형 돌무지(stone circle), 돌 담벽(stone wall), 제단 시설(altar), 천문관측대 등 다른 문화유물들과 함께 존재하므로 이 지역은 단순한 암각화 지대가 아니라 다양한 의례 행위를 거행했던 일종의 신앙 공간이면서 문화 공간이었다"라는 가설을 제시하고 있다. '촐폰아타 야외 암각화 박물관'의 특징을 잘 요약 설명해 주는 주장이라 여기에 언급하여 보았다. 암각화에 대해서는 카자흐스탄을 방문할 때 좀 더 상세히 다룰 예정이다.

리조트 타운에서 본 이식쿨 호수

이식쿨 호수에는 요즈음 유럽의 많은 휴양객이 몰려오고 있다. 이에 따라 기존 호텔 단지와 시설들이 방문객 취향에 맞추어 개조되고 리조트 타운들이 새롭게 조성되고 있다. 이곳에 머물면서 유람선을 타고 이식쿨 호수를 둘러볼 수도 있고 온천욕도 즐길 수 있다.

필자가 이식쿨 호수 지역을 답사하고 머문 숙소는 촐폰아타 시내에서 비슈케크 쪽으로 차량으로 약 1시간 떨어진 곳에 있는 '라두가 웨스트(Raduga West) 리조트 센터'였다. 이곳이 촐폰아타 시내와 떨어져 있어 리조트 타운으로 가기 전에 저녁 식사 준비를 위해 촐폰아타에서 슈퍼마켓에 들어갔다. 슈퍼마켓에는 많은 상품이 있었는데 특별히 필자의 눈에 띈 것은 진열된 각종 수입 와인이었다. 저녁 식사 때 마실 적절한 가격의 조지아 와인 한 병을 샀다.

|라두가 웨스트 리조트에서 바라본 이식쿨 호수| 라두가 웨스트 리조트에서 바라본 이식쿨 호수의 경치는 하늘에서 천손들에게만 누릴 수 있게 허락해 준 비경과 같이 느껴졌다.

조용하고 한적한 '라두가 웨스트 리조트 센타'는 단층의 단독주택들로 구성되어 있었다. 사전 배달 주문한 일부 음식과 구입한 저녁거리로 식사를 준비하여 조지아 와인을 음미하면서 즐거운 저녁 식사를 했다. 만족스러운 수준의 와인을 저렴한 가격에 맛볼 수 있다는 것도 필자에게는 키르기스스탄 여행의 만족도를 높여 주는 요인 중 하나였다.

다음 날 아침 호숫가로 나가 바라본 눈 덮인 텐산산맥을 배경으로 펼쳐진 이식쿨 호수의 경치는 하늘에서 천손(天孫)들에게만 누릴 수 있도록 허락해 준 것 같은 비경(秘景)이었다. 직접 가서 보지 않고는 느낄 수 없는, 말로 표현하기에는 부족함이 너무나 많은 신비스러운 경치다. 이식쿨 호수의 아름다운 경치를 더 만끽하지 못하고 떠나야 하는 아쉬움을 안고 다음 여정인 카자흐스탄의 알마티로 가기 위해 비슈케크로 돌아간다.

제3부

카자흐스탄

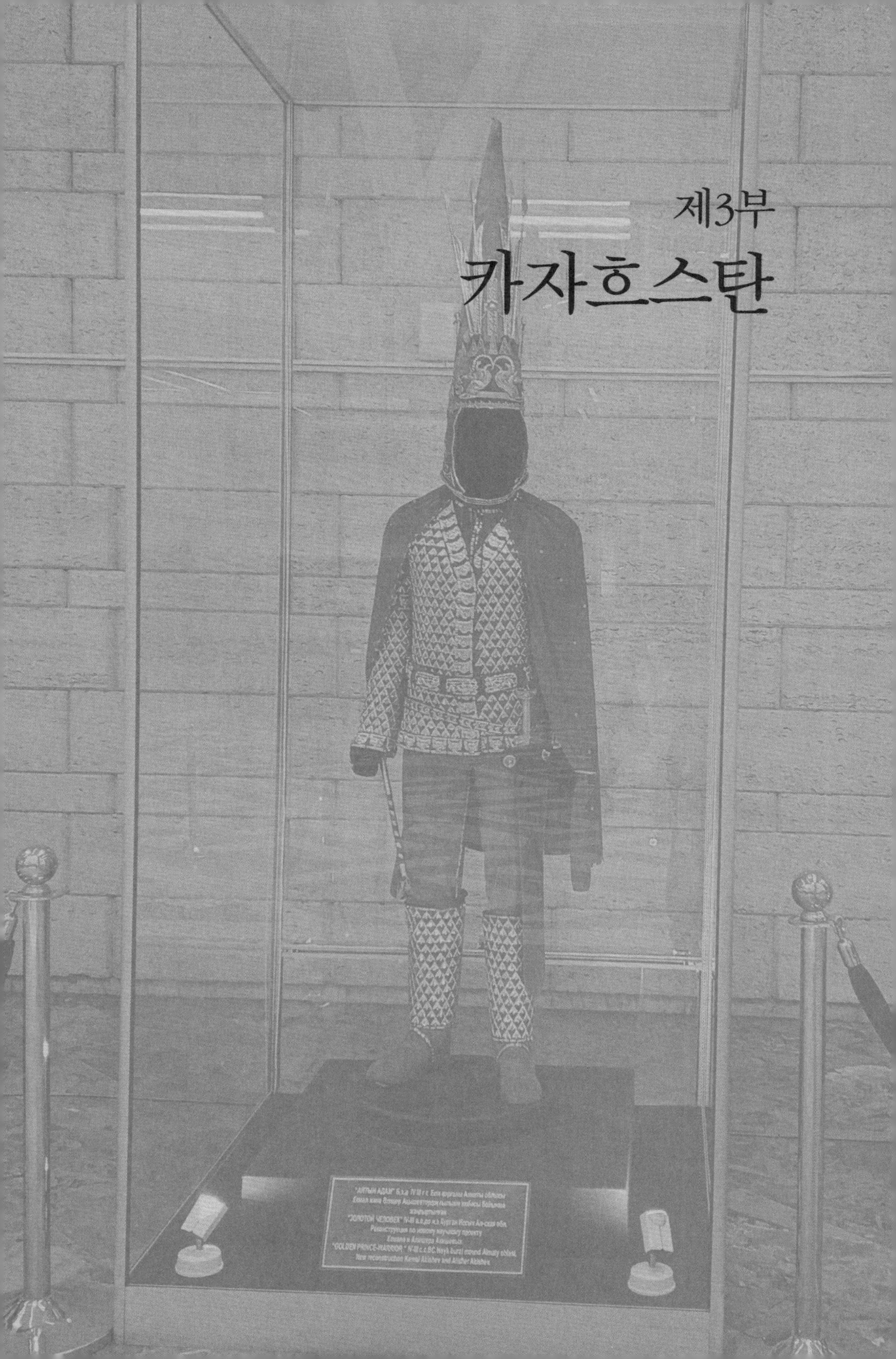

'초원의 길'을 개척한 유목민족의 나라, 카자흐스탄

　이제부터는 실크로드가 형성되기 이전부터 동·서양 간의 교역로 역할을 했던 '초원의 길'을 개척한 유목민족의 나라인 카자흐스탄으로의 인문학 여행을 시작한다. 키르기스스탄의 수도 비슈케크에서 카자흐스탄 제1의 도시인 알마티까지는 비행기로 약 50분 정도 걸린다. 촐폰아타에서 바로 알마티로 가면 차로 4시간 정도밖에 걸리지 않으나 필자는 이번 여행에서 항공편을 이용하여 이동하였기 때문에 비슈케크로 돌아가서 알마티로 이동하였다.

　카자흐스탄은 유라시아 대륙의 한가운데 위치한, 세계에서 9번째로 넓은 땅을 가진 나라로 한반도의 12배, 대한민국의 27배 크기다. 그리고 대부분 초원과 사막 지대인데 이곳에 2,000만 명 정도의 인구가 살고 있다. 그중 카자흐인이 약 65%를 차지하고, 러시아인도 20% 정도로 많이 살고 있다. 그 외에도 우크라이나인, 우즈벡인, 고려인 등이 살고 있다.

　이 땅에는 사카(Saka),[45] 오손(烏孫), 소그드, 돌궐 등 다양한 유목민족이 세운 고대 국가들이 있었고 이들은 유목, 반유목, 농경 생활을 함께 영위하면서 살았다. 이곳에서 말의 사육과 기마(騎馬)가 시작되었으며 광석 채굴과 제련 기술도 발전시켜 고대 문명 발전에 기여하여 왔다. 특히 이 지역의 초원은 기원전 2세기에 한나라 장건에 의해 실크로드가 개척되기 훨씬 이

---

45)　사카는 카스피해 동부와 중앙아시아 북부에 살았던 고대 유목민 집단으로 '초원의 길'의 주인공 역할을 하였고 수많은 대형 무덤인 '쿠르간'과 황금 장식을 매장하는 '황금 문화'를 남긴 스키타이 계통의 북방 유목민족이다.

전부터 유라시아 대륙의 동쪽과 서쪽을 연결하는 중요 교통로 역할을 해왔다. 우리는 이 길을 '초원의 길'이라고 부른다.

'초원의 길'은 기원전 6세기~기원전 5세기경에 개척되기 시작한 것으로 보고 있다. 이때 이 길을 따라 비단도 서양으로 수출되었는데 이러한 주장은 카자흐스탄 동북부 초원지대와 연결되는 러시아의 알타이 지역에서 발견된 기원전 5세기 것으로 추정되는 대형 무덤인 파지리크 쿠르간(Pazyryk Kurgan)에서 봉황이 그려진 실크 말안장 덮개가 발견되었고, 또 실크 직물과 펠트 제품에 단 '실크 술 장식'이 유럽 남부와 서부의 기원전 6세기~기원전 5세기 무덤들에서 발견됨으로써 더욱 설득력을 얻게 되었다. 이와 같이 '초원의 길'을 통한 동·서양 간의 교류에는 사카를 비롯한 스키타이 계통의 유목민족들이 관여하였고 그들을 통해서 동·서양 간 문물의 교류가 일어난 것이다.

실크로드의 중심지가 우즈베키스탄이었다면 그보다 훨씬 앞서 사카와 같은 북방 유목민족들이 '초원의 길'을 개척하면서 활동하던 무대가 바로 카자흐스탄이라고 할 수 있다. 또한, 실크로드의 주인공 역할을 한 민족이 소그드인이었다면 이와 비견되는 '초원의 길'의 주인공은 사카인이라 할 수 있다. 이들은 모두 시대와 지역을 달리하며 활동하였던 스키타이계 민족으로 보고 있다.

한편, 카자흐스탄 전역에 산재해 있는 대형 무덤인 쿠르간과 1,000여 년이란 세월이 지난 후인 4세기 말에서 6세기 초까지의 신라 왕릉이 그 규모와 묘제 방식(적석목곽분), 그리고 황금 장식을 매장하는 풍습이 유사하고, 카자흐스탄 초원지대에서 발굴된 유물과 거의 동일한 유물이 한반도의 동남쪽 끝에 있었던 신라의 무덤에서 발굴된다는 사실은 카자흐스탄을 우리에게 흥미를 더해 주는 인문학적 여행 장소로 만들어 준다.

알마티

알마티(Almaty)는 톈산산맥에서 발원하여 알마티를 남북으로 가로지르면서 일리(Ili)강과 발하쉬(Balkhash) 호수로 이어지는 말라야 알마틴카(Malaya Almatinka)강 가에 형성된 카자흐스탄 남동부의 아름다운 오아시스 도시이다. 알마티는 카자흐 민족이 형성되어 현재의 카자흐스탄의 모체가 된 카자흐 칸국(1456~1847)이 세워진 제티수(Zhetisu)[46] 지역의 도시로 1854년 러시아식 요새가 세워져 도시로 기능하기 시작하였고, 1921년에는 알마아타(Alma-Ata)로 명명되어 1925년부터 1994년까지 카자흐스탄의 수도 역할을 하였다.

구소련 시절 이름인 알마-아타는 카자흐어로 직역하면 '사과의 조상(祖上)'이다. 그만큼 알마티는 사과가 상징인 도시이며 실제로 카자흐스탄 남부는 사과의 기원지로 여겨지고 있다. 1993년 알마티로 개명되었고, 카자흐스탄 정부가 수도를 아스타나(Astana)로 옮긴 후에는 알마티주의 주도(州都)로 인구 약 200만 명의 카자흐스탄 최대도시이자 경제 중심지 역할을 하고 있다. 카자흐스탄 고려인의 대부분도 이곳에 살고 있다.

카자흐스탄 역사를 한눈에 볼 수 있는 독립기념탑

알마티에서 황금 인간 유물들이 전시된 카자흐스탄 국립중앙박물관(Central State Museum of the Republic of Kazakhstan)으로 가는 길에 알마티 시청

---

[46] 제티수 지역은 카자흐스탄 남동쪽 발하쉬 호수 유역으로 현재의 알마티주와 상당 부분 일치한다.

앞 공화국 광장에 있는 카자흐스탄 독립 5주년을 기념하여 세워진 독립기념탑을 만났다.

높이 28m의 기둥 끝에 중앙아시아 지역에 서식하고 있는 표범인 눈표범(雪豹)상 위에 6m 높이의 카자흐스탄 초원을 누비던 전사(戰士) 조각상이 서 있다. 전사 조각상을 쳐다보고 있는데 상쾌한 아침 바람이 내 얼굴을 스쳐 지나간다. 바람이 불어오는 쪽을 바라보니 알마티 시청 뒤에 눈 덮인 텐산산맥이 우뚝 서 있었다. 텐산산맥의 기운을 담고 불어오는 바람이었다.

|**독립기념탑**|카자흐스탄 초원을 누비던 전사가 눈표범상 위에서 텐산산맥을 바로 보고 우뚝 서 있다.

이 기념탑 주변에는 카자흐스탄의 주요한 역사적 사건들을 묘사하고 있는 10개의 부조가 있다. 이 부조들만 보아도 카자흐스탄 역사의 많은 부분을 이해할 수 있는 의외의 좋은 역사 공부 장소이다. 필자에게 가장 흥미로웠던 부조 2개를 소개한다.

페르시아 제국의 키루스 대제를 사로잡은 토미리스 여왕

| **사카 시대를 묘사한 부조** | 사카의 일족인 마사게타이의 토미리스 여왕이 포로가 된 페르시아 키루스 대제로부터 항복을 받고 있다.

여러 부조 중 가장 눈길을 끈 부조는 뾰족한 모자를 쓴 사카인들의 모습을 담은 첫 번째 부조다. 이 부조는 기원전 6세기에 세워진 인류 역사상 최초의 거대 제국인 고대 페르시아(아케메네스 왕조)와 사카의 일파인 마사게타이(Massagetae) 간의 전쟁 이야기를 담은 것이다. 고대 페르시아 제국을 창건한 키루스 대제(Cyrus the Great, 기원전 600년~기원전 530년)가 마

|**키루스 대제의 수급을 핏물로 채운 통에 집어넣는 토미리스**|17세기 바로크 회화의 거장인 루벤스가 그린 작품이다.

사게타이의 지도자인 토미리스(Tomyris) 여왕에게 항복하는 모습을 표현하고 있다.

기원전 440년경 그리스 역사학자 헤로도투스(Herodotus)가 쓴 서양 최초의 역사책인 〈역사(The Histories)〉에 의하면 키루스 대제가 마사게타이의 군사령관이자 토미리스 여왕의 아들인 스파르가피세스(Spargapises)를 포도주를 마시게 하는 함정을 파서 포로로 잡았고, 포로가 된 그녀의 아들은 수치심을 이기지 못해 자살한다. 아들의 죽음에 격분한 토미리스 여왕은 페르시아와의 전쟁을 선포하였고 그 전쟁에서 포로로 잡힌 키루스 대제를 죽여 목을 자른 다음, 피가 가득 찬 포도주 통에 그의 머리를 쳐넣었다고 한다. 위의 그림은 17세기 바로크 회화를 대표하는 화가인 벨기에의 루벤스(Peter Paul Rubens, 1577~1640)가 그 당시 장면을 화폭에 담은 것이다.

이처럼 지금의 카자흐스탄 땅에 거주하였던 사카인들은 기원전 530년 페르시아 제국과의 전쟁에서 페르시아 황제인 키루스 대제를 죽였다는 기록이 있을 만큼 당시 대제국인 페르시아 아케메네스 왕조와도 힘을 겨룰 정도로 강력한 군대를 가지고 있었음을 알 수 있고, 대제국인 페르시아와의 전쟁을 승리로 이끈 여전사(女戰士) 토미리스 여왕을 통해 강인한 유목민족의 여성상도 읽을 수 있다.

카자흐스탄이 자랑하는 위대한 인물 3인

|**3인의 위대한 인물 부조**|이 부조에 표현된 인물들은 9~16세기에 활동한 카자흐스탄이 자랑하는 유명한 인물들로 왼쪽부터 철학자 알 파라비, 역사학자 무함마드 하이다르 둘라티, 그리고 음유시인 코르키트 아타이다.

또 눈길을 끈 부조는 두 번째 부조로 9세기에서 16세기 기간에 활동한 유명한 인물들을 묘사한 부조이다. 왼쪽부터 철학자 알 파라비, 역사학자 무함마드 하이다르 둘라티, 그리고 음유시인 코르키트 아타이다.

〈아리스토텔레스에 이은 '두 번째 스승'으로 불린 알 파라비〉

"철학은 어떤 종교보다 높은 위상을 가지며 어느 곳에서나 동일한
진리를 표명하지만, 특정 집단과 연계된 예언자의 상상력이 생산
한 종교적 상징은 지역마다 다르다."

"조물주는 만유를 지배하지만 인간의 삶을 규정하고 통제하는 것
은 이성이다. 종교는 기껏해야 이성의 진리에 대한 상징적인 번역
을 제공할 뿐이다."

그리스 헬레니즘 문화를 적극적으로 받아들여 철학, 문학, 과학, 의학 등이
융성했던 '이슬람 황금시대'를 연 압바스 왕조(Abbasid Caliphate, 750~1258)
시기의 대표적 철학자인 알 파라비(Al-Farabi, 870~950)가 한 말이다. 아리
스토텔레스와 플라톤의 주석서를 저술하여 아리스토텔레스에 이은 '두 번
째 스승'으로 불렸던 그는 "무함마드는 예언자가 아니라 철학자"라고도 주
장했다. 우리가 일반적으로 생각하는 현재의 이슬람 세계에서는 상상할 수
없는 사상이다.

이것은 그가 활동하였던 압바스 왕조 시기의 초기 이슬람 사회가 교조적
이지 않고 개방적이었음을 보여주며, 카자흐스탄 국민이 이러한 주장을 한
알 파라비를 지금도 존경하고 있는 것은 지금의 카자흐스탄 사회에서 가지
고 있는 이슬람교에 대한 인식의 한 면을 보여주는 것이기도 하다. 그는 당
시 이슬람 세계의 종주국이었던 압바스 왕조의 수도인 바그다드에서 주로
활동하였지만, 태어난 곳은 현재의 카자흐스탄 오트라르(Otrar)였다.

〈카자흐 민족에게 귀중한 역사책을 남긴 하이다르 둘라티〉

두 번째 부조의 가운데에는 〈라시드 역사(Tarihi Rashidi)〉라는 중앙아시아 역사책을 집필한 무함마드 하이다르 둘라티(Muhammad Khaidar Dulati, 1499~1551)가 턱에 손을 괴고 앉아 있다. 카자흐족 출신의 역사가인 그가 집필한 〈라시드 역사〉는 현재의 카자흐스탄의 모체가 된 카자흐 칸국의 형성에 관한 상세한 내용과 카자흐 칸국이 건국된 장소인 카자흐스탄 동남부 제티수 지역의 15~16세기 사회·경제적 상황, 그리고 카자흐 민족의 도시와 농촌 문화에 관한 많은 정보를 담고 있어 카자흐 민족에게는 매우 중요한 역사책이다.

〈중앙아시아의 위대한 음악가 코르키트 아타〉

맨 오른쪽에 카자흐스탄 민속 현악기인 코비즈(Kobyz)를 들고 앉아 있는 사람은 10~11세기에 중앙아시아에서 활동한 튀르크 문화권 전반을 아우르는 위대한 음악가이자 음유시인인 코르키트 아타(Korkyt Ata)[47]이다. 그는 자신이 발명한 코비즈로 자신이 만든 음악작품을 연주하면서 튀르크 공동체를 하나로 연결해 주는 영웅서사시인 〈데데 코르쿠트 서(書)〉를 들려주어 카자흐 민족의 정체성을 확립시키는 역할을 한 인물이다.

---

47) 튀르키예에서는 코르키트 아타를 코르쿠트 아타(Korkut-Ata) 혹은 데데 코르쿠트(Dede Korkut) 라고 부른다. 〈데데 코르쿠트 서〉는 2018년에 유네스코 인류무형문화유산으로 등재되었다.

선사시대 조형예술의 백미, 암각화

독립기념탑 좌측에는 카자흐스탄의 탐갈리(Tamgaly) 계곡에 있는 바위 위에 새긴 그림, 즉 탐갈리 암각화(岩刻畵)들을 모사한 그림들이 있다. 이런 모사 암각화가 있어 탐갈리 계곡까지 가 보지 못하는 사람들은 이곳에서 주요한 탐갈리 암각화의 내용을 음미해 볼 수 있다.

|**독립기념탑 주변의 모사 암각화**|탐갈리 암각화를 모사한 그림들이 독립기념탑 주변에 그려져 있다. 이 사진에는 신상을 형상화한 그림과 신상 앞에서 춤을 추는 모습들이 새겨져 있다.

암각화는 선사시대의 문명화 과정을 담고 있는 귀중한 유물이다. 이러한 암각화들이 유독 카자흐스탄에 많이 남아 있는데 50개가 넘는 지역에서 암각화가 발견되었다고 한다. 그중에서도 알마티에서 북서쪽으로 약 170km 떨어진 출리(Chu-Ili) 산맥의 탐갈리 골짜기에 있는 암각화가 유명하다. 1957년에 발견된 이곳의 암각화들은 기원전 2000년대인 청동기 시대부터 철기시대를 거치면서 그려진 암각화 5,000여 점이 밀집해 있다. 탐갈리 암각화 유적지는 1970년 이후 본격적으로 연구가 이루어져 2004년에 유네스코 세계유산으로 등재되었다.

인간 중심적 묘사가 시작되는 청동기 시대의 탐갈리 암각화

중앙아시아의 암각화는 구석기 시대부터 돌궐 시대에 이르기까지 시대적으로 광범위하게 나타나고 있는데 그 주제도 시대에 따라 변화한다. 구석기 시대에는 야생동물들을 중심으로 표현하였다가, 청동기 시대로 오면 묘사하는 대상이 인간 중심적으로 바뀐다. 즉 인간들의 춤추는 모습, 기도하는 모습, 그리고 다산(多産)을 기원하는 모습 등 인간을 중심으로 한 그림을 그리기 시작한다. 바로 카자흐스탄의 탐갈리 암각화는 이러한 청동기 시대 암각화의 특징을 잘 보여주고 있다.

|**탐갈리 암각화**|신상을 중심으로 춤을 추고 있는 인간들의 모습이 그려져 있다. 출처: Magic Kazakhstan

특히 이 시기에는 암각화에 신상(神像)이 등장한다. 위의 탐갈리 암각화는 12명의 인간이 춤을 추면서 태양신으로 추정되는 신(神)에게 무언가를

기원하는 모습을 담고 있다. 학자들은 위쪽의 굵은 동그라미들이 만들고 있는 원을 신상(神象)으로 해석하고 있다.

|**고령군 장기리 암각화**|장기리 암각화에는 기하학적인 도형들과 신상을 의미하는 것 같은 동심원이 그려져 있다. 출처: 문화재청

우리나라에서도 1970년 12월 울주군 두동면 천전리에서 암각화가 발견된 이후 울주 대곡리 반구대(1971)와 고령군 대가야읍 장기리(1971)에서 암각화가 계속 발견되어 암각화 관련 본격적인 연구가 진행되고 있다. 그 중 울주 천전리와 고령 장기리 암각화에는 위의 사진에서 보듯이 기하학적인 도형들이 다양하게 새겨져 있다. 특히 카자흐스탄 탐갈리 암각화에서 보이는 동심원도 보이는데, 아직 좀 더 깊은 연구가 필요하지만, 현재까지는 카자흐스탄의 암각화와 마찬가지로 태양신을 상징한다는 것이 지배적인 견해이다.

암각화에 표현된 말과 한반도 고분벽화의 천마도와의 유사성

|**흉노 시대와 돌궐 시대 암각화에서의 말갈기 표현**| 왼쪽 사진은 기원전 4세기~서기 5세기 흉노 시대의 것으로 추정되는 암각화로 말갈기가 뾰족뾰족한 톱니같이 표현되어 있다. 오른쪽 사진은 서기 6세기 이후의 돌궐 시대의 것으로 추정되는 암각화인데, 시대적 차이가 있음에도 말갈기의 표현이 동일하다. 이상 출처: Magic Kazakhstan

　　알마티에서 북동쪽으로 약 25km 떨어진 지점에 있는 바양 주레크(Bayan Zhurek) 산에서 약 2,500점의 암각화가 발견되었는데 초기 철기시대의 암각화가 많고 흉노와 돌궐 시대의 암각화들도 있다. 이들 암각화 중에는 흉노 시대(기원전 4세기~서기 5세기)의 것으로 추정되는 기마 전투 모습을 표현한 암각화(왼쪽 사진)가 있는데 이 암각화에 나타나는 말의 갈기들을 자세히 살펴보면 톱니같이 뾰족뾰족하게 묘사되고 있음을 알 수 있다.

　　또한, 알마티에서 서쪽으로 200km 떨어진 쿨자바스이 산맥의 암각화 군

|천마총 천마도와 죽제 천마문 금동장식 말다래| 두 사진에 나타나는 말갈기와 말꼬리 부분이 모두 톱니 모양으로 뾰족하게 묘사되어 있다.

에서 발견된 기마 전사의 모습을 형상화한 암각화(오른쪽 사진)는 6세기 이후의 돌궐 시대 암각화로 보고 있는데 이 암각화에서도 말갈기가 뾰족하게 표현되어 있다. 이같이 위의 두 개의 암각화에서 기마 전사가 타고 있는 말은 모두 3~4개의 갈기가 뾰족하게 솟아 나와 있음을 알 수 있다.

이와 관련하여 중앙아시아 암각화 전문가인 장석호 박사는 2014년 실크로드·중앙아시아연구원 주최로 경주에서 개최된 '실크로드 인문학 국제학술회의'에서 "중앙아시아 지역의 암각화에 표현된 말 양식과 고구려 고분벽화의 천마도 표현 양식이 유사하고, 신라의 천마총에서 발굴된 천마도도 이와 동일한 양식"임을 밝힌 바 있다.

위의 경주 천마총에서 발굴된 천마도의 말갈기와 꼬리 부분은 장석호 박사가 언급한 바와 같이 톱니 모양으로 그려져 있고, 죽제 천마문 금동장식 말다래[48]에는 이러한 양식이 더욱 두드러지게 표현되었다. 이처럼 고구려 고분벽화의 천마도뿐 아니라 4세기 말에서 6세기 초반의 신라 왕릉에서 출토된 천마도의 말 표현 양식도 북방 유목민족의 말 표현 양식과 동일함을 알 수 있다.

---

48) 말을 탄 사람에게 진흙이 튀지 않게 하는 안장 양쪽으로 늘어뜨린 물건이다.

카자흐스탄 국립중앙박물관

드디어 카자흐스탄 국립중앙박물관(Central State Museum of the Republic of Kazakhstan)에 도착하였다. 1931년에 개관한 국립중앙박물관은 1985년에 유럽의 건축양식에 카자흐스탄 전통 건축양식을 가미하여 지은 현재의 건물로 이전하였다. 카자흐스탄에는 현재 국립박물관이 2개 있는데 알마티에 있는 이 국립중앙박물관과 수도인 아스타나에 있는 2014년에 개장한 카자흐스탄 국립박물관(National Museum of the Republic of Kazakhstan)이 그것들이다.

알마티에 있는 국립중앙박물관은 알마티 지역을 포함하여 카자흐스탄 전역에서 발굴된 황금 유물들을 소장하고 있는데 세계 각처로 돌아가면서 전시를 하고 있어 어떤 경우에는 황금 인간 복제품과 몇몇 유물만 남기고 전시관이 텅 빌 수도 있다. 필자가 방문했을 때도 황금 인간 복제품만이 있어 아쉬움이 컸다.

세계 고고학계를 놀라게 한 '황금 인간'의 발굴

카자흐스탄 알마티주 이식(Issyk)시의 톈산산맥 기슭의 평원에는 기원전 5세기~기원전 4세기경 이곳에 거주한 사카족의 것으로 추정되는 쿠르간(Kurgan)[49]들이 늘어서 있는데 1969년 공장 건설 중 우연히 발견된 한 쿠르간에서 황금 장식으로 온몸이 뒤덮여 있는 미라가 발굴되었다. 이 고분을 지역 이름인 '이식'과 고분을 뜻하는 '쿠르간'을 합쳐서 이식 쿠르간(Issyk Kurgan)이라고 부른다.

---

49) 쿠르간은 카자흐스탄의 초원지대에서 발견되는 흙이나 돌로 덮은 거대한 무덤을 말한다.

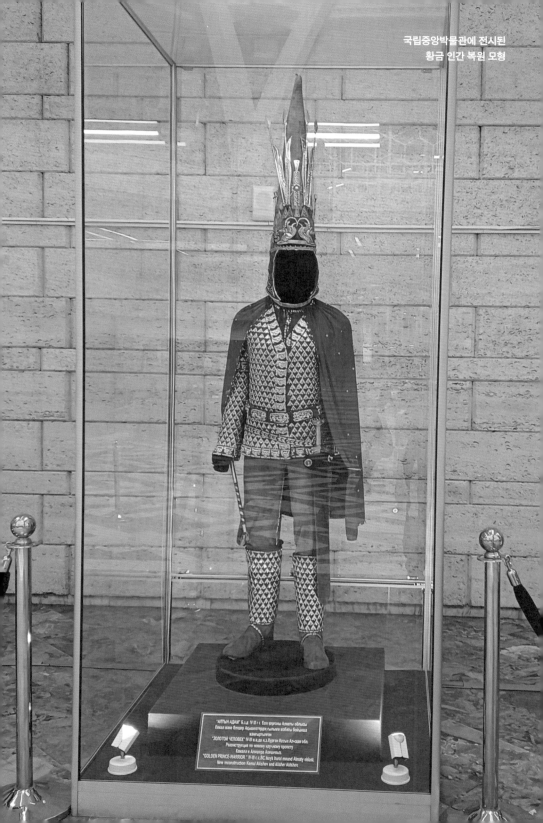

국립중앙박물관에 전시된
황금 인간 복원 모형

이 발굴은 이집트 '투탕카멘의 황금 마스크' 발굴 이상으로 고고학계를 놀라게 하는 세계적인 고고학적 발굴이었다. 이 머리끝에서 발끝까지 황금 제품으로 장식된 미라는 '황금 인간'이라고 이름이 붙여졌다. 그리고 '황금 인간'의 이미지는 현재 카자흐스탄의 국가상징으로까지 되었다.

알마티 국립중앙박물관에는 이식 쿠르간에서 출토된 유물들을 소장하고 있는데 무엇보다도 바로 세계적으로 유명해진 '황금 인간' 복원 모형이 전시되어 있다. 그런데 국립중앙박물관에 전시된 '황금 인간'은 복제품으로 진품(眞品)은 어디에도 전시되어 있지 않고 안전한 곳에 보관되어 있다고 한다. 카자흐스탄 대통령궁 지하 금고에 보관하고 있다는 소문도 있지만 알 수가 없다.

〈'황금 인간'은 누구인가?〉

'황금 인간'은 이식 쿠르간의 주관(主棺)이 아닌 부관(副棺)에서 발굴되었다. 주관은 이미 도굴된 상태라 아쉬움이 컸는데 부관에서 이렇게 미라와 함께 미라를 뒤덮고 있는 다량의 황금 장식물이 출토된 것이다. 연구 결과 '황금 인간'은 키 165cm의 15~16세 청년으로 밝혀졌다.

"이 '황금 인간'은 도대체 누구일까?"

이에 대해서는 여러 주장이 있으나 주관이 아닌 작은 무덤인 부관에서 출토된 것으로 보아 왕이나 왕자는 아닌 것으로 보고, 유라시아 초원에서 전투시 주군을 호위하고 필요시 선봉장 역할을 하였던 '코미타투스(Comitatus)'[50]

---

50) 코미타투스는 로마의 역사학자 타키투스가 〈게르마니아〉에서 용감한 게르만 전사를 묘사할 때 사용한 단어로 스키타이 시대부터 존재하였던 중앙아시아 전통에서 기인한 특수 전사이다.

라는 특수 전사일 것으로 보는 의견이 지배적이다. 이들은 목숨을 걸고 주군을 지켰으며 주군이 죽으면 함께 순장되기도 하였다. 그러나 '코미타투스'의 무덤이라고 하기에는 4,000여 점의 황금 장식물과 36점의 그릇 그리고 은잔 2개 등 너무나 많은 유물이 나와 왕자의 무덤이라고 보는 견해도 있다.

신라 왕릉과 카자흐스탄 쿠르간의 유사성

〈적석목곽묘라는 묘제의 유사성〉

기원전 4000년 무렵부터 시작되어 카자흐스탄뿐만 아니라 몽골 초원을 포함한 유라시아 북부 초원지대에 광범위하게 분포되어있는 쿠르간은 나무로 방을 만들고 그 안에 통나무 관을 만들어 시체를 안치하고 돌과 흙을 쌓아 축조하는 형태의 묘제(墓制)이다. 학계에서는 돌무지 덧널 무덤, 즉 적석목곽묘(積石木槨墓)인 4세기 말에서 6세기 초의 신라 왕릉도 이 유라시아의 쿠르간에 속하는 것으로 본다.

〈신라 왕릉과 쿠르간 출토 황금 유물의 유사성〉

'황금 인간'이 입고 있는 의복의 장식품에 새겨져 있는 나무와 새 모양 장식, 머리 관 부분과 각종 조임 쇠 장식 등은 신라 금관이나 신라 시대의 다른 황금 유물들과 제조기술 측면에서 유사하다고 보는 학자들이 많다.

2012년 서카자흐스탄의 돌린노예(Dolinnoye) 마을 부근에서 탁사이(Taksai) 고분군이 발굴되었는데 이 고분군의 6호분에는 여사제(女司祭)로 추정되는 여성이 매장되어 있었다. 방사성 탄소연대 측정 결과 이 고분은 기원전 6세기 말에서 기원전 5세기 초, 즉 사카 시대의 것으로 나왔다.

우리나라의 국립문화재연구소와 카자흐스탄 국립박물관이 공동 조사한 연구보고서인 '카자흐스탄 초원의 황금 문화(2018)'에서 학자들은 "이 여사제 황금 쿠르간에서 출토된 의복에는 의복에 부착하는 다양한 꾸미개, 금제 구슬, 그리고 관모 장식들이 있는데 이 출토물들의 기술적인 특징이 경주 천마총에서 출토된 유물들과 유사한 부분이 있다"고 분석하고 있다.

| 탁사이 여사제 의복 복원안 | 러시아 노보시비르스크 고고학 및 민족학 연구소의 포즈드냐코프 선임연구원이 도상 복원한 탁사이 여사제의 모습이다. 출처: 카자흐스탄 초원의 황금 문화

또한, 카자흐스탄 서부 지역의 베소바(Besoba) 고분군의 9호 쿠르간에서 금 체인과 속이 빈 금구슬이 매달린 귀걸이가 출토되었다. 기원전 6세기 말에서 기원전 5세기에 제작된 것으로 추정되는 이 귀걸이는 8자 형 사슬을 연결하여 체인을 만들고 속이 빈 구슬을 매달았는데 구슬을 2개의 반구형 금판을 땜질하여 만드는 기법을 사용하였다. 이러한 기법은 신라 황남대총 남분에서 출토된 금제 목걸이의 제작 기법과 기본적으로 동일하다고 학자들은 보고 있다.

이상과 같이 거리상으로도 멀고 시기적으로도 1,000년 정도의 차이를 보임에도 불구하고 카자흐스탄 쿠르간 출토 황금 유물과 신라 왕릉 출토 황금 유물들이 금속세공 기법 등에서 유사성을 가지고 있는 것에 대해 학자들은 큰 관심을 가지고 연구를 계속하고 있다.

실크로드를 통한 신라의 북방 유목민족과의 교류

카자흐스탄과 경주에서 출토된 유물 중에는 4~5세기경에 실크로드를 통한 교류를 보여주는 유물들도 있다.

카자흐스탄 보로보예 유물과 계림로 14호의 황금보검

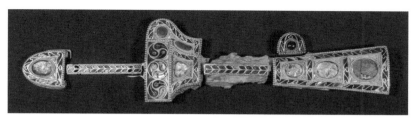

|계림로 14호 묘에서 발굴된 황금보검|출처: 경상북도

1973년 경주시의 계림로에서 도로공사를 하던 중 무덤들이 발견되어 발굴 조사가 이루어졌는데 그중 14호 묘에서 황금보검(黃金寶劍)이 발굴되었다. 왕의 무덤이 아닌 일반인의 무덤에서 황금보검이 출토된 것이다. 이 발굴은 세계 고고학계의 큰 관심을 불러일으켰는데, 그 이유는 이 황금보검의 발굴로 카자흐스탄 북부의 초원지대에 있는 보로보예(Borovoye) 호수 근처에 있는 수취(Suç) 마을에서 1928년에 발견되었던 정체불명의 아름다운 유물들이 황금보검의 장식 부품이라는 것이 밝혀졌기 때문이다.

석류석을 박아 넣고 누금 기법이 동일한 황금보검과 황금보검 장식 부품 유물이 경주와 카자흐스탄 북부의 초원지대에서 각각 발견된 것이다. 학자들은 이 황금보검은 5세기경 비잔틴(동로마) 제국의 트라키아(Thracia)[51]

---

51) 트라키아 지역은 비잔틴 제국에 속했던 현재의 이스탄불주의 북부 지역, 불가리아 남부 그리고 그리스 북동부를 포함하는 지역이다.

지역에서 제조되었다고 본다. 이는 황금보검이 유럽에서 실크로드를 따라 신라에 전해졌거나 카자흐스탄 북부 초원지대의 북방 유목민족과 신라 간의 교류를 통해 신라로 왔을 가능성을 보여주는 것이라고 할 수 있다.

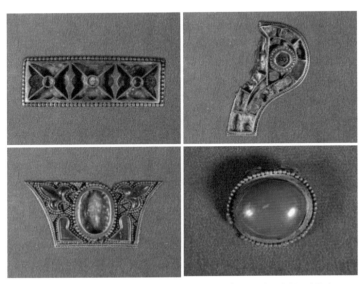

| **보로보예 호수 근처에서 발견된 황금보검 장식 부품들** | 출처: 에르미타쥬 박물관

카자흐스탄 쿠르간과 신라 왕릉 출토 유리잔

다음의 왼쪽 사진에 보이는 황남대총 남분(南墳)에서 출토된 유리잔은 색상과 푸른색 물결 모양 띠, 그리고 맨 위의 가장자리 부분에 푸른색 유리 띠를 덧붙이고 있다. 이 유리잔은 오른쪽 사진에 나오는 카자흐스탄 북부 초원지대의 카라-아가치(Kara-Agachi) 고분에서 출토된 유리잔과 잔의 밑받침이 없는 것을 제외하고는 외형이 거의 같다. 학자들은 이 유리잔 모두 비잔틴 제국 초기인 4~5세기에 지중해 동부 연안에서 제작된 것으로 보고 있다. 이 또한 실크로드를 통하여 유럽에서 제조된 유리제품이 신라로까지 전해졌거나 신라와 북방 유목민족과의 교류를 통해 전해졌을 가능성을 시사한다.

|**황남대총과 카라-아가치 고분 출토 유리잔**|왼쪽은 황남대총 남분 출토 유리잔이고 오른쪽은 카자흐스탄 카라-아가치 고분 출토 유리잔으로 그 모양이 거의 동일하다. 출처: 박천수 경북대 교수

단순한 교류만으로는 설명하기 어려운 의문들

황금보검이나 유리잔들의 교류는 실크로드를 통한 인적·물적 교류로 이루어질 수 있다. 그러나 신라 왕릉의 묘제 방식과 황금 매장 풍습은 단순한 상품과 인적 교류만으로는 설명하기에 부족함이 있어 보인다. 장례 문화는 조상 대대로 내려오는 긴 역사를 가진 풍습으로 일시적인 교류로 이루어지는 성격의 것이 아니기 때문이다. 이러한 측면에서 고구려, 백제에는 없는 사카족과 같은 북방 유목민족의 독특한 장례 문화가 한반도에서 왜 유독 신라에만, 그것도 4세기 말에서 6세기 초라는 한정된 시기에 있는지에 대해 알아보기 위해 사카족의 쿠르간 축조와 황금 매장 문화가 어떻게 동쪽으로 이동했는지를 발굴된 유물들을 통해 추적해 보고자 한다.

쿠르간 축조법과 '황금 문화'의 동쪽으로의 이동

영원불멸한 것으로 신성시된 황금으로 장식된 의복을 죽은 자에게 입히고 황금으로 만든 부장품을 넣어 매장하는 카자흐스탄 초원지대에 있었던 사카족의 '황금 문화'는 동쪽으로 이동하여 기원전 4세기~기원전 3세기경에는 중국의 북방 지역으로 확산된다. 이 시기는 흉노가 중국 북방에 등장하는 시기와 비슷하다. 즉 흉노가 지배하던 신장(新疆) 지역[52]에서 황금 유물들이 발굴되었고 더 동쪽으로 중국 간쑤성(甘肅省)의 '마자위안(馬家塬)'에 있는 북방 유목민족들의 집합체인 서융(西戎)의 무덤군에서 사카인의 고깔모자를 비롯하여 황금으로 된 유물들이 발굴된다.

쿠르간 축조와 '황금 문화'는 이보다 훨씬 더 동쪽으로 이동하여 연(燕)나라 도성 유적인 허베이성(河北省)에 있는 연하도(燕下都)의 '신장두 302호' 묘에서도 기원전 4세기~기원전 3세기 것으로 보이는 초원의 황금 유물들이 발굴된다. 이곳에서도 사카인들의 전형적인 특징인 고깔모자를 쓴 금으로 만들어진 인물형 장식들이 발굴되었다. 학자들은 이 유물들은 이 지역 토착 인들과는 거리가 먼 형상으로 중앙아시아계의 것으로 보고 있다.

실증 고증학 연구로 밝혀진 연구 결과는 여기까지다. 대형 적석목곽분에 황금 장식물을 매장하는 풍습은 북방 유목민족들을 따라 동쪽으로 점차 이동하여 현재의 중국 북경 지역 가까이 까지 왔다는 점까지는 밝혀내었으나 아직도 어떻게 그러한 문화가 4세기 말에서 6세기 초의 신라 왕릉에서 두드러지게 나타나는지에 대한 실증학적 연구는 아직 부족한 상태이다. 신라 왕족과 북방 유목민족과의 관계는 실증학적으로 아직 그 연결고리를 찾지

---

52) 신장 지역은 고대와 중세에 서역(西域)에 포함되었던 지역으로 현재는 중국의 신장 위구르 자치구이다.

못하고 있다고 할 수 있다.

신라 내물마립간에서 지증왕 때까지의 대형 적석목곽묘 축조와 황금 유물 매장 풍습은 중앙집권적인 고대 국가 체제를 완비했다고 평가받는 법흥왕(재위: 514~540) 시대에 와서 불교를 받아들이면서 간소화된다. 신라의 왕릉 규모가 작아지고 무덤 구조도 여닫기가 쉬운 출입문이 있는 돌방무덤으로 바뀌고 순장도 금지하고, 대신 흙으로 만든 인형, 즉 토용(土俑)[53]을 묻었으며 부장품 양도 줄어들었다. 이것은 북방 유목민족 문화가 불교를 만나 선진화되어 가는 것을 의미한다고 할 수 있다.

신라 김씨 왕족은 흉노족의 후손인가?

지금부터는 아직 우리나라 역사학계에서 인정하지 않고 있는 부분에 대해 잠시 이야기를 해 보려고 한다.

신라 왕족과 북방 유목민족과의 관계에 대해서는 문무왕의 묘비석에 대한 평가가 그 논란의 중심에 서 있다. 신라 문무왕릉비(文武王陵碑)에는 신라 김씨의 조상이 한(漢)나라의 제후였던 김일제(金日磾, 기원전 134년~기원전 86년)라고 되어있다. 즉 묘비석에 "투후(秺侯) 제천지윤(祭天之胤)이 7대를 전하여(5행)"라는 구절이 있는데 여기서 투후(秺侯)는 한나라 무제(武帝)의 총애를 받아 제후에 봉해진 흉노족 출신 김일제를 의미한다.

김일제는 한나라 무제 때 곽거병(霍去病)이 흉노를 정벌할 때 포로로 잡

---

53) 토용과 토우는 모두 인물이나 동물을 본떠 흙으로 만든 유물인데, 특히 매장용으로 만든 것을 토용이라고 한다.

혀 온 사람으로 서융(西戎)[54] 휴도왕(休屠王)의 태자였다. 포로로 잡혀 온 후 한나라에서 공을 세우고 한나라 무제로부터 김씨 성을 하사받아 '김일제'라는 이름을 가진다. 무제의 총애를 받은 김일제는 무제가 죽기 직전에 무제의 아들인 소제(昭帝)를 보필하는 섭정관으로 지명되고 '투후'라는 제후에 봉해진다. 김일제가 받은 봉토는 현재 중국 산뚱성(山東省) 일대로 산뚱성 하택시 성무현 옥화묘촌에 가면 그곳이 김일제가 봉토로 받은 지역이라는 사실을 알리는 표지석이 입구에 서 있다.

신라 김씨의 조상이 흉노족이라는 사실은 또 다른 비문에서도 나온다. 당나라에 살았던 신라인 김씨 부인의 업적을 기리는 '대당고김씨부인묘명(大唐故金氏夫人墓銘)'이 1954년 중국 싼시성(陝西省) 시안시(西安市) 교외에서 출토되었는데 이 비석에도 신라 김씨의 뿌리가 투후 김일제라고 기록되어 있다. 이 비석은 현재 시안시 비림(碑林) 박물관에서 소장 중이다.

우리나라 주류 역사학계에서는 "이 비문을 통해 신라 김씨 왕족은 자신들의 조상을 중국 한나라 때 투후를 지낸 김일제라고 생각했다는 것을 알 수는 있으나, 이것은 7세기 신라 왕족들이 자신들의 가계를 신성시하고자 김일제의 후손임을 자처한 것이지 실제로 그 후손일 가능성은 거의 없다"고 주장한다.

한편 김일제의 증손자로 세습으로 투후에 봉해졌던 김당(金當)은 서기 8년 이모부인 왕망(王莽, 기원전 45년~서기 23년)을 도와 한나라를 멸망시키고 신(新) 나라(서기 8년~23년)를 세우는 데 큰 공을 세운다. 그러나 서

---

54) 서융은 중국 역사에서 서쪽에 사는 이민족(한족 이외의 민족)을 일컫는 말이다. 중국은 이민족을 동서남북 각 방위를 따라 서융, 동이, 북적, 남만 등으로 불렀다.

기 23년 신 나라를 멸망시키고 후한(後漢)을 세운 광무제는 왕망 지지파를 토벌하고, 김씨 일족의 벼슬과 봉토를 모두 빼앗음으로써 김일제 후손들은 중국에서 기반을 잃게 된다. 이때 후한에서 탄압을 받게 된 김일제의 후손들이 탄압을 피해 대거 한반도로 이동해 신라와 가야 지역으로 왔다는 주장이 있다.

우리나라 주류 역사학계에서는 신라 왕족이 북방 유목민족과 연관이 있다는 것을 아직 인정하지 않지만, 신라 왕족의 고분에서 나타나는 북방 유목민족의 문화인 '황금 문화'와 적석목곽묘라는 묘제의 유사성, 기마민족으로서 말을 숭상하는 문화, 신라 지역에서 발견된 특수 전사들이 기마 전투 시 사용하는 장비들, 그리고 말(馬)을 표현하는 조형 양식의 유사성과 신라 금관과 쿠르간에서 출토된 '황금 문화' 유물의 조형 양식에서의 유사성 등은 4세기 말부터의 신라 지배 세력이 북방 유목민족과 깊은 유대 관계가 있었음을 보여준다. 이러한 연대성은 '초원의 길'의 주인공들이 살았던 카자흐스탄에 와서 더욱 피부로 느낄 수 있었다.

'황금 인간'이 발굴된 이식 쿠르간

다음 날 아침 '황금 인간'이 발굴된 이식 쿠르간이 있는 이식(Issyk)시를 찾았다. 알마티시에서 약 40분간 북동쪽으로 이동하니 이식시가 가까워지면서 우측에 쿠르간 들이 보이기 시작했다. 눈이 쌓인 텐산산맥을 배경으로 대형 무덤들이 줄지어 서 있고 이 중 한 곳은 가운데가 절단되어 있어 발굴작업이 진행되고 있는 것 같았다.

경주에는 신라왕들의 대형 무덤들이 장관을 이루고 있다. 작은 고분의 지름이 약 20m, 가장 큰 황남대총의 지름이 약 120m이다. 그리고 이러한

|**이식시의 쿠르간 들**|톈산산맥을 배경으로 줄지어 서 있는 이식시에 소재한 쿠르간 들. 맨 왼쪽의 쿠르간은 발굴작업 중인지 중간이 절단되어 있다.

대형 무덤 158기가 있다. 그런데 카자흐스탄 초원에는 쿠르간이라 불리는 이러한 대형 고분이 수천 기가 있다고 한다. 이렇게 큰 고분들이 수천 기나 된다니 놀라울 따름이다. 이식시에 있는 쿠르간의 수만 해도 150기 정도이고 그 크기는 지름 20~120m라고 하니 바로 경주에 있는 고분 규모 정도가 이식시에 있다고 할 수 있다.

국립 이식 역사문화박물관과 코리아 실크로드 우호협력 기념비

드디어 필자가 관람하려는 국립 이식 역사문화박물관에 도착하였다. 이곳에는 이미 여러 대의 관광버스가 와 있고 학생으로 보이는 관람객들이 줄지어 서 있었다. 입구 간판에는 '국립 이식 역사문화 보호구역 박물관(The State Historical-Cultural Museum Reserve ISSYK)'이라고 되어 있다.

박물관 입구에는 필자가 경상북도 국제관계대사로 근무하던 시절 '코리아 실크로드 프로젝트'의 일환으로 세워진 한국과 카자흐스탄과의 '실크로드 우호협력 기념비'가 세워져 있었다. 반가운 마음에 기념사진을 한 장 찍고 내부로 들어갔다.

|코리아 실크로드 우호협력 기념비| 국립 이식 역사문화박물관 앞에 세워진 코리아 실크로협 력 기념비 옆에서 방문 기념으로 사진 한 장을 찍었다.

이 박물관에도 이식 쿠르간에서 발굴된 '황금 인간'의 복제품이 전시되어 있었다. 그리고 대칭을 이룬 사슴 장식, 포식동물 얼굴형의 펜던트, 뿔이 큰 야생 양 장식 등 기원전 4세기에서 기원전 3세기의 것으로 추정되는 베렐 쿠르간에서 발굴된 황금 유물들을 포함한 여타 다른 쿠르간에서 발굴된 유 물들이 설명과 함께 전시되어 있었다.

박물관의 뒤편에는 톈산산맥을 배경으로 쿠르간 들이 줄지어 있고 다 양한 의례 행위가 이루어졌던 신앙 공간으로 추정되는 원형 돌무지(stone circle)에서 방문한 학생들이 자유롭게 뛰어놀고 있었다.

이곳의 풍광을 바라보고 있으니 말을 타고 더 넓은 초원을 주름잡던 사 카인들의 모습이 눈에 보이는 듯하다. 톈산산맥을 배경으로 광대한 초원에 늘어서 있는 대형 쿠르간은 서로 잘 어울리는 한 세트였다. 반면 경주에 있

|**이식 박물관 전시물**|왼쪽 사진은 이식 박물관의 황금 인간 복원 모형이 있는 전시관 모습이고, 오른쪽 사진은 이식 박물관에 전시된 베렐 쿠르간에서 발굴된 황금 유물들이다.

는 대형 고분들은 그 규모로 볼 때 경주가 아니고 바로 이 더 넓은 초원에 있어야 어울릴 것 같다는 생각이 들었다. 경주에 있는 신라 왕릉들은 좁은 땅임에도 불구하고 자신들의 관습대로 주변 환경과 어울리지 않은 대형 무덤을 만들어 놓았던 것이 아닌가 하는 생각이 들었다.

|**쿠르간과 원형 돌무지**|박물관 뒤편에 텐산산맥을 배경으로 쿠르간 들이 줄지어 서 있고 원형 돌무지가 잘 정비되어 있다.

카자흐스탄의 근대화를 이끈 인물들

'카자흐스탄 문학의 창시자' 아바이 쿠난바이울리

이식 박물관을 방문하고 다시 알마티 시내로 들어와 주요 공연장인 '공화국궁전' 앞을 지나는데 커다란 동상이 보였다. 카자흐스탄이 전통적인 유목 사회에서 근대사회로 넘어오는 과정에서 카자흐스탄 국민에게 가장 큰 영향을 끼친 인물로 평가받고 있는 아바이 쿠난바이울리(Abai Qunanbaiuly, 1845~1904)의 동상이다. 시인이면서 교육자이고, 철학자이면서 작곡가이기도 한 그는 '카자흐스탄 문학의 창시자'로도 불린다.

| **아바이 쿠난바이울리의 동상** | 알마티의 주요 공연장인 '공화국 궁전' 앞에는 '카자흐스탄 문학의 창시자'이자 문학을 통해 국민을 계몽시킨 아바이의 동상이 서 있다.

그의 동상은 우리나라에도 세워져 있다. 서울 강북구에 있는 '서울 사이버 대학교' 교정에 가면 본관 건물 뒤편에 '아바이 언덕(Abay Hill)'이 있고 이

언덕의 중간 지점에 그의 흉상이 세워져 있다.

바람 없는 밤에 달이 밝아
달빛이 물에서 흔들거리네.
마을 옆에는 깊은 골짜기
강물 요란히 넘쳐흐르네.

무수한 나뭇잎사귀들은
자기들끼리 속삭이고
땅의 먼지는 몸을 숨겨
온 땅이 풀빛으로 빛나네.

산들은 개 짖는 소리에
메아리로 맞장구를 치는데
고독한 만남을 기다리며
혹 그대 오지 않나 길을 살피네.

아바이 쿠난바이울리의 아름다운 서정시의 한 부분이다. 〈황금 천막에서 부르는 노래〉라는 제목으로 김병학[55]이 편찬한 아바이 시선집에서 소개한 100편의 시 중 한 편인데 너무 길어 일부분만 적어 보았다. 아바이가 남긴 대부분 시는 장시(長詩)이고 제목도 없다. 그는 카자흐스탄 최초의 진정한 의미의 시인이지만 시의 형식에서는 아직 초원에서 즉흥시를 읊고 노래를 불러주던 음유시인의 전통이 남아 있는 듯하다.

---

55) 김병학은 카자흐스탄 고려인 출신으로 현재는 귀국하여 광주에서 고려인 박물관 관장을 맡고 있다.

누가 그대들에게 말했는가,

"놀아라! 말 떼를 도둑질하라! 더러운 짓을 하라!

빈둥거리는 것이 그대의 노동이다!"라고,

날쌔고 재빠른 것들

비열한 일을 잘 아는 이들이

어찌 그대를 옳은 길로 이끌어 주겠는가.

몇 해 동안 견고해진 성격은

습관이 되어 오직 해만을 가져오리라.

〈황금 천막에서 부르는 노래〉에 소개된 또 다른 시인데 그가 남긴 시들은 이 시와 같이 설교적이고, 훈육적인 내용이 많이 들어가 있다. 그는 시를 통해 카자흐스탄 국민의 나태함과 전근대적인 사고방식을 지적하면서 그들에게 앞으로 나아가야 할 방향을 제시하려고 노력하였다.

그는 이슬람교의 원칙에 입각하면서도 유럽과 러시아 문화를 수용한 문화 개혁자로 독일의 괴테, 러시아의 푸시킨 등에 비견되기도 한다. 그는 많은 이슬람권 국가에서 존경받고 있으며 카자흐스탄에서는 매년 그의 탄생일인 8월 10일을 '아바이의 날'로 정하여 기념하고 있다.

카자흐스탄이 낳은 세계적인 극작가인 무흐타르 아우에조프(Mukhtar Auezov, 1897~1961)는 아바이에 대해 "카자흐스탄 초원지대를 둘러싸고 있던 무지와 편견의 어둠 속에서 타오르는 횃불과 같은 작품들을 남김으로써 다가올 세대들이 더 깨우치고, 더 나은 삶을 영위할 수 있도록 하였다"라고 하면서 "그의 문학 작품들은 카자흐스탄 국민이 뚜렷한 국가관과 정체성을 가질 수 있도록 해 주었다"고 평가한 바 있다.

'카자흐스탄의 셰익스피어' 무흐타르 아우에조프

카자흐스탄의 근대화를 이끈 인물 중에는 카자흐 문학 발전을 위해 일평생을 바친 '카자흐스탄의 셰익스피어'라 불리는 극작가 무흐타르 아우에조프가 있다. 그의 이름을 따서 지은 '아우에조프 전철역' 가까이에 있는 '아우에조프 카자흐 극장' 앞에는 그의 동상이 세워져 있다.

레닌그라드 국립대학교에서 문학을 전공한 그는 20세에 첫 번째 작품인 〈엔리크와 케베크(Enlik-Kebek)〉를 카자흐어로 썼다. 카자흐 여성 엔리크와 그녀의 연인 케베크간의 사랑 이야기를 주제로 한 창작극인데 셰익스피어의 〈로미오와 줄리엣〉과 같은 슬픈 사랑 이야기다. 이 작품으로 그는 카자흐스탄 문단의 주목을 받았는데 이 작품은 지금도 여전히 카자흐스탄 연극무대에서 공연되고 있다. 그는 외국 유명 소설들을 카자흐어로 번역하여 카자흐스탄 국민에게 외국의 문화를 알리기 위해서도 노력하였다.

또한, 그는 자신의 재능과 시간의 많은 부분을 '아바이' 연구에 바쳐 '아바이 학(學)'을 정립한 인물이기도 하다. 그가 남긴 많은 작품 중 대표작으로 꼽히는 작품도 아바이의 일생에 관한 내용인 〈아바이의 길(The Path of Abay)〉이라는 장편 소설이다. 그는 이 소설을 쓰는 데 20년이나 걸렸다고 한다. 구소련 시절 출판된 이 소설은 러시아어를 포함해 40개 언어로 번역되었으며 문학 비평가들로부터 '20세기의 위대한 소설'이라는 평가를 받았다.

'국민 선생님' 아흐메트 바이투르시노프

카자흐어 알파벳을 개혁하고 카자흐스탄 국민의 문맹 퇴치를 위해 평생을 바친 아흐메트 바이투르시노프(Ahmet Baitursynov)도 카자흐스탄의 근대화를 이끈 인물 중 한 사람으로 꼽을 수 있다.

그는 세종대왕께서 우리말과 한자의 음성학적 차이로 인해 어려움을 겪고 있는 백성들을 위해 표음식(表音式) 특성을 가진 우리말에 맞는 한글을 창제하신 것처럼 우리말과 마찬가지로 표음식 특성을 가진 카자흐어와 맞지 않는 아랍 문자들을 모두 걷어내고 카자흐어에 특화된 문자들을 추가하여 24개 문자와 1개의 특수문자로 구성된 카자흐어 알파벳을 만들어 카자흐스탄 국민이 글을 쉽게 깨칠 수 있도록 하였다. 카자흐스탄에서는 이같이 카자흐스탄 국민의 문맹 퇴치에 앞장서온 그를 '국민 선생님(울트 우스타지, Ult Ustazy)'이라고 부른다.

카자흐스탄 최대 규모 미술관인 카스쩨예프 국립미술관

다음 날 알마티에서 가장 유명한 미술관인 카스쩨예프 국립미술관(Kasteyev State Art Museum)을 방문했다. 이 국립미술관은 1976년 카자흐스탄 아트 갤러리에서 카자흐스탄 국립미술관으로 개명되었는데 1984년 1월에 '카자흐스탄 근대 미술의 아버지'라 불리는 카스쩨예프의 이름을 붙여 카스쩨예프 국립미술관으로 명명되었다.

이 미술관이 소장하고 있는 25,000여 점에 달하는 풍부하고 소중한 컬렉션들은 카자흐스탄, 유럽 및 아시아의 예술과 문화, 그리고 작고한 거장들과 현재 활동 중인 예술가들의 작품활동을 생생하게 보여준다.

'카자흐스탄 근대 미술의 아버지' 아빌한 카스쩨예프

|**카스쩨예프 국립미술관 전경**|미술관 입구 왼쪽에 '카자흐스탄 근대 미술의 아버지'라 불리는 아빌한 카스쩨예프의 동상이 세워져 있다.

　미술관에 도착하니 건물 왼쪽에 동상이 하나 있다. 이 국립미술관의 이름에 붙여진 아빌한 카스쩨예프(Abilkhan Kasteyev, 1904~1973)의 동상이다. 그는 유채나 수채를 사용하여 그림을 그린 최초의 카자흐스탄 예술가로 카자흐인들의 전통적인 유목 생활과 영웅적인 인물들의 이미지를 화폭에 담은 민족주의적 성향을 보인 화가였다. 또한, 그는 카자흐스탄에서 최초로 국립예술학

아빌한 카스쩨예프의 아망겔디 이마노프 초상화

교를 세워 카자흐스탄의 예술 활동을 이끈 인물이기도 하다.

카스쩨에프는 많은 작품을 남겼는데 그중에서도 '아망겔디 이마노프(Amangeldy Imanov)의 초상화'를 가장 대표적인 작품으로 꼽는다. 이 작품은 정의로우면서도 과단성 있는 농민 지도자 아망겔디 이마노프의 성격을 잘 표현하고 있는 것으로 평가받고 있다.

제1차대전 기간 중 제정 러시아는 카자흐스탄 농민들을 대규모 징발하여 전쟁에 투입했는데 이에 반발한 농민들이 1916~1919년간 봉기하였다. 이 농민 봉기의 가장 대표적인 지도자가 투르가이(Turgay)[56] 지역에서 봉기한 아망겔디 이마노프였다. 그가 조직한 민족해방군에는 약 5만 명이 합류하였다고 한다.

천재적 여성 예술가, 굴파이루스 이스마이로바

이 국립미술관에서 필자의 눈길을 사로잡은 그림 중 하나는 굴파이루스 이스마이로바 만수로브나(Gulfayrus Ismailova Mansurovna, 1929~2013)의 '카작 왈츠(Kazak Waltz)'라는 작품이었다.

무용수의 리드미컬한 몸짓과 알맞은 공간에 배치된 팔과 손, 그리고 춤을 즐기고 있는 무용수의 모습이 한데 어우러져 눈앞에서 무용수가 실제로 음악에 맞춰 춤을 추고 있는 것 같은 기분을 느끼게 한다. 그리고 자신 있고 빠른 붓놀림으로 그려낸 몸을 휘감고 돌아가는 드레스의 선은 춤사위를 더욱 생동감 있게 만들어 주고, 전통의상의 색감은 신비로운 분위기를 자아내고 있다. '카작 왈츠'는 그녀가 29세 때 그린 작품이다.

---

56) 투르가이는 1868년부터 1920년까지 존재했던 러시아 제국의 주(州)로 현재의 러시아와 카자흐스탄에 걸쳐 있었다.

| 굴파이루스 이스마이로바의 카작 왈츠 | 카자흐스탄 최초의 전문 무용수
인 사라 지옌쿨로바의 춤추는 모습을 묘사한 그림이다.

1944년에 '알마-아타 예술학교'에 입학하여 유명한 아브람 체르카스키
(Abram Markovich Cherkassky) 교수로부터 그림을 배운 후 모스크바 '수
리코프 미술학교(Surikov Art Institute)'와 레닌그라드 '레핀 미술학교(Lepin
Institute)'에서 본격적으로 미술 공부를 하였다.

그녀는 뛰어난 화가였을 뿐 아니라 17년 동안 국립 오페라·발레 극단의
예술단장을 맡기도 했고, 뛰어난 미모와 연기력으로 젊은 시절에는 영화배
우로 여러 작품에서 주인공 역할을 하였으며 나중에는 영화감독까지 한 만

능 예술인이었다. 그녀는 '카자흐스탄 공화국 인민예술가'와 구소련의 '카자흐스탄 명예 예술노동자' 칭호를 받았다.

여성 해방을 그림으로 표현한 갈림바예바 아이샤 가리포브나

갈림바예바 아이샤의 '카자흐스탄 여성'

이 미술관에는 또 한 사람의 중요한 여성 화가의 그림이 있다. 카자흐스탄 최초의 전문 여류 화가로 인정받고 있는 갈림바예바 아이샤 가리포브나(Galimbayeva Aisha Garifovna, 1917~2008)의 작품들이다. 그녀는 20세기 중반 소비에트 블록에서 변화하는 카작 여성의 위치를 다채롭고 사실적으

로 표현한 것으로 유명하다. 즉 그녀는 카자흐스탄 사회의 개혁, 특히 여성의 지위에 대한 개혁을 회화를 통해 표현한 화가였다.

'카자흐스탄 여성(Woman of Kazakhstan)' 작품에서 보듯이 그녀는 밝은 색상을 많이 사용하여 자신의 감정을 과감한 터치로 표현하면서 작품 속 대상의 진실한 모습을 담아내려고 노력한 화가라는 평가를 받고 있다. 그녀도 알마티 예술학교에서 아브람 체르카스키 교수의 지도를 받았으며 '국가 예술가', '인민예술가' 등의 칭호와 많은 훈장을 수여 받은 화가이다.

카자흐스탄 화가들의 위대한 스승, 아브람 체르카스키

카자흐스탄에는 위의 두 여성 화가를 포함한 많은 화가를 키워낸 카자흐스탄 화가들의 위대한 스승이자 대표적인 화가인 아브람 체르카스키라는 인물이 있다. 그는 제정 러시아 시절 '제국 예술 아카데미(Imperial Academy of Arts)'를 졸업하고 키에프에서 미술 교사를 하다가 1941년에 카자흐스탄으로 와서 많은 카자흐스탄 화가들을 길러낸 카자흐스탄 근대 미술의 선구자 중 한 사람이다.

국립미술관에 전시된 그의 그림 '누르페이소바와 잠불'은 텐산을 배경으로 카자흐스탄의 유명한 돔브라 연주자인 디나 누르페이소바(Dina Nurpeisova)의 돔브라 연주를 경청하고 있는 시인 잠블 자바예프(Zhambyl Zhabayev)를 묘사한 그림이다. 작가가 강렬한 스트로크를 사용하면서 표현한 눈 덮인 텐산은 돔브라 곡조에 맞추어 마치 물결이 일렁거리듯 춤추고 있는 느낌을 준다. 작가는 이 작품에서 카자흐스탄의 위대한 두 예술가와 자연의 아름다운 합일(合一)을 표현하고자 한 것 같다. 이 그림은 카자흐스탄 역사상 가장 뛰어난 작품 중 하나로 여겨지고 있는 작품이다.

|**누르페이소바와 잠불**|톈산을 배경으로 돔브라를 연주하는 디나 누르페이소바와 이를 경청하는 시인 잠불을 묘사한 아브람 체르카스키의 작품이다.

카자흐스탄 사회 개혁의 상징이었던 발레

우즈베키스탄 타슈켄트나 키르기스스탄 비슈케크와 마찬가지로 카자흐스탄 알마티에도 구소련 시대에 세워진 멋진 국립 오페라·발레 극장이 있다.

소비에트 연방 정부는 이슬람교의 영향 아래 전통적 사회로 남아 있는 중앙아시아 국가들을 소련 체제 안으로 끌어들이기 위한 개혁 작업으로 발레와 뮤지컬, 그리고 오페라를 진흥시키기로 한다. 이러한 개혁 작업의 하나로 카자흐스탄에도 1933년 뮤지컬 공연 극장과 발레 스튜디오가 설립되

아바이 국립 오페라 · 발레 극장 전경과 극장의 화려한 복도

었고 이것이 현재의 '아바이 국립 오페라 · 발레 극장'으로 발전하였다.

카자흐스탄 최초의 전문 무용수, 사라 지옌쿨로바

발레라는 장르에서의 여성 무용수는 그 당시 이슬람 사회에서는 용납되기 어려웠다. 공중들 앞에서 여성이 몸놀림을 하고 자신의 신체 일부를 드러내 보인다는 것을 상상하기 어려웠던 시기에 과감히 전문직 여성 무용수로서의 길을 택한 인물이 있었으니 그 사람이 사라 지옌쿨로바(Shara Zhienkulova, 1912~1991)이다. 바로 국립미술관에서 본 굴파이루스 작가의 '카작 왈츠' 작품의 모델이 된 인물이다. 자연 그녀는 소련 정부가 실시하고자 하는 카자흐스탄 사회 개혁의 상징적인 인물이자 신여성의 롤 모델이 되었다.

그렇지만 그녀가 정치적으로 소비에트 연방 체제를 지지한 것인지에 대해서는 회의적인 시각이 많다. 그녀는 부유한 가정에서 태어났으나, 소비에트 연방 체제하에서 아버지가 외세에 영합한 인물로 낙인찍혀 재산을 몰수당하고 소녀 가장으로서 가정을 책임지기 위해 어린 시절 경제적으로 모진 세월을 보내야 했기 때문이다. 그녀는 소련이 내세운 신여성의 롤 모델이었지만, 그녀의 회고록 〈내 인생은 예술(My life is art)〉의 제목처럼 어쩌면 그냥 자신이 가고자 하는 예술의 길을 간 예술가였을 뿐일지도 모른다.

고려인 3세 발레리나 '류드밀라 리'와 '타티야나 텐'

알마티를 방문하였을 때 마침 코펠리아(Coppélia) 발레 공연을 하고 있어 표를 구입했다. 1층 중간 가운데 자리인데 원화로 15,000원 정도의 가격이었다. 필자가 알마티에서 발레 공연을 본 것은 저녁 시간을 즐겁게 보내기 위해서였지만, 이 알마티의 국립 오페라·발레 극장 소속 발레 무용수들을 키우는 데 주요한 역할을 하는 사람이 바로 우리 고려인 3세인 류드밀라 리(Lyudmila Munsekovna Li)였기 때문이기도 했다.

카자흐스탄은 독립 후에도 세계적으로 유명한 발레 무용수들을 양성하기 위해 노력을 아끼지 않아 발레 장르에서 카자흐스탄의 입지를 공고히 해나가고 있다. 바로 이러한 카자흐스탄의 발레 발전에 가장 앞장서고 있는 인물 중 한 사람이 고려인 3세인 류드밀라 리이다.

그녀는 1969년 90년 역사를 가진 카자흐스탄 무용의 요람인 알마티 무용학교(Almaty Choreographic School)를 졸업한 후 알마티 국립 오페라·발레 극장에서 1989년까지 20여 년을 근무하면서 많은 발레 공연에서 주인공 역할을 맡았다. 지금은 자신이 졸업한 알마티 무용학교에서 예술 감독을 맡아 알마티 국립 오페라·발레 극장 소속 많은 발레 무용수들을 키워내고 있으며 이 학교를 중앙아시아 최고의 무용학교, 나아가 세계적인 무용학교로 만들기 위해 노력하고 있다. 그녀는 카자흐스탄 명예 예술가(1986), 공화국 명예 교육자(2005) 등의 칭호와 여러 가지 훈장을 받았다.

고려인 무용수 중에는 류드밀라 리 외에도 카자흐스탄을 대표하는 현역 발레리나도 있다. 수도인 아스타나에 있는 아스타나 발레(Astana Ballet)의 수석 무용수인 타티야나 텐(Tatyana Ten)이다. 그녀는 카자흐스탄뿐만 아니라 여러 해외 극장의 무대에 오른 경력이 있는 현재 카자흐스탄에서 가장 두각을 나타내고 있는 무용수 중 한 명이다. 고려인 3세인 그녀는 아버지와 어머니가 모두 중앙아시아로 강제 이주된 고려인들이다. 이처럼 카자흐스탄 발레 분야에서 고려인 3세들이 두각을 나타내면서 카자흐스탄의 발레 발전에 기여하고 있다는 것이 매우 자랑스러웠다.

|아스타나 **국립발레극장 무대에서 공연 중인 타티아나 텐**|출처: 아스타나 발레단

카자흐스탄의 고려인

고려인의 시초는 1860년대 초 러시아 연해주 지역으로 이주한 조선인들인데 러시아가 일본과 전쟁을 시작하면서 고려인들의 비극이 시작된다. 연해주에 일본 밀정이 많이 침투해 들어왔는데 소련 정부로서는 조선인과 일본인을 구분할 수 없어 1937년 조선인들을 중앙아시아 쪽으로 강제 이주시키게 된다. 그들이 처음 도착한 곳은 카자흐스탄의 우슈토베(Ushtobe)와 아랄해 지역이었다.

1937년 카자흐스탄에 도착한 고려인들은 허허벌판에 토굴을 파고 다음 해 4월까지 보내야만 했다. 그들은 겨울이 지나고 봄이 되자 강물을 끌어들여 벼농사와 콩을 재배하기 시작한다. 축산만 하였던 카자흐스탄인들은 고려인들이 와서 쌀과 콩 농사를 가르쳐 줌으로써 서로 상부상조하는 분위기를 만들어 낼 수 있었다. 이렇게 고려인들은 유목민의 나라에 농사를 지으면서 뿌리를 내리게 된다.

현재 카자흐스탄에는 고려인이 10만여 명이 된다고 한다. 특유의 성실성과 뛰어난 재능을 발휘하여 다양한 분야에서 두각을 나타내고 있으며 상당한 부를 축적한 고려인들도 많다고 한다. 고려인들이 가장 많이 정착해서 거주했던 크즐오르다(Kyzylorda)에는 고려인들이 정착하면서 관개시설을 통한 벼농사를 시작하여 이곳을 중앙아시아의 대표적인 곡창지대로 만든 것을 기념하기 위하여 벼 이삭을 형상화한 탑이 세워져 있다.

고려인의 정체성

2023년 9월 말 남카자흐스탄 지역을 방문할 때 함께 여행한 고려인 3세 우즈베키스탄 청년과 타슈켄트에서 운전을 해 준 역시 고려인 3세인 그의 친구는 한국말을 조금씩은 하고 한국에 대해서도 알고는 있었으나 사업상 연관이 없어 그런지 한국에 대해 특별한 애정을 느끼고 있는 것 같지 않았고 오히려 러시아인들과의 연대가 큼을 느꼈다.

필자가 미국에 근무할 때 만났던 동포 2, 3세들과 비교하면 한국에 대한 정서에서 상당한 차이가 있음이 느껴졌다. 물론 그들의 부모나 조부모들은 소련으로부터 이주해 왔고 그들이 가정이나 바깥에서 사용하는 언어는 러시아어이므로 자연 정서적으로 러시아와 가까울 수밖에 없을 것으로 보인다. 그런데 짧은 기간의 여행을 하면서 서로가 쉽게 가까워질 수 있었던 것을 보면서, 필자는 이들이 한국에 대해 특별한 애정을 느끼지 못하는 것은 중앙아시아 국가들과 한국과의 관계가 미국과 비교해 상대적으로 긴밀하지 않았던 것이 가장 큰 원인이 아닌가 생각되었다.

카자흐스탄 고려인 출신으로 현재는 귀국하여 광주에서 '고려인 박물관'을 운영하시는 김병학 관장은 그가 쓴 〈고려인 인문학 산책〉에서 "현세대 고려인들, 즉 고려인 2세와 3세에게 조국(한국)은 경제적 여건에 따라 결합과 이별을 쉽게 할 수 있는 가벼운 상대로 변모해 간다"라고 적고 있다.

세계 각국에 산재해 있는 한민족의 피를 나눈 동포들은 정도의 차이는 있지만, 그들에게 한국은 분명 일반적인 나라는 아닐 것이라고 생각된다. 즉 그들은 우리가 관심을 보이기에 따라 누구보다도 우리와 쉽게 가까워질 수 있는 사람들이다. 따라서 우리는 그들이 우리의 귀중한 자산임을 생각하고 그들과의 유대 강화를 위해 노력할 필요가 있지 않나 생각해 보았다.

고려인의 민족적 정체성 함양의 전당, 고려극장

알마티에는 고려인들이 원래의 뿌리인 한민족으로서의 정체성을 유지하고 한국과의 문화적 교류를 할 수 있도록 해 주는 고마운 장소가 있다. 고려극장이다. 필자가 이곳을 방문했을 때 마침 행사가 있어 한복과 카자흐스탄 전통복장을 차려입은 고려인 3세, 4세로 보이는 젊은이들이 손님들을 맞이하고 있었다. 이 고려극장이 고려인 3, 4세들도 이렇게 한데 어울려 서로 교류할 수 있도록 해 주는 중요한 장소임을 느낄 수 있었다.

알마티 고려극장 전경

고려극장은 원래 유랑극단 형태로 연해주에서 설립되었으나 1937년 강제 이주 시 카자흐스탄으로 이전하여 크즐오르다에 세워졌다가 지금은 알마티에 있다. 고려극장은 1968년에 '카자흐스탄 국립 음악·코미디 극장'으로 격상되었고 현재 음악, 연극 그리고 무용 등을 공연하는 '국립 한인 공연 예술극장'이 되었다. 독립군 출신 홍범도 장군이 말년에 크즐오르다에서 고려극장의 경비 책임자로 일한 바도 있는데 이 고려극장에서 공연되는 〈홍범도 장군〉 연극은 유명하다.

알마티에 세워진 '러시안 록의 전설' 빅토르 최의 동상

우리 마음은 변화를 요구한다.

우리 눈은 변화를 요구한다.

우리의 웃음과 눈물과 심장에서

우리는 변화를 기다린다.

구소련 시절 젊은이들의 우상이었던 빅토르 최(Victor Choi)가 결성한 록 밴드 '키노'의 〈변화〉라는 제목의 노래 가사다.

|**록 밴드 '키노'의 리더 빅토르 최와 그의 동상**| 왼쪽 사진: 구소련 시절 자유와 변화를 바라는 마음을 노래로 표현했던 록 밴드 '키노'의 리더 빅토르 최. 출처: Gazeta, 오른쪽 사진: 알마티의 '툴레우바' 거리에 세워진 '빅토르 최'의 동상.

고려인 3세인 빅토르 최의 동상이 알마티의 '툴레우바' 거리에 있다고 하여 그곳을 찾았다. '툴레우바' 거리에 있는 공원에 가니 오른손에 라이터를 켜고 서 있는 그의 동상이 보였다. 라이터를 켜고 있는 모습은 빅토르 최가 1987년에 출연한 〈이글라(바늘)〉라는 영화의 마지막 장면을 형상화한 것이다.

그는 1962년 소련의 레닌그라드에서 태어났는데 카자흐스탄으로 강제 이주를 당한 그의 할아버지와 할머니가 크즐오르다에서 살았기 때문에 유년 시절을 그곳에서 보냈고 그 후에도 카자흐스탄을 자주 방문하였다고 한다. 그래서 그를 사랑하는 카자흐스탄 팬들의 열망을 담아 알마티에 그의 동상이 세워진 것이다.

그는 대학 시절 '제6병동'이라는 록그룹을 만들어 활동하였으나 록 음악이 저항 정신을 불어넣는다는 이유로 소련 정부가 이를 탄압해 그룹 활동을 이어나가지 못하다가 1980년대 페레스트로이카(Perestroika)[57]의 분위기 속에서 1982년 록그룹 '키노'를 결성하고 다시 활동하게 된다.

그의 음악은 자유, 즉 더 이상 이념에의 봉사를 위한 삶을 살 수 없다는 '이념으로부터의 자유'를 외치며 변화를 원하였던 당시의 시대정신을 담았기 때문에 소련 젊은이들의 열광적인 호응을 얻게 된다. 그가 변화를 원하는 젊은이들의 마음을 음악으로 대변해 준 것이다. 그는 한 명의 가수 수준을 넘어 1980년대 러시아의 문화 현상 그 자체였다고 말할 수 있을 정도로 소련 젊은이들 사이에서는 일종의 '문화 아이콘'이었던 것이다.

이렇게 젊은이들의 우상이었던 빅토르 최는 28세의 나이에 교통사고로 생을 마감하였는데 그의 사망 소식이 전해지자 소련 전역에서 추모 행사가 열렸으며 5명의 팬이 투신자살하는 일이 벌어지기도 하였다고 한다. 카자흐스탄 알마티에서는 매년 8월 15일이면 그의 삶과 음악을 사랑하는 팬들이 알마티 시내 중심가인 아르바트 거리나 그의 동상 앞에 모여 거리 콘서트를 개최하거나 추모 모임을 해 오고 있다고 한다.

---

57) 페레스트로이카는 '재건', '개혁'이라는 뜻을 가진 러시아어로, 미하일 고르바초프가 1985년 3월 소련 공산당 서기장에 취임한 후 실시한 개혁 정책을 말한다.

| **알마티 승천 대성당** | 학생들이 그늘에 앉아 아름다운 대성당을 화폭에 담고 있다.

대지진에도 전혀 손상을 받지 않았던 알마티 승천 대성당

　빅토르 최의 동상을 보고 나서 1911년 진도 8이 넘는 대지진에도 전혀 손상을 받지 않았던 아름다운 목조 건축물인 러시아 정교 교회가 있다고 하여 알마티에서의 마지막 일정으로 그곳을 찾았다. 러시아 정교 교회인 알마티 승천 대성당(Almaty Ascension Cathedral)은 외관도 아름답고 내부도 무척 화려하게 장식되어 있었다. 목조 건축물이 지진에 오히려 강하다는 것은 알았지만 못을 하나도 사용하지 않고 건축되었다는데 어떻게 강한 지진을 견뎌냈는지 신기하다는 생각이 들었다.

　카자흐스탄의 전체 인구 중 50% 이상이 수니파 이슬람교도이지만 러시아 정교도도 30% 정도로 의외로 많다. 알마티에만도 6개의 러시아 정교 교회가 있는데 그중 가장 대표적인 것이 이 알마티 승천 대성당이다. 제정 러시아 시절인 1904년에 건축이 시작되어 1907년에 완성된 이 성당을 지은 건축가가 젠코프(Andrei Pavlovich Zenkov)였기에 '젠코프 성당'이라고도 부른다.

성당의 뒤쪽으로 돌아가니 그곳에서 학생들이 그늘에 앉아 대성당을 보면서 그림을 그리고 있었다. 필자의 초등학교 시절, 지금은 철거되어 사라졌지만, 붉은색 벽돌로 지은 아름다운 포항 시청 건물을 보며 그림을 그렸던 기억이 났다.

한 시대가 남긴 유적인데 '일본 제국주의 청산'이라는 이름으로 철거되어 늘 아쉬워했었다. 특히, 목포에서는 과거 일본 총영사관이었던 건물과 일제 수탈의 본거지였던 동양척식주식회사의 목포지점 건물이 박물관으로 다시 태어나 문화 도시로서의 목포의 품격을 더 높여 주고 있는 것을 보고는 "포항시청에 대해서는 그때 왜 비슷한 결정을 내리지 못했을까?" 하는 생각을 하면서 더욱더 안타까워했던 생각도 났다. 이렇게 그림을 그리던 어린 시절을 회상하면서 아름다운 대성당을 화폭에 담고 있는 학생들과 함께 알마티 승천 대성당의 뒤뜰에서 이번 여행 중 가장 한가로운 시간을 보냈다.

알마티에서 다음 행선지인 남카자흐스탄 지역으로 가려면 항공편도 여의치 않고 차량을 이용하면 10시간 이상을 가야 해서 남카자흐스탄 지역 방문은 다음 기회로 미루고 알마티 승천 대성당을 끝으로 1차 중앙아시아 인문학 여행을 마치고 귀국길에 올랐다.

카자흐 칸국 시대의 주요 실크로드 도시들

　2023년 9월 말 그동안 미뤄놓았던 카자흐 민족이 형성된 카자흐 칸국 시대의 주요 도시들이 있는 남카자흐스탄 지역을 방문하기 위해 2차 중앙아시아 여행을 준비했다. 이 지역 방문은 생각보다 준비과정이 만만치 않았다. 카자흐스탄의 알마티에 있는 우리 동포가 운영하는 여행사에 문의하니, 모두 자신들의 회사와 거리가 멀어 가이드와 차량 기사를 통제하기 어려워 주선할 수 없다는 반응이었다. 또 우즈베키스탄 타슈켄트의 현지 여행사에서는 국가가 달라 주선하기 어렵다는 반응을 보였다. 그래서 개인적으로 아는 타슈켄트에 사는 러시아계 지인을 통해 러시아어와 한국어를 구사할 수 있는 고려인 3세를 소개받아 그와 함께 타슈켄트에서 출발하여 남카자흐스탄 지역을 여행하였다.

　남카자흐스탄 지역 방문을 타슈켄트에서 출발한 것은 카자흐 칸국 시대의 주요 오아시스 도시 여행의 출발지라 할 수 있는 쉼켄트(Shymkent)가 한국에서 항공편으로 연결되는 알마티에서는 690km나 떨어져 있으나 우즈베키스탄의 타슈켄트에서는 120km밖에 떨어져 있지 않기 때문이다.

　2023년 9월 28일 타슈켄트 버스터미널(Avtovokzal)에서 국제버스를 타고 쉼켄트로 향했다. 타슈켄트에서 쉼켄트로 가는 항공편도 있으나 수도인 아스타나를 먼저 경유하고 쉼켄트로 가기 때문에 13시간이나 걸려 항공편 이용은 불가능하였기 때문이다. 오후 5시에 타슈켄트 버스터미널을 출발한 버스는 3시간 30분 정도 뒤에 쉼켄트의 인적이 드문 어느 한 정류장에 우리를 내려다 주었다. 차량 소요 시간은 약 2시간 30분이었지만 국경 통과

|카자흐 칸국의 주요 도시들| 지도의 붉은 색 동그라미를 친 도시들이 2차 답사 시 방문한 카자흐 칸국의 주요 오아시스 도시들이다.

절차 등으로 지체되어 총 3시간 30분 정도가 걸렸다. 코로나의 여파로 여행객이 줄어 타슈켄트-쉼켄트간 직통 국제버스를 운용하지 않아 크즐오르다(Kyzil Orda)로 가는 버스를 탔는데 중도에 쉼켄트에서 우리를 내려다 준 것이었다. 시차가 1시간 있어 시간은 벌써 저녁 9시 30분이었다.

고려인 동반자가 '얀덱스(Yandex) 택시 어플'을 사용하여 택시를 불렀는데 의외로 택시가 금방 도착하였다. 이 택시를 타고 한참을 달려 숙소에 도착하니 밤 11시가 되었다. 택시를 1시간 30분이나 탔는데도 택시비가 아주 저렴하였다. 개발도상인 산유국에서 겪는 색다른 경험이었다. 그리고 우리가 예약한 호텔은 생각보다 깨끗하였고 가성비가 높은 만족스러운 호텔이었다.

카자흐 칸국 시대에 융성하였던 주요 도시들 대부분은 17세기에 준가르 제국과의 오랜 전쟁으로 완전히 파괴되어 유적들이 최근까지 복원되지 못하고 있다가 2000년대 초 카스피해 쪽에서의 유전 발굴에 힘입은 카자흐스탄의 경제성장으로 문화와 관광 분야에도 투자가 이루어지기 시작하였다. 오트라르, 투르키스탄, 사우란, 타라즈, 사이람, 쉼켄트 등이 그 대표적인 도시들로 모두 남카자흐스탄 지역, 즉 현재의 투르키스탄주와 쉼켄트 특별시에 속해 있다.

그동안 유적지 발굴과 복원 작업이 진행되고, 박물관들이 새로이 세워져 이제는 많은 볼거리를 제공하고 있다. 또한, 관광객이 불편하지 않을 만큼 숙박 시설과 식당들도 많이 생겼고 '얀텍스(Yandex) 택시 어플'도 잘 작동되었다. 앞으로 타슈켄트-쉼켄트 간 직통 국제버스만 정상적으로 운영된다면 여행에 큰 불편함은 없을 것 같았다.

사이람과 쉼켄트의 뒤바뀐 운명

쉼켄트는 과거 실크로드 상의 대도시였던 사이람(Sayram)을 방문하는 대상(隊商)들의 숙소를 제공하던 보조적인 마을이었으나 이후 발전을 거듭하여 1918년에는 인구 100만 명이 넘는 특별시(Metropolis)가 되었고, 현재 알마티와 아스타나의 뒤를 이은 카자흐스탄 제3의 도시이다.

반면 시르다리야강의 지류인 아리스(Arys)강 변의 오아시스 도시로 3,000년 이상의 역사를 지닌, 소그디아나 지역에서 가장 오래된 고대 도시 중 하나이며, 아름다운 흰색 건물이 많아 카자흐 칸국 시대에 '하얀색의 도시'라는 의미의 이스피잡(Ispidzhab)으로 불렸던 실크로드 상의 대도시 사이람은 현재는 쉼켄트의 한 구(區)가 되었다.

카자흐 칸국의 주요 도시 중 하나였던 사이람은 아직 유적 발굴과 복원이 충분히 이루어지지 않아 이곳을 찾는 외국 방문객은 드물다. 다만 이곳이 위대한 수피즘 이슬람 지도자인 아흐메트 야사위(Khoja Ahmed Yasawi, 1093~1166)[58]가 태어난 곳이고, 야사위 부모의 영묘가 있어 무슬림들이 가끔 방문할 뿐이다. 그래서 이번 중앙아시아 인문학 여행에서는 사이람과 쉼켄트는 다루지 않고 바로 투르키스탄주에 있는 카자흐 칸국의 주요 오아시스 도시들을 방문한다.

실크로드의 요충지, 오트라르

다음 날 아침 중앙아시아 수피즘 이슬람의 위대한 지도자인 아흐메트 야사위의 '정신적 스승'이었으며, 선지자 무함마드의 동료로 이슬람교에서 성인(聖人)으로 추앙받고 있는 아리스탄 밥(Arystan Bab)의 영묘와 히바 방문 시 언급하였던 페르시아계 호라즘 제국(1077~1231)의 멸망을 초래한 비운의 도시인 오트라르(Otrar)를 방문하기 위해 쉼켄트에서 임대한 차를 타고 북쪽으로 향했다. 좌우로 펼쳐지는 평야와 초원 지역을 보면서 투르키스탄 방향으로 끝없이 뻗은 왕복 4차로 도로를 달리니 광활한 국토를 가진 유목민족의 땅, 카자흐스탄에 왔음을 실감할 수 있었다.

이렇게 1시간 30분 정도 달리다가 샤울데르(shaulder) 방향으로 빠져나가 지방도로로 접어들었다. 왕복 2차로인 지방도로이지만 아스팔트가 잘 깔려 있어 가끔 시속 140km까지 속도를 내면서 달려, 드디어 오트라르 지역 표지 터널을 통과하여 오트라르 지역으로 들어갔다.

---

58) 아흐메트 야사위는 유목민들의 실정에 맞는 이슬람을 주창하고, 중앙아시아 지역에서의 이슬람 전파에 노력하여 중앙아시아 수피즘 이슬람의 위대한 지도자로 존경받고 있는 인물이다.

|**오트라르 지역 표지 터널**|왕복 2차로인 지방도로 상에 있는 오트라르 지역 표지 터널을 지나면 오트라르 지역이 시작된다.

 오트라르는 실크로드의 요충지로 원래 이름은 파라브(Farab)였다. 이곳은 톈산산맥의 눈이 녹아 만들어진 시르다리야(Syr Darya)강과 그 지류인 아리스(Arys)강이 비옥한 땅을 제공해 주어 일찍부터 농업이 발달하였으며 7세기경에는 농업뿐 아니라 수공업과 무역의 거점도시이자 예술의 중심지였던 곳이다.

 시르다리야강의 지류인 아리스강이 동쪽의 대도시인 타라즈(Taraz) 방향으로 흘러가고, 시르다리야강을 따라 남쪽으로 내려가면 타슈켄트와 풍요의 땅인 소그디아나 지역으로 연결된다. 그리고 북서쪽으로 계속 올라가면 아랄해와 만난다. 이처럼 오트라르는 교통의 요지이자, 풍부한 수자원을 보유한 오아시스 도시였기 때문에 10세기부터 실크로드의 길목 역할을 하면서 13세기 몽골 침입 전까지 페르시아계 이슬람 제국인 호라즘 제국(1077~1231)의 중요 도시로 번성하였다.

|아리스탄 밥 영묘| 규모가 커 하나의 성과 같이 보이는 아리스탄 밥의 영묘는 이 지역의 국가지정 성지의 대표적인 건축물이다.

이슬람 성지(聖地) 중 하나인 아리스탄 밥의 영묘

오트라르 지역 표지 터널을 지나 조금 더 이동하니 카자흐스탄의 전통 현악기인 돔브라(Dombra) 조형물이 서 있는 샤울데르 입구에 도착했고, 여기서 20분 정도 더 이동하니 오트라르 지역에서의 첫 번째 방문지인 아리스탄 밥 영묘에 도착하였다. 쉼켄트에서 2시간 조금 넘게 걸렸다.

영묘 단지의 정문으로 들어가니 좌측에 제법 규모가 커 마치 성같이 보이는 아리스탄 밥의 영묘가 있고 그 주변에는 많은 다른 영묘들이 산재해 있어 엄숙한 분위기가 느껴졌다. 이곳이 '카자흐스탄 국가지정 성지(National Sacred Places of Kazakhstan)' 중 하나가 된 이유를 알 수 있을 것 같았다. 아리스탄 밥 영묘는 12세기에 처음 지어진 후 여러 차례 복구되고 파괴되었다가 14세기 아미르 티무르 통치기에 다시 건설되어 이슬람 성지 역할을 해 왔다.

티무르 제국 시기에 아리스탄 밥의 영묘 재건축과 관련하여 전해오는 이야기가 있다. 아미르 티무르가 킵차크 칸국과의 전쟁에서 승리하고 이를 기리기 위하여 아흐메트 야사위의 영묘 건설을 추진하였는데 영묘 건설 공사 중에 벽이 무너져 내리는 사고가 발생했다. 이때 티무르의 꿈에 아흐메트 야사위가 나타나 자신의 '정신적 스승'인 아리스탄 밥의 영묘를 먼저 재건축해 주기를 요청하여 이 영묘를 재건축하게 되었다고 한다. 그의 영묘는 18세기 지진으로 다시 일부가 파괴되었는데 1971년에 다시 수리되어 지금에 이르고 있다.

슬픈 역사를 간직한 오아시스 도시, 오트라르

아리스탄 밥 영묘를 방문하고 필자가 오트라르 지역에서 가장 가 보고 싶었던 오트라르 성채로 향했다. 필자가 이곳을 가 보고 싶어 했던 이유는 이곳이 호라즘 제국의 멸망을 초래한 유명한 '몽골 사절단 피살 사건'이 일어난 장소이기 때문이다.

〈몽골 사절단 피살 사건과 오트라르의 함락〉

몽골 초원을 통일한 칭기즈칸은 여진족이 세운 금나라(1115~1234), 토번 계통의 탕구트족이 세운 서하(西夏, 1032~1227)를 공격하면서 중앙아시아로 향했다. 칭기즈칸은 1218년 당시 중앙아시아를 지배하고 있던 신생 제국인 호라즘 제국의 무함마드 2세 샤와 자유로운 실크로드 통행을 보장하기 위한 협정을 체결한다. 그리고 대규모 경제사절단을 호라즘 제국으로 보냈는데 이 사절단이 첫 번째로 도착한 도시가 바로 호라즘 제국의 북동쪽 끝에 있었던 오트라르였다.

그런데 당시 오트라르의 총독인 이날추크(Inalchuq)[59]는 사절단 중에 스파이가 있다고 하여 사절단을 모두 죽이고 그중 한 명만 살려 칭기즈칸에게 돌려보낸다. 칭기즈칸은 분노가 극에 달하였지만, 다시 무함마드 2세에게 사절단을 보내 사건의 책임자인 이날추크 총독을 인도해 주기를 요구한다. 그러나 칭기즈칸의 요구는 거절되었고 또다시 사절단이 죽임을 당함으로써 몽골과 호라즘 제국은 전쟁으로 치달아 1219년 가을 몽골군이 호라즘 제국을 공격한다.

호라즘 제국은 40만 병력을 가지고 있어 해 볼 만한 승부라고 판단하였으나 몽골군은 호라즘 제국이 예상하지 못한 방향으로 부하라를 공격하여 점령하였으며, 그 여세를 몰아 당시 호라즘 제국의 수도였던 사마르칸트를 공격하여 무너뜨린다. 겨우 탈출한 무함마드 2세는 몽골군의 추격에 쫓겨 카스피해의 아바스쿤(Abaskun)[60]으로 그의 장남인 잘랄 웃딘 멩구베르디와 함께 피신하였다가 그곳에서 생을 마감한다. 한편 1220년 오트라르에 도착한 몽골군은 5개월에 걸친 지루한 공성전 끝에 오트라르성을 함락시키고 이 도시를 폐허로 만들어버린다.

〈많은 부분이 복원되어 있는 오트라르 성채〉

아리스탄 밥 영묘에서 오트라르 성채까지는 차량으로 5분 정도밖에 걸리지 않는다. 오트라르 입구에 도착하여 성채까지는 걸어서 10분 정도 걸리기 때문에 필자는 성벽 전체를 둘러보기 위해 내부에서 운행하는 관람 차를 임대하여 성벽을 따라가며 복원된 출입문들을 돌아보았다.

---

59) 이날추크는 호라즘 제국의 주력군인 튀르크 군대를 장악하고 있었던 무함마드 2세의 어머니 투르칸 카툰(Turkan Qatun)의 사촌이다.
60) 아바스쿤은 카스피해 남동쪽 해안에 있었던 중세 시대의 항구 도시이다.

| **오트라르 성채** | 성채의 남문과 해자, 그리고 다리 등이 복원되었고 성채 내부도 발굴 및 복원 중이다.

  오트라르는 2~6세기에 이미 건설되었던 것으로 추정하고 있는데 여타 중앙아시아 고대 도시와 마찬가지로 중앙아시아의 전형적인 도시 형태로 지어졌다. 즉 성채, 도심, 그리고 교외 지역의 삼중구조로 건설되었다. 도심과 교외 지역을 둘러싼 외곽 성벽은 도시의 북서쪽과 서쪽에 일부 남아 있다고 한다.

  성채는 사진과 같이 매우 견고한 성벽으로 둘러싸여 있고 사진에 보이는 문은 남문으로 방어 시스템을 강화한 출입문이다. 높이가 22m나 되고 이중 대문을 만들어 양 문 사이에는 경비병들의 거주 장소가 있었다고 한다. 성채 밖은 깊은 해자로 둘러싸여 있고 해자 위에는 다리가 놓여 있다. 이 문은 몽골침략 이전에 지어졌는데 13세기 몽골 침공 시 파괴되어 14세기 초에 재건축되었다가, 카자흐 칸국 시기인 17세기에 준가르 제국의 침공으로 완전히 파괴되었다고 한다. 이 문을 통해 안쪽으로 들어가면 최근에 발굴한 수공업 제품 생산공장, 목욕탕, 궁전, 모스크, 영묘 등이 보이는데 현재

|**오트라르 성채의 소피하나 문과 북문**|왼쪽 사진은 몽골군이 진격해 들어간 소피하나 문이 있었던 장소이고 오른쪽 사진은 일부 복원된 북문이다.

야외 박물관으로 공개되고 있다. 현재도 카자흐스탄 정부에서는 유네스코와 협력하여 유적들을 계속 발굴, 복원 중이다.

남문에서 성벽을 따라 왼쪽으로 돌아가면 첫 번째 나오는 유적이 소피하나 문(Sopykhana Gate)이 있었던 장소이다. 소피하나 문은 8세기부터 13세기까지 있었던 문으로 바로 이 문을 통해 1220년 칭기즈칸의 몽골군이 진격해 들어왔다고 한다. 소피하나 문은 오트라르 성채의 중심이 되는 문이었는데 몽골군의 침공 후인 13세기 말에서 14세기 초 재건축 시 문을 없애고 견고한 성벽을 세웠다고 한다.

소피하나 문에서 왼쪽으로 조금 더 들어가면 북문이 나온다. 이 문은 소피하나 문과 동시대인 8세기에 만들어져 11세기까지 존속하였던 문이다. 이 문은 맨 먼저 방문했던 남문과 마찬가지로 바깥과 안쪽의 두 개 문으로 만들어졌는데 그사이에 무기고와 경비원 거주지가 있었다. 이 문은 몽골 침입 이전인 10세기경에 이미 폐쇄되었다고 한다.

〈아미르 티무르가 사망한 장소인 베르디벡 궁전〉

칭기즈칸 군대에 반항한 도시는 초토화되었지만, 실크로드를 통한 교역은 몽골군의 보호 아래 더욱 활성화되었다. 오트라르 역시 칭기즈칸 사후에는 실크로드의 요충지로 다시 부흥하여 시르다리야강 유역의 정치·경제 중심지 역할을 한다.

|**베르디벡 궁전**|티무르 제국의 아미르 티무르가 사망한 장소인 오트라르 성채 안에 있는 베르디벡 궁전이 현재 복원 중이다.

몽골 제국의 부활을 기치로 내걸었던 아미르 티무르는 중앙아시아와 중동 지역을 포함하는 대제국을 건설하고, 15세기 초에는 몽골의 옛 영토를 수복하기 위해 명나라로 진격하였다. 하지만 1405년 2월 명나라로 진격하던 중 병이 들어 바로 이 오트라르 성채 내에 있는 베르디벡 궁전(Berdibek Palace)에서 사망한다. 복원 중인 베르디벡 궁전은 아직 복원이 본격적으로 시작되지 않아 벽돌로 윤곽만 만들어져 있었는데 그 앞에 있는 설명문에는 "아미르 티무르가 이 궁전에서 사망하였다"라고 기록되어 있었다.

〈준가르 제국과의 전쟁으로 폐허가 되는 오트라르〉

이후 오트라르 지역은 카자흐 칸국이 차지하였으나 17세기 말 몽골계 준가르(Dzungar) 부족이 오트라르 동쪽에서 '마지막 유목제국'이라 불리는 준가르 제국을 세우고, 카자흐 칸국과 경합을 벌이면서 50여 년간 처절한 전쟁이

|**오트라르 고고학 박물관**|박물관 건물의 왼쪽에 알 파라비 흉상이 보이고 내부에는 도자기 등 많은 유물이 전시되어 있다.

계속되어 오트라르 지역은 완전히 폐허가 된다. 이후 이 지역은 복구되지 못하다가 최근에 와서 고고학적 발굴과 복원 작업이 이루어지고 있는 것이다.

오트라르 고고학 박물관

오트라르 성채를 방문하고 나오는데 바로 앞에 오트라르 고고학 박물관이 보였다. 박물관의 입구 왼쪽에는 필자가 알마티 방문 시 독립기념탑 부조에서 언급한 바 있는 이 지역 출신의 위대한 이슬람 철학자인 알 파라비의 흉상이 세워져 있다. 이 박물관의 전신이 알 파라비를 기념하는 '알 파라비 박물관'이었기 때문으로 보인다. 이곳에는 오트라르의 역사와 이 지역에서 발굴된 여러 종류의 항아리와 도자기들, 그리고 채색 벽돌, 벽면 장식용 도자기, 유리잔 등 많은 유물이 전시되어 있다.

성스러운 도시, 투르키스탄

오트라르 지역 방문 후 차량으로 약 1시간 정도 북쪽으로 달려 남카자흐스탄 지역에서 가장 유서 깊고 관광지로도 유명한 투르키스탄(Turkestan)

|**카라반 사라이 단지**|카라반 사라이 단지 내에는 연못을 중심으로 주위에 짙은 미색 계통의 건물들이 들어서 있고 그 안에는 각종 식당과 쇼핑몰이 있다.

시에 도착하였다. 투르키스탄도 시르다리야강 변의 오아시스 도시로 16세기에서 18세기까지 카자흐 칸국의 수도이자 정치, 경제, 문화의 중심이었던 곳이다. 당시 투르키스탄의 이름은 야시(Yasi)였으며 현재는 투르키스탄주의 주도(州都)다. '튀르크인의 땅'이라는 의미인 투르키스탄은 중앙아시아 튀르크계 민족들에게는 성스러운 도시로 성지 순례의 장소이기도 하다. 그 이유는 이곳에 중앙아시아 수피즘 이슬람의 위대한 지도자인 아흐메트 야사위(Khoja Ahmed Yasawi, 1093~1166)의 영묘(靈廟)가 있기 때문이다.

짙은 미색의 고색창연한 '카라반 사라이 단지'

투르키스탄시 도착 후 우선 점심 식사를 위해 신도심에 있는 '카라반 사라이 단지(Caravan Saray Complex)'를 찾았다. 투르키스탄시에는 아흐메트 야사위 영묘 등 위대한 유적들의 우뚝 솟은 모습을 간직하기 위해 신축 건물의 높이를 제한하고 있어 대부분 낮은 층의 건물들이 지어져 있다. 이에 따라 신도심도 실크로드를 오가는 상인들의 숙소였던 카라반 사라이 형태의 낮은 건물들로 형성되어 있고 색상도 짙은 미색을 띠고 있어 신도심이지만 고색창연한 오래된 도시 이미지를 주었다.

"아! 이럴 수가……."

'카라반 사라이 단지'에 처음 도착했을 때 필자는 투르키스탄의 신도심에서 이처럼 아름다운 풍경을 마주하게 될 줄은 상상도 하지 못했기에 그 고색창연한 아름다움에 넋을 잃었고, 마치 꿈에 어느 환상적인 도시로 온 것 같은 기분이었다. '카라반 사라이 단지' 중심에는 큰 연못이 만들어져 있고 주위에 짙은 미색 계통의 카라반 사라이 형태의 낮은 건물들이 들어서 있는데 그 안에는 각종 식당과 쇼핑몰이 있었다. 낙후된 지역으로 생각했던 필자의 생각을 완전히 바꾸어 놓은 풍경이었다.

'카라반 사라이 단지'에서 맛본 카자흐스탄 전통 요리

고려인 동반자가 필자를 이곳의 최고급 호텔인 카라반 사라이 호텔 옆에 있는 산딕(Sandyq)이라는 레스토랑으로 안내하였다. 내부가 깔끔하고 멋지게 디자인되어 있어 한눈에 봐도 제법 고급 식당인 것으로 보였다. 필자는 카자흐스탄의 여러 음식을 맛보기 위해 가능한 다양한 요리를 주문할 것을 요청했다.

드디어 푸짐한 요리들이 나왔다. 다음의 맨 왼쪽 사진의 요리는 루꼴라, 호두, 석류, 치즈 등과 약간의 부드러운 말고기를 섞어 만든 이 레스토랑의 샐러드인 '산딕 샐러드'이고, 가운데 사진에서 아래쪽에 있는 삼각형 모양의 음식이 소고기를 다진 소(素)를 넣은 중앙아시아 전통 페이스트리인 '삼사(Samsa)', 그 왼쪽의 조그마한 동그란 것이 치즈를 주로 사용하여 튀긴 '치즈 바우르사키(Cheese Baursaki)', 그리고 맨 위 오른쪽에 있는 동그란 것이 밀가루, 설탕, 계란, 우유 등을 넣어 튀긴 바우르사키(Baursaki)이다.

|**카자흐스탄 전통 요리**|왼쪽부터 산딕 샐러드, 각종 빵과 페이스트리들, 그리고 맨 오른쪽이 주요리인 베쉬바르막이다.

　그리고 맨 오른쪽 사진의 음식이 오늘의 주요리인 '베쉬바르막(Beshbarmak)'인데 찐 만두피 같은 것을 아래에 깔고, 그 위에 삶은 소고기와 말고기를 놓은 다음, 찐 감자, 양파, 삶은 당근 등을 올리고, 요구르트를 뿌려서 나왔다. 취향에 따라 우리나라의 다대기와 유사한 매운 소스를 뿌려 먹기도 한다. 투르키스탄은 추운 지방이라 말에 지방질이 많기 때문에 말고기가 부드러워 이 지역의 최고급 요리에는 말고기가 조금씩 들어간다.

　'베쉬바르막'이 서브될 때는 국물이 함께 나오는데 소고기와 말고기를 요리할 때 나온 국물에 '아이란'과 '요구르트'를 섞어 만든 국물이었다. 이 국물도 취향에 따라 매운 소스를 넣어도 좋다고 하였다. 필자는 아무래도 맛이 다소 느끼해서 매운 소스를 넣어서 먹으니 입맛에 잘 맞았다. 말젖을 발효시킨 음료수인 '크므즈(kımız)'도 나왔는데 몇 모금 마셔보았으나 시큼한 맛이 강해서 필자의 취향은 아니었다. 투르키스탄에서 예상치 못했던 우아한 분위기 속에서 정성껏 요리된 맛있는 카자흐스탄의 전통음식을 맛본 즐거운 시간이었다.

카자흐 칸국의 뿌리, 킵차크 칸국

식사를 마치고 나오는데 계산대 뒤에 걸려 있는 한 폭의 멋있는 그림을 보았다. 신비스러운 푸른색을 내뿜고 있는 모스크에서 두 명의 왕이 서로 반갑게 만나는 장면을 묘사한 그림이었다. '무슨 그림일까?' 하는 궁금증이 발동하여 매니저를 불러 그림에 관해 물어보았다.

|**토크타미쉬 칸과 아미르 티무르**|오른쪽의 킵차크 칸국의 토크타미쉬 칸과 왼쪽의 티무르 제국의 아미르 티무르가 모스크에서 만나 그간의 갈등을 씻고 화해를 하고 있다.

"저 그림은 무슨 내용을 담은 것이지요?"

"토크타미쉬 칸과 아미르 티무르가 화해하는 모습을 그린 그림입니다."

그러면서 이 그림의 내용이 설명된 자료를 하나 주었다. 이 그림은 킵차크 칸국의 토크타미쉬(Tokhtamysh, 1342~1406) 칸과 티무르 제국의 아미르 티무르(1336~1405)가 남카자흐스탄의 어느 한 도시(오트라르 혹은 투르키스탄)의 모스크에서 그간의 양국 간 갈등을 씻고 화해하는 모습을 그린 누르란 킬리바예프(Nurlan Kilibayev)라는 작가의 작품이었다. 매니저가 보여준 자료에는 "그들이 자신들의 인생을 마감하는 즈음에 서로 화해하였다"라고 되어있어, 티무르가 몽골 제국 영토 회복 기치를 내걸고 명나라를 치기 위한 원정길에 올랐다가 1405년 2월에 오트라르에서 사망하였으므로 이 시기에 두 사람이 만나 화해하는 모습을 묘사한 것 같다.

토크타미쉬 칸은 칭기즈칸의 맏아들인 주치(Juchi)의 후손으로 1370년대에 아미르 티무르와 협력하여 백장 칸국(白帳汗國)과 청장 칸국(淸帳汗國)을 통합하여 통일된 킵차크 칸국[61]을 다스린 첫 번째 칸이었다. 이렇게 토크타미쉬 칸과 아미르 티무르는 초기에는 우호 관계를 유지하였으나, 1383년 페르시아 지역을 두고 갈등이 생겨 양국 간의 동맹은 깨어지고 전쟁이 시작된다. 아미르 티무르에 의해 수도까지 점령당할 뻔한 위기에 몰리기도 한 토크타미쉬 칸은 1405년 2월 티무르가 사망할 때까지 티무르와 화해를 하기 위해 많은 노력한 것으로 역사는 기록하고 있다. 티무르가 명나라를 치기 위해 원정을 하면서 그 배후를 안정시키기 위해 토크타미쉬 칸의 요

---

61) 킵차크 칸국은 칭기즈칸의 맏아들인 주치가 분봉받은 지역에 세워진 칸국으로 금장 칸국(金帳汗國, The Golden Horde)이라고도 불리는데 크게 서부의 백장 칸국(White Horde)과 동부의 청장 칸국(Blue Horde)으로 나뉘어져 있었다. 금장, 백장, 청장은 16세기에 러시아인들이 몽골인들이 사용하는 천막의 색깔에 따라 붙인 별명이다.

|아흐메트 야사위 영묘 단지| 미완성으로 남아 있는 야사위 영묘가 보이고 그 앞에는 푸른색 돔을 가진 아미르 티무르의 증손녀인 라비야 술탄 베김의 영묘가 있다. 오른쪽에는 19세기 코칸트 칸국 시 영묘를 요새화하기 위해 진흙 벽돌로 만든 방어벽이 보인다.

청에 부응하여 화해를 위한 만남이 이루어진 것 같다.

킵차크 칸국은 15세기 중반을 기점으로 카자흐 칸국을 비롯하여 우즈벡 칸국, 카잔 칸국, 크림 칸국, 아스트라한 칸국, 노가이 칸국 등으로 분리된다. 카자흐 칸국은 1456년에 킵차크 칸국에서 독립하여 카자흐스탄 남동쪽 제티수(Zhetisu) 지역을 거점으로 하여 건설된다. 이처럼 현재 카자흐스탄을 구성하고 있는 카자흐 민족이 형성되기 시작한 카자흐 칸국은 그 뿌리를 킵차크 칸국에 두고 있다.

중앙아시아의 위대한 이슬람 지도자 아흐메트 야사위의 영묘

점심 식사 후 투르키스탄시에서 가장 유명한 유적지인 아흐메트 야사위 영묘를 찾았다. 야사위 영묘는 '하즈라트 술탄 보호구역(State Historical and Cultural Reserve Museum Khazrat Sultan)[62] 내에 있는데 이곳에는 야사위 영묘를 비롯한 여러 주요 인물의 영묘와 지하 모스크, 주마 모스크, 중세 시

---

62) '하즈라트 술탄'은 '야시' 이전에 사용하던 투르키스탄의 옛 이름이다.

|**뒤쪽에서 본 아흐메트 야사위 영묘**| 야사위 영묘의 앞쪽은 미완성으로 겉칠이 되지 않은 상태로 있
으나 뒤쪽은 아름다운 타일로 장식된 완성된 모습을 하고 있다. 오른쪽의 큰 옥색 돔이 메인 홀인 카
잔디크를 덮고 있는 돔이다.

대의 목욕탕, 그리고 투르키스탄 역사박물관 등이 있다.

야사위 영묘 건축은 1389년에 시작되었는데 1405년 티무르가 사망함으
로써 공사가 중단되어 그 입구는 겉칠이 되지 않은 미완성인 상태로 남아
있고 2개의 첨탑도 완성되지 못하였다. 내부는 2층으로 지어져 35개의 공
간으로 나누어져 있는데 각 공간은 메인 홀(Big Aksaray)을 포함하여 소규
모의 행사장, 모스크, 도서관, 식당 등으로 활용되었다고 한다.

⟨중세 브론즈 예술의 걸작, 타이카잔⟩

아흐메트 야사위의 영묘 입구로 들어가면 카잔디크(Kazandyk)라고 불

리는 125㎡의 거대한 메인 홀이 나온다. 이곳은 원래 수피 수도승들이 모여서 회의하는 장소로 사용되었으나 카자흐 칸국 시대에는 칸들의 무덤으로도 사용되었다. 카잔디크는 그 위에 거대한 옥색 돔이 덮여 있는데 중앙아시아에서 가장 큰 돔 형태의 지붕이다. 돔의 내부 천장은 종유석 동굴 모양의 무카르나스 장식으로 아름답게 꾸며져 있다. 이 무카르나스 장식은 우리가 사마르칸트와 부하라의 여러 건축물에서도 만나 본 이슬람 건축물에 사용된 화려한 장식이다.

| **타이카잔** | 의례용 취사도구였던 동복을 거대한 예술 작품으로 만든 중세 브론즈 예술의 걸작이다.

이 홀의 중앙에는 '타이카잔(Taikazan)'이라 불리는 청동으로 만들어진 큰 솥이 있는데 높이가 158cm, 최대 지름이 243cm이고 무게는 2톤에 이른다. '타이카잔'이 있는 홀이라고 하여 메인 홀이 '카잔디크'라는 별칭을 얻게 되었다고 한다. 유목민족들이 말에 실어 다니던 의례용 취사도구였던 동복

(銅鍑)을 거대한 예술 작품으로 만든 것 같다. 이 솥은 아미르 티무르의 지시에 따라 1399년에 만들어졌는데 중세 브론즈 예술의 걸작으로 꼽힌다.

야사위 영묘에는 야사위 외에도 제정 러시아와 청나라 세력의 틈바구니에서 탁월한 외교력으로 카자흐 민족국가를 유지하고 카자흐 칸국의 번영을 가져왔던 위대한 지도자 아블라이 칸(Ablai Khan, 1711~1781)을 비롯한 카자흐 칸국의 칸들과 주요 인물들, 그리고 여러 종교 지도자 등 총 232명이 영면하고 있다. 그래서 이 영묘는 성스러운 장소로 여겨지고 있으며 "아흐메트 야사위 영묘를 두 번 방문하면 이슬람교의 제1 성지인 사우디아라비아의 메카를 한번 방문한 것과 같다"는 말이 있을 정도로 이슬람교도들에게는 중요한 성지 순례지 중 하나이다. 이곳을 방문하기 위한 순례 행렬은 이 도시 발전의 한 요인이 되기도 했다.

19세기 코칸트 칸국 시기에는 이 영묘를 요새화하면서 그 주위에 진흙으로 방어벽을 설치하여 도심과 영묘를 구분했는데 당시의 방어벽이 복원되어 세워져 있다. 이 영묘는 2003년 유네스코 세계유산으로 등재되었다.

〈중앙아시아 환경에 맞는 이슬람을 주창한 아흐메트 야사위〉

아흐메트 야사위는 카라한 카간국(840~1212) 후반기에 활동한 수피즘 이슬람 지도자로 1103년 실크로드 상의 대도시였던 사이람(Sayram)의 집안 대대로 음유시인으로 유명했던 가정에서 태어났다. 7살 때 아버지를 여윈 그는 야시(Yasi), 즉 현재의 투르키스탄시로 와서 아리스탄 밥(Arystan-Bab)에게 교육을 받는다. 이때부터 그의 신비주의적 수피즘 사상이 싹트기 시작하였다고 한다.

그가 17세가 되었을 때 아리스탄 밥이 사망하자, 당시 '학문의 전당'이었던 부하라로 가서 유명한 수피즘 이슬람 학자인 유수프 하마다니(Yusuf Hamadani) 아래에서 학업을 계속하면서 34세에 최고 단계의 수피에 이른다. 유수프 하마다니 사망 후 그는 35세 때 야시로 돌아와 '야사위 교단'을 창시하여 수피즘에 근거한 중앙아시아의 환경과 튀르크인들에게 맞는 이슬람을 주창한다. 즉 그는 중앙아시아 지역의 이슬람이 중동 지역의 이슬람과는 다른 보다 개방적이며 유목 사회의 전통에 맞는 이슬람을 확립한다. 현대 카자흐스탄의 개방적 이슬람교의 전통을 세운 인물이라고 할 수 있다.

그가 쓴 유명한 서사시 〈지혜의 서(書)(Divan-i Hikmet, Book of Wisdom)〉는 고대 튀르크어인 오구즈-킵차크(Oguz-Qypchak) 방언을 사용하여 이슬람의 규범과 계율을 이해하기 쉽게 표현한 서사시이다. 튀르크인들이 이해하고 읽을 수 있도록 쓴 이 서사시는 구전으로 널리 전해져서 중앙아시아의 튀르크인들에게 이슬람이 전파되는 데 지대한 공헌을 한다.

폐허로 남아 있는 사우란

아흐메트 야사위 영묘를 둘러보고 난 후 투르키스탄시에서 북서쪽으로 약 45km 떨어진 곳에 있는 사우란(Sauran)이라는 성채 도시 유적지로 향했다. 투르키스탄시에서 차량으로 약 50분 정도 걸린다. 이 도시 역시 시르다리야강 가까이 위치한 오아시스 도시로 10세기 아랍 지리학자인 알 마크디시(Al-Makdisi)가 "7개의 성벽으로 둘러싸인 큰 도시로 그 안에는 모스크가 있다"고 묘사한 기록이 있을 만큼 10세기에도 번성하였던 도시였다. 7~8m 높이의 사우란 성벽은 40헥타르에 달하는 지역을 둘러싸고 있었다고 한다.

|사우란 성채| 왼쪽 사진은 복원 중인 사우란 성채의 대문과 해자의 모습이고, 오른쪽 사진은 복원되지 못한 채 남아 있는 성벽이다.

사우란 성채에 도착하니 책자에서 보았던 것과 비교하여 성문과 해자가 새로이 복원되었고 해자 위에 다리도 놓여 있었다. 오트라르 성채와 흡사한 모습이다.

야사위 영묘 건축을 위한 벽돌과 타일을 공급한 사우란

티무르 제국 시대인 14세기 후반 아흐메트 야사위 영묘 건축 시 이에 필요한 벽돌과 타일을 이곳 사우란에서 공급하였다는 기록이 있는데, 실제로 사우란에서 영묘 건축에 사용된 것으로 보이는 도자기 타일 파편들이 발견되어 그 기록이 증명되었다. 15세기 명나라의 기록에도 '사우란(掃蘭)'이 나오고, 16세기에는 페르시아 역사학자가 이곳을 방문하여 이곳의 카레즈(karez)[63] 수로 체계에 대해 언급한 기록도 있다. 이렇게 번성하였던 사우란도 오트라르와 마찬가지로 이 지역에서의 잦은 전쟁으로 폐허가 되었고, 이후 실크로드의 쇠락으로 다시 복구되지 못한 채 폐허로 남아 있었다가 최근에야 복원 사업이 시작된 것이다.

---

63) 카레즈(Karez)는 운하처럼 수로를 파는 것이 아니라 지하 수 미터 아래에 터널을 파서 수로를 만드는 사막의 관개 시스템으로 사우란에는 그 길이가 110km에 이르렀다고 한다.

사우란 성채의 성벽들은 아직 복구되지 않은 채 잔해로 남아 있는데 성벽을 따라 뒤로 돌아가 보니 저 멀리에 성벽의 잔해가 보였다. 그 넓이가 방대하여 실제로 40헥타르에 이르는 큰 규모의 성채 도시였음을 실감할 수 있었다. 이 대규모 성채 도시가 잦은 전쟁으로 완전히 폐허가 된 것을 보니 당시에 얼마나 치열한 전투가 계속되었으며 또 얼마나 많은 사람이 죽었을까 하는 생각을 하니 애잔한 느낌이 밀려왔다. 저무는 해가 필자를 더 감상적으로 만든 것 같다. 폐허 상태로 쓸쓸히 남아 있는 사우란 성채를 뒤로하고 숙소가 있는 투르키스탄시로 이동하였다.

|**사우란에서 발굴된 도자기 타일 파편**|출처: Magic Kazakhstan

'카라반 사라이 단지'에서의 아름다운 공연

　현지인 가이드가 '카라반 사라이 단지'에서 매일 밤 공연이 있다고 해서 저녁을 '카라반 사라이 단지'에 있는 식당에서 카자흐스탄산(産) 햄버거로 간단히 때우고 공연을 구경했다.

|**카라반 사라이 단지 내 연못에서의 공연 모습**|카라반 사라이 단지'에서는 매일 저녁 9시부터 1시간 동안 빛과 물과 불이 음악과 함께 어우러지는 공연이 펼쳐진다.

　저녁 9시가 되니 화려한 조명 아래 전통복장을 한 공연자들이 배를 타고 연못으로 들어와 음악에 맞추어 춤을 선보이기 시작하고, 침몰한 배 위에 서는 폭발하듯이 불꽃이 위로 치솟는다. 어떤 역사적인 사건을 재현하고 있는 것 같았다. 이날따라 마침 성채 형태의 건물 위로 둥근 달이 떠 분위기를 한층 더 고조시켰다. 카자흐 칸국의 옛 수도였던 투르키스탄시에서 보낸 아름다운 밤이었다.

|**차 안에서 본 흑산**| 쉼켄트에서 타라즈 방향으로 가다가 오른쪽 멀리에 흑산이 보인다.

고대 국제무역 허브 중 하나였던 타라즈

다음 날 아침 투르키스탄의 호텔을 출발하여 751년 탈라스 전투 당시 탈라스 성(城)이 있었던 타라즈(Taraz)로 향했다. 필자가 탄 차는 1시간 30분 정도 남쪽으로 내려가다가 쉼켄트 가까이 와서 알마티 방향으로 꺾어 동쪽으로 계속 달렸다. 고선지 장군이 석국 정벌 시 타슈켄트로 진군한 방향과 반대 방향으로 타라즈로 가고 있는 것이다.

타라즈로 가는 길에 본 흑산(黑山)

그런데 얼마 전부터 오른쪽 멀리에 매우 짙은 색깔의 검푸른 산이 계속 보였다. 다른 산들과 비교하여 특별히 검은 것이 이상하여 무슨 산인지 운전기사에게 물어보았다.

"저 산 이름이 뭐죠?"
"카라타우(Karatau)입니다."

고려인 동반자가 "흑산(黑山)입니다."라고 하였다.

"아! 흑산!"

|아이샤 비비 영묘 단지| 각종 꽃으로 아름답게 단장된 단지 내에 왼쪽에 아이샤 비비 영묘, 오른쪽에 그녀의 유모였던 바바지 하툰의 영묘가 세워져 있다.

   흑산은 톈산산맥의 서쪽 끝자락에 있는 산으로 741년 고선지 장군의 첫 번째 단독 출정이자 고선지를 출세 가도로 들어서게 한 돌궐 달해부(達奚部) 정벌 시, 달해부가 쇄엽성을 공격하기 위해 출발한 바로 그 산이다. 구당서(舊唐書)에서 달해부 군대가 "흑산에서 북쪽으로 올라가 쇄엽으로 빠르게 이동한다"라고 하였으니 우리는 지금 8세기 중엽에 달해부 군대가 이동하였던 길과 같은 방향으로 차를 달리고 있는 것이다.

애절한 사랑 이야기가 담긴 아이샤 비비 영묘

   쉼켄트에서 1시간 30분 정도 차를 달리니 아이샤 비비(Aisha-Bibi) 마을이 나왔다. 타라즈까지는 아직 18km 정도를 더 가야 한다. 이곳에는 카라한 카간국 때 세워진 아름다운 건축물인 아이샤 비비 영묘가 있는데 이 지역에 오는 사람들이 꼭 방문하는 장소다. 아이샤 비비 표지판의 좌측 길로 들어가니 아이샤 비비 영묘 단지가 나왔다.

| 아이샤 비비 영묘 | 입구와 벽면이 테라코타로 아름답게 장식되어 있고 지붕은 셀주크 양식의 원추형 돔 형태를 하고 있다.

이 영묘 단지는 각종 꽃으로 아름답게 단장되어 있었다. 아이샤 비비 영묘 옆에는 아이샤 비비의 유모였던 바바지 하툰(Babaji Khatun)의 영묘가 보인다. 이 영묘들은 카라한 카간국 시기인 11세기에 건축된 것으로 추정하고 있다.

아이샤 비비 영묘는 한 면이 7.23m의 정방형 구조물 위에 돔 지붕을 덮은 건축물이다. 벽은 62가지의 다양한 기하학적 문양과 식물 문양으로 된 테라코타 타일로 장식되었고 건물의 네 모퉁이에 있는 기둥들도 테라코타로 장식되어 규모는 작지만 눈부시게 아름다운 건축물이다.

영묘의 네 기둥 중 영묘 입구를 바라보고 오른쪽 뒷기둥에는 밑에서 18번째 칸에 아랍어로 된 글씨가 새겨져 있다. 일부는 잘 보이지 않지만 "가을 … 구름 … 세상은 아름답다"라는 내용이다. 아래에서 18번째 부분에 이러한 문구가 들어간 것은 아이샤 비비가 18살의 나이에 세상을 떠났기 때문일 것으로 보고 있다.

아이샤 비비 영묘 옆에는 교육자이면서 아이샤 비비의 유모였던 바바지 하툰의 영묘가 있다. 아이샤 비비 영묘와 비교하여 상대적으로 검소하게 건축된 영묘인데, 이 영묘는 16개의 우산살을 가진 우산 같기도 하고 유목민 주택인 유르트 형상을 닮은 것 같기도 한 뾰족한 돔 형식의 지붕을 가지고 있다. 아이샤 비비 영묘와 바바지 하툰 영묘는 카자흐스탄의 중세 건축물의 표본이 되는 것으로 평가받고 있는데 아쉽게도 건축가가 누구인지 모른다.

|**바바지 하툰 영묘**|바바지 하툰 영묘는 유르트 형상을 닮은 뾰족한 돔 형태의 독특한 지붕을 가지고 있다.

〈아이샤와 카라한의 아름답고도 슬픈 사랑 이야기〉

아이샤 비비에 관한 이야기는 많은 서로 다른 내용이 전해 내려오고 있는데 그중 한 이야기를 소개하면 다음과 같다.

서투르키스탄의 영주였던 카라한은 1050년 사마르칸트를 방문하게 되는데 용맹으로 이름을 떨치던 그를 보기 위해 모인 많은 사람 중에는 18살의 아이샤가 있었다. 그녀의 미모가 카라한의 눈길을 끌었고 두 사람은 사랑에 빠지게 된다. 서투르키스탄의 타라즈가 적군의 위협을 받자, 카라한은 고향을 지키기 위해 타라즈로 돌아가면서 아이샤에게 청혼하였으나 그녀의 아버지[64]에 의해 거절을 당하고 만다.

타라즈로 떠난 카라한을 그리워하던 아이샤는 아버지에게 자신의 마음을 이야기하지만, 아버지는 격노하면서 절대로 그 결혼을 허락할 수 없다고 말한다. 그러나 딸의 마음을 이해하는 어머니는 아이샤에게 변장할 남자 옷과 말을 내어 주고 유모 바바지 하툰까지 동행케 하여 그녀를 카라한에게 보낸다.

오랜 여행 끝에 그들은 타라즈가 눈앞에 보이는 이곳까지 이르게 되어 아이샤는 강변에서 목욕하고 여성의 옷으로 갈아입는다. 그리고 전통 모자인 샤우켈레를 쓰는 순간, 그 모자 안에 들어가 있던 독사가 그녀의 뺨을 문다. 유모는 이러한 급박한 상황을 카라한에게 알렸고 카라한은 이슬람 성직자인 이맘을 데리고 그녀에게로 온다. 그들이 도착했을 때, 아이샤는 이미 가쁜 숨을 몰아쉬고 있었다.

그들은 이맘에게 결혼식을 부탁하고 아이샤는 "이 남자의 아내가 되겠느냐?"는 이맘의 질문에 고개를 끄떡이고는 숨을 거두고 만다. 그래서 아이샤의 영묘에는 '부인'이라는 의미의 비비(Bibi)라는 단어가 들어가 '아이샤 비비'라고 적혀있다. 카라한은 그녀를 위하여 아름다운 영묘를 만들었으며 그녀를 도와준 바바지 하툰의 영묘도 그 옆에 지었다고 한다. 카라한은 오직 그녀만이 자신의 아내가 될 것이라고 서약했으며, 평생 그 서약을 지켰

---

64) 아이샤 비비 영묘 안내문에 아이샤 비비의 부모는 선지자 무함마드와 관계가 있는 신성한 사하바 가문(Sahaba family)의 젠기 바바(Zengi baba)와 아누아르 베김(Anuar begim)이라고 되어 있다.

다고 한다.

이러한 전설이 있는 아이샤 비비 영묘는 신혼부부가 이 영묘를 방문하면 영원히 행복한 결혼 생활을 축복받을 수 있다고 하여 주변 지역에 사는 많은 주민이 결혼하면 이곳을 방문한다고 한다.

아이샤 비비 영묘 방문 후 그녀와의 애틋한 사랑 이야기의 주인공인 카라한의 영묘를 보기 위해 타라즈로 향했다.

2,000년 이상의 역사를 가진 타라즈

타라즈는 톈산산맥에서 발원해 타라즈를 지나 건천으로 변하는 탈라스 강 주변에 형성된 오아시스 도시인데 그 역사가 2,000년이 넘는 것으로 보고 있다. 기원전 36년 흉노(匈奴) 제국의 질지 선우(郅支單于)[65]가 한(漢)나라와의 전쟁에서 패하고 사망하였다는 중국 기록이 있는데 그가 사망한 장소가 탈라스강 주변에 있는 성채로 되어있어 학자들은 그곳을 탈라스 성으로 보고 있다. 카자흐스탄에서는 2001년에 타라즈 생성 2,000주년 기념행사를 치른 바 있다.

타라즈에 대한 정확한 역사 기록은 서돌궐의 이스타미(Istami, 室點密, 비잔틴 제국 기록에는 Dizabulos) 카간이 569년 비잔틴 제국 황제 유스티누스 2세(재위: 565~578)의 외교사절을 이곳에서 맞이하여 환영연을 벌였다는 비잔틴 제국 사학자의 기록이다. 이 사절단은 서돌궐과 비잔틴 제국과의 중간에 위치해 실크로드를 통한 무역을 통제하여 과다한 이익을 취하

---

65) 선우(單于)는 왕중왕(王中王), 즉 중국의 천자 또는 황제에 해당하는 흉노제국의 대 군주다. 선우 아래에 여러 번왕(藩王)을 두고 있었다.

고 있는 사산조 페르시아에 대항하는 방안을 협의하기 위해 파견된 사절단이었다. 즉 페르시아를 거치지 않고 기존의 실크로드를 우회하여 비잔틴 제국과 서돌궐 지배하에 있는 소그디아나 왕국이 직접 비단을 교역하는 한편, 비잔틴 제국과 서돌궐 제국이 군사동맹을 체결하여 유사시에 페르시아에 대항하는 문제를 협의하기 위해 온 것이었다. 이처럼 타라즈는 오랜 역사를 가진 도시이며 실크로드 상에서 국제무역의 중심지로 번성하였던 도시였다.

751년 탈라스 전투 이후 타라즈는 아랍의 지배를 받으며 이슬람화되기 시작한다. 도시 이름도 원래는 탈라스였으나 이슬람화된 이후 아랍어의 영향으로 타라즈가 되었다. 타라즈는 8세기에는 돌기시(투르게쉬),[66] 10~12세기 동안에는 카라한 카간국의 중심도시였고 카자흐 칸국 시절에도 주요한 도시 중 하나였다.

코칸트 칸국(1709~1876) 시기였던 18세기 말에 이곳에 '성스러운 아버지'라는 뜻의 아울리 아타(Aulie-Ata)라는 새로운 도시가 세워졌고, 이곳 출신인 카자흐스탄의 시인 잠블 자바예프(Zhambyl Zhabayev)의 이름을 따 '잠블'이라고도 불리었다. 그러다 1997년 타라즈로 다시 이름이 바뀌어 현재에 이르고 있다. 타라즈는 현재 카자흐스탄 남부 잠블주의 주도이다.

---

66) 돌기시(突騎施)는 서돌궐이 당나라에 멸망한 후 독립 세력으로 등장한 돌궐족 연합세력으로 699년에 투르게쉬 카간국(Turgesh Khaganate)을 세우고 쇄엽을 중심으로 석국(타슈켄트) 북동쪽과 신장 지역 일부를 포함하는 광대한 지역을 다스렸다.

〈황금 독수리가 반겨주는 타라즈시 입구〉

|**타라즈시 입구의 황금 독수리상**|타라즈시 입구에는 독립과 자유, 그리고 국가의 미래를 향한 비상이라는 의미를 가진 황금 독수리상이 세워져 있다.

　타라즈시에 들어서니 유목민족의 생활상이 새겨져 있고 카자흐스탄의 전통문양들이 부착된 좌우 두 개의 금빛 기둥 위에 있는 황금 독수리가 필자를 반긴다. 황금독수리는 카자흐스탄의 국기와 5000텡게(Tenge)짜리 지폐에도 나오는데 '독립과 자유', 그리고 '국가의 미래를 향한 비상'을 의미한다고 한다.

붉은색 벽돌로 지어진 단아한 모습의 카라한 영묘

　타라즈 시내로 들어가 전설에 나오는 아이샤의 연인이었던 카라한의 영묘를 방문하였다. 이곳에서 방문자들에게 기도를 집전해 주는 이맘[67]을 만났는데 그는 이 영묘가 "카라한 카간국(840~1212)의 탈라스 지역 지배자였으며 이 지역 전설에 나오는 아이샤 비비가 죽기 직전 결혼식을 올렸다는 카라한, 즉 샤 마흐무드 사툭 보그라한(Shah Mahmud Satuk Bograhan)의 영묘"라고 설명한다.

|**카라한 영묘**|카라한 영묘는 구운 붉은색 벽돌을 사용하여 단아하게 건축되었다.

이 건물은 11세기에 처음 건축된 것으로 아이샤 비비와 바바지 하툰 영묘와 함께 카자흐스탄에 세워진 영묘 중 가장 오래된 것인데 구운 붉은색 벽돌을 사용하여 단아하게 지어졌다. 2개의 기둥 사이에 사각형으로 된 프레임인 피스타크가 세워져 있고 아치형 입구인 이반이 만들어져 있다. 중세 중앙아시아의 이슬람 사원이나 마드라사 건축물의 전형적인 정문 양식이다. 이반의 팀파눔에는 아랍어로 "알라신만이 유일한 신이며 무함마드는

---

67) 이맘은 이슬람교 종교 공동체의 지도자를 의미하기도 하지만 일반적으로는 이슬람교에서 예배 의식을 주도하는 사람을 말한다.

선지자다"라고 푸른색 바탕에 흰 글씨로 적혀있다. 건물의 좌측에는 문들이 있는데 그 안으로 들어가니 이 지역에서 발굴된 유물들이 전시되어 있었다.

이맘이 카라한 영묘에서 조금 안쪽으로 걸어 들어가면 중세 이슬람 사원 유적지가 있다고 하여 가보니 그곳에는 2005년에 발견되어 현재 고고학적 발굴이 진행되고 있는 유적지가 있었다. 이 유적지는 8~9세기에 지어진 네스토리우스파 기독교(Nestorianism) 교회였는데 9~10세기에 모스크로 개조되어 사용된 것으로 설명되어 있었다. 이 모스크의 형태는 우리가 히바에서 본 주마 모스크와 같이 많은 기둥이 세워진 형태의 모스크였다.

코네 타라즈 고고학 공원

카라한 영묘 방문을 마치고 영묘에서 가까운 곳에 있는 타라즈 샤흐리스탄 광장으로 갔다. 이곳에 있는 야외 고고학 박물관인 '코네 타라즈(Kone Taraz) 고고학 공원'을 관람하기 위해서이다.

'코네 타라즈 고고학 공원'으로 들어가면 입구에는 이 지역에서 발굴된 여러 유물의 복제품들이 전시되어 있고 넓은 천막으로 지붕이 쳐진 부분에는 발굴작업의 흔적들이 넓게 남아 있었다. 이곳에서는 주로 거주지역과 실크로드 대상의 숙소였던 카라반 사라이가 발견되었고 동전, 도자기 항아리, 그리고 여러 생활 도구들도 발굴되었다고 한다. 그러나 발굴된 유물을 전시한 전시관은 없었고 상세한 설명도 없었으며 발굴작업으로 파헤쳐진 부분들만 볼 수밖에 없어 아쉬움이 컸다.

타라즈 역사박물관에서 본 탈라스 성

'코네 타라즈 고고학 공원'을 방문하고 아쉬워하는 필자에게 현지 운전기
사가 샤흐리스탄 광장에 '타라즈 역사박물관(Museum of Local Lore Taraz)'
이 있다고 하여 그곳으로 발걸음을 옮겼다. 타라즈 역사박물관은 이슬람
모스크 형상을 닮은 최근에 건축된 멋진 건물이었다.

이 박물관은 원래 1931년에 개관된 '잠블 지역 역사박물관(Zhambyl Regional
Museum of History and Local Lore)'이란 이름의 작은 박물관이었는데 그
동안의 고고학적 발굴과 연구 성과물들을 모아 '타라즈 역사박물관'이란 이
름을 가진 2층으로 된 큰 규모의 박물관으로 2020년에 재탄생했다고 한다.

| **타라즈 역사박물관** | 시계탑이 있는 곳이 타라즈 샤흐리스탄 광장이고 시계탑의 우측에 멀리 보이는
옥색 돔을 가진 두 건물 중 왼쪽 건물이 타라즈 역사박물관이다.

이 박물관에는 여러 시대를 걸친 타라즈에서 발굴된 유물들이 전시되어 있었는데, 그곳에 탈라스 성을 묘사한 벽화가 있었다.

"여기서 드디어 말로만 듣던 탈라스 성의 모습을 보는구나!"

이 벽화를 보는 순간 고생 끝에 귀한 보석을 찾아낸 기분이었다. 고선지가 석국을 정벌할 때 이 탈라스 성을 통과하여 석국으로 향하였고, 현장 법사도 이곳을 들러 소그디아나 지역으로 가는 등 실크로드의 길목에 있어 숱한 역사를 간직한 바로 그 탈라스 성이다.

벽화에 나타난 탈라스 성은 톈산산맥을 배경으로 견고한 성벽으로 둘러싸여 있고 그 안에 강이 흐르고 있으며, 궁전, 모스크와 마드라사 그리고 주택들도 보인다. 또 여러 인종이 함께 거주하였고 지하에 수도관이 연결되어 있으며 토기 항아리들이 제조되었던 것으로 묘사되어 있다. 그리고 운송 수단으로 사용된 낙타들도 보인다.

이 벽화 옆에는 10세기 아랍 지리학자인 알 마크디시(Al-Makdisi)가 "탈라스는 아주 큰 도시이고 동서남북에 문이 있으며, 이들 문 중에 '메디나'라고 불리는 문 옆으로 큰 강이 흐르고 강을 넘어서도 도시가 계속된다. 그리고 주마 모스크가 있었으며 과수원도 많았다"라고 언급한 내용이 적혀있다.

그리고 7세기에 이곳을 방문한 현장 법사가 〈대당서역기〉에 언급한 "도시 안에는 여러 나라에서 온 상인들과 소그드인들이 살고 있었다"라는 내용도 있다. 이 벽화는 이러한 내용을 기초로 하여 제작한 것으로 보인다.

| **탈라스 성** | 이 벽화는 7세기 현장 법사의 〈대당서역기〉 등을 참조하여 중세 탈라스 성을 묘사하였다.

탈라스 강변에서 다시 생각해 본 탈라스 전투

'타라즈 역사박물관' 관람 후 751년 탈라스 전투가 벌어졌던 장소 쪽으로 가 보고 싶어 고려인 동행자에게 키르기스스탄과의 국경 쪽으로 가서 탈라스강을 보고 싶다고 하였다. 그는 왜 그곳까지 가는지에 대해 의아해하면서 안내를 하였다. 키르기스스탄과의 국경에 도착하니 국경을 통과하려는 많은 트럭이 길게 대기하고 있어 차량으로 국경 가까이 접근하기가 어려웠다. 2시간 정도를 헤매면서 지도를 보고 국경이 보이는 길을 찾아 들어가 마침내 철조망이 쳐진 카자흐스탄과 키르기스스탄의 국경지대에 도착했다.

차에서 내려 키르기스스탄 방향으로 바라다보니 탈라스강은 숲에 가려져 잘 보이지 않았지만, 탈라스강 뒤로 넓은 평원이 펼쳐져 있는데 그쪽 어디에선가에서 세계사에 큰 의미를 남긴 탈라스 전투가 벌어졌을 것을 생각하면서 중요한 역사 현장에 온 기분을 만끽해 보았다.

인류 역사에 지대한 영향을 미친 탈라스 전투

751년 탈라스 전투에서의 패배로 당나라의 서역에 대한 영향력이 축소되었고, 이어서 일어난 안록산의(755) 난으로 중앙의 통제력이 상실되어 당나라의 이 지역에 대한 영향력은 중단된다. 이로써 중앙아시아는 완전히 이슬람의 영향권으로 들어가 이 지역에서 이슬람 문화를 꽃피우는 결과를 가져온다. 그리고 그 영향은 현재까지도 이어오고 있다. 이처럼 탈라스 전투는 이슬람 세계에서는 중앙아시아가 이슬람화되는 계기를 마련한 중요한 역사적 의미가 있는 전투였다.

또한, 당나라 포로들을 통해 종이 제조기술이 본격적으로 아랍 세계와

|**탈라스강**|바로 앞에 있는 철조망이 카자흐스탄과 키르기스스탄 간의 국경선이고 그 뒤로 탈라스강
이 흐르고 있으며 저 멀리에는 넓은 평원이 펼쳐져 있다.

유럽으로 전해지기 시작하였고 이것이 유럽에서 르네상스를 촉발하는 계
기를 만들었다. 물론 제지술은 탈라스 전투 이전부터 실크로드를 오가는
상인들과 불교 순례자들을 통해 신장(新疆) 지방과 소그디아나 지역으로
전파되어 있었지만, 탈라스 전투에서 포로가 된 당나라 군인 중에 선진 제
지 기술을 보유한 자들이 있었고 그들에 의해 사마르칸트에서 제지술이 크
게 발전하였으며 이 제지술이 아랍 세계와 유럽으로 전파되었음은 사실이
다. 이처럼 탈라스 전투는 중국 제지술의 유럽으로의 본격적인 이전으로
인한 유럽에서의 르네상스 촉발에 영향을 주는 계기를 마련해 준 인류 역
사 발전에 큰 영향을 끼친 사건이었다고 할 수 있다.

상세한 역사 기록이 없는 탈라스 전투

탈라스 전투에 관해서는 상세한 자료가 남겨져 있지 않아 탈라스 전투가
벌어졌던 장소가 정확히 어디인지도 모르고 있다. 타라즈 인근으로 추정되

고는 있지만, 탈라스 평원인지, 탈라스 강가인지, 아니면 옛 탈라스 성인지 밝혀진 것이 없다.

다만 동·서 문명 교류사의 최고 권위자 중 한 분인 정수일 박사는 현장 답사를 통해 탈라스 전투가 벌어진 장소를 "키르기스스탄 국경초소에서 동남쪽으로 7km 정도 떨어진 탈라스강의 키르기스스탄 쪽에 있는 포크로브카(Pokrovka) 마을 주위 언덕"이라는 가설을 제시한 바 있다. 그래서 필자도 이곳 국경선까지 찾아와 본 것이다. 학자들의 고고학적 연구를 통해 탈라스 전투의 장소에 대한 궁금증이 하루빨리 풀릴 수 있기를 기대해 본다.

탈라스 전투는 고선지의 석국(타슈켄트) 원정 과정에서 일어났는데 750년 1차 석국 정벌에서 고선지는 먼저 석국의 북동쪽에 있던 돌기시(突騎施, 투르게쉬 카간국)를 정벌하고 돌기시의 카간을 사로잡아 장안으로 이송한 후 석국으로 진격하였다. 돌기시의 패전 소식을 들은 석국 국왕은 저항하지 않고 항복하였으며 고선지는 석국 국왕 역시 장안으로 이송하였다.

그런데 장안으로 이송된 석국 국왕을 당나라 조정에서 살해해 버린다. 이에 석국이 당나라와 적대관계에 있던 아랍-이슬람 제국에 경도하는 추이를 보였고, 이에 따라 고선지가 751년 7~8월에 제2차 석국 원정을 단행하게 되는데 이때 탈라스 전투가 벌어진다. 이 전투에 대해서는 고선지가 패배하였다는 기록만 있지 다른 상세한 내용을 중국 전사(戰史)에서는 찾아볼 수 없다. 다만 전해 내려오는 이야기를 담은 기록들만 다수 있을 뿐이다. 그런데 그 기록들은 서로 엇갈린 내용이 많고 일반적으로 알려진 고선지에 대한 이미지와는 상치되는 내용도 있다.

그런데 탈라스 전투에서의 패배에도 불구하고 당나라 황제 현종은 고선지를 안서절도사보다 3배나 더 많은 병력을 거느리는 하서절도사(河西節度使)[68]로 임명하였으며, 또 그를 우우림군대장군(右羽林軍大將軍)에도 임명하였다. 그리고 장안성 안의 선양방(宣陽坊)과 영안방(永安坊)에 두 채의 저택을 가지고 지낼 수 있게 하였으며 755년에는 밀운군공(密雲郡公)의 봉작도 하사한다.

패장인 고선지에게 보인 이러한 예우는 669년 토번과의 대비천(大非川) 전투에서 패배한 설인귀(薛仁貴)를 서민(庶民)으로 강등시킨 경우와 689년 10만 대군을 이끌고 토번과의 인식가(寅識迦) 전투에서 패배한 안식도 대총관 위대가(韋待價)를 유배시키고 부총관인 안서대도호 염온고(閻溫古)를 참수시킨 경우와 크게 대비된다.

이러한 점에 비추어 볼 때 당 조정은 탈라스 전투 후에 고선지에게 패전의 책임을 묻지 않은 것으로 보인다. 당시 당나라는 토번의 공격에 대한 방어와 동부전선에서 거란과의 전쟁을 준비해야 하는 상황이라 고선지는 당나라 조정으로부터 추가적인 군사 지원을 받지 못하고 대규모 아랍 연합군과 맞서 싸울 수밖에 없지 않았나 하는 생각을 해 본다. 당시의 상황을 알아볼 수 있는 기록이 전혀 남아 있지 않아 안타까울 뿐이다.

이민족 장수의 한계를 느끼게 하는 고선지의 최후

755년 안록산이 범양(范陽)에서 난을 일으켜 낙양에서 대연(大燕)이라는 새로운 왕조를 세우고 스스로 황제에 즉위한다. 안록산의 난 진압에 실패한 당나라 황제는 고선지를 토적부원수(討賊副元帥)로 임명하고 반란을 진

---

(68) 당시 안서도호부는 24,000명, 하서도호부는 73,000명의 병력을 보유한 것으로 기록되어 있다.

압하라는 명령을 내린다.

안록산에게 패한 안서절도사 봉상청(封常淸)[69]에게 전황을 보고 받은 고선지는 낙양에서 장안으로 들어가는 천혜의 요새이자 전략적 요충지인 동관(潼關)으로 후퇴하여 방어할 것을 결정한다. 그리고 장안 북쪽의 군수 보급물자 창고인 태원창(太原倉)에 있는 중요한 군수 보급물자들이 반란군의 손에 들어가지 못하도록 태원창을 열어 군수 물자를 군사들에게 나누어주고 나머지는 불태워 버린다. 이후 반란군이 동관으로 쳐들어왔으나 고선지의 방어군에게 격퇴당한다.

그러나 이 과정에서 황제가 파견한 감독관인 환관 변령성(邊令誠)은 "고선지가 임의로 주둔지인 섬주(陝州)를 떠남으로써 중요한 보급물자를 보관한 태원창이 적의 수중에 들어갔으며, 고선지는 적극적인 전투를 회피하였다"라고 보고하였다. 이에 고선지를 의심한 현종은 참형 지시를 내리고 고선지와 봉상청은 부하들이 보는 앞에서 참수를 당한다. 군사전문가로서 전술상 올바른 선택을 하였음에도, 당시 내시들의 전횡으로 올바른 판단을 할 수 없었던 당 조정의 오해로 인한 억울한 죽음을 맞은 것이다.

고선지 대신 반란군 진압 명령을 받은 돌궐계 이민족 장군인 가서한(哥舒翰)도 똑같이 동관에서의 수비 전술을 택하자, 조정에서는 적극적으로 나가서 싸우라고 다시 명령을 내린다. 이에 동관에서 나와 안록산의 군대와 맞선 가서한은 패배하고 포로가 되어 낙양으로 끌려가서 결국 죽음을 맞이한다. 이것은 천혜의 요새인 동관에서 당분간 수비 전략을 택한 고선지의 생각이 틀리지 않았음을 보여준다.

---

69) 봉상청은 고선지가 아낀 부하 장수로 고선지의 뒤를 이어 안서 절도사가 되었다.

중국 민간 고사에 나오는 '중국 역사에서 원통하게 죽은 장수 10명'이 있는데 고선지가 그 10명 안에 들어 있다. 이들은 우리가 잘 아는 한나라를 세운 유방(劉邦)에게 죽임을 당한 한신(韓信) 장군을 포함하여 9명의 한족(漢族) 장수와 고선지이다. 이민족 장수로는 고선지가 유일하게 들어가 있다. 일반 중국인들에게도 고선지는 억울하게 죽은 장군으로 기억되고 있는 모양이다.

천재적인 군사 전략가로 동·서양 간의 무역과 문명교류의 길이었던 실크로드를 장악하고, '실크로드의 제왕(帝王)'으로 명성을 날리다가 이민족 출신 장군으로서의 한계를 느끼며 억울하게 일생을 마감한 고선지 장군!

한민족의 피를 이어 받았지만 당나라 장군이었던 그를 누가 기리고 누가 기억해 주어야 할 것인가…….

이러한 상념에 젖어 있을 때 이미 해가 서쪽으로 뉘엿뉘엿 지고 있었다. 10월 초라 해가 많이 짧아졌음을 아쉬워하면서 카자흐스탄과 키르기스스탄 간의 국경 지역 방문을 끝으로 2차에 걸친 중앙아시아 인문학 여행을 모두 마친다.

에필로그

두 번에 걸친 중앙아시아 여행을 마치고 돌아와 이 책을 집필하던 중 바람을 쐬러 대구의 팔공산으로 나들이 갔다. 팔공산은 봄의 벚꽃과 가을 단풍이 좋아 철마다 가끔 들르는 곳이다. 입구인 파군재 삼거리에는 신숭겸(申崇謙) 동상이 세워져 있고 그 근처에는 신숭겸 장군 유적지가 있다. 늘 별생각 없이 지나쳤던 길인데 그날은 갑자기 "신숭겸은 어떤 인물이었기에 1,000년이 훨씬 지난 지금도 이렇게 그를 추모하고 있을까?" 하는 생각이 들었다.

집에 돌아와서 신숭겸에 대한 기록을 뒤져 보았으나 "고려 초기의 무신(武臣)으로 홍유, 배현경, 복지겸 등과 함께 왕건을 도와 후삼국을 통일하고 고려를 세운 개국 공신"이라는 우리가 상식적으로 알고 있는 정도가 전부였다. 다만 다른 공신들과 다른 점은 왕건이 신라를 구하기 위해 출전했던 927년의 공산(公山) 전투[70]에서 후백제의 견훤에게 포위되어 죽을 위기에 처했을 때 왕건의 투구와 갑옷을 빌려 입고 후백제군을 유인하여 왕건을 탈출시키고 자신은 죽음을 맞이한 영웅적 행동을 한 점이다.

태조 왕건은 그의 죽음을 슬퍼하며 장절(壯絶)이라는 시호를 내리고 전사한 자리에 지묘사(智妙寺)와 순절단(殉節壇)을 세워 명복을 빌었다. 그리고 후백제군이 신숭겸이 왕건인 줄 알고, 전사한 그의 수급을 베어 가 버렸으므로 왕건은 황금으로 그의 두상(頭像)을 만들어 시신과 함께 매장하였다. 그리고 왕건 자신이 원래 쓰려고 했던 못자리에 신숭겸을 묻었으며

---

70) 이 당시 공산 전투에서 신숭겸을 포함한 8명의 장수가 전사하여 이후 공산의 이름이 팔공산(八公山)으로 되었다.

그 외관도 왕릉과 비슷한 모양새로 만들었다. 또 신숭겸은 왕실 사당에 태조 왕건과 함께 모셔지는 영예도 누린다. 이렇게 신숭겸은 사후에 최고의 영예를 누렸고 지금까지도 그 영예는 계속되고 있다.

그때 필자의 머리를 스쳐 지나가는 한 인물이 있었다. 삼국 통일의 기초를 닦은 김춘추가 648년 당나라와의 군사동맹을 맺기 위해 당나라를 방문하고 돌아오는 길에 서해 해상에서 첩보를 입수하고 기다린 고구려 순시선을 만나 목숨을 잃게 되는 위기에 처하게 된다. 이때 그의 의복과 관모를 쓰고 김춘추 행세를 하여 고구려군에 의해 죽임을 당하고 대신 김춘추를 살린 인물이었다. 바로 온군해(溫君解) 장군이다.

이러한 보고를 받은 진성여왕은 온군해를 대아찬(大阿飡)에 추증하고 그의 공적을 치하한다. 그의 도움으로 살아난 김춘추는 신라 제29대 왕으로 즉위하고 삼국 통일의 초석을 다진다. 이런 의미에서 보면 온군해의 충성스럽고 영웅적인 행동은 신숭겸에 비견될 만한 것이었다. 그러므로 김춘추가 즉위 후에 분명 온군해의 충성심을 기리기 위한 어떤 조치들을 더 취하였을 법한데 이에 대한 특별한 기록은 없는 것 같다.

그런데 중앙아시아를 공부하면서 필자는 당나라 황제가 사마르칸트 왕국의 왕실에 내린 성씨가 '온(溫)' 씨라는 기록이 있다는 사실을 알게 되었다. 따라서 온군해는 사마르칸트 왕족의 후예, 즉 소그드인이거나 소그드인의 피가 섞인 인물일 가능성이 크다. 현재 학계에서는 고구려 온달(溫達) 장군도 이러한 이유로 소그드인이라는 주장이 나오고 있다.

한편 원성왕릉으로 추정되는 경주의 괘릉과 흥덕왕릉에는 서역인 무인상이 있다. 왜 신라왕의 무덤을 서역인이 지키고 있는 것일까? 늘 가져왔던 의문이다. 이 무인상은 과거에는 아랍인이라는 주장도 있었으나 지금은 소그드인이라고 보는 것이 정설이다. 필자는 '코리아 실크로드 프로젝트' 추진 당시 주한 이란 대사와 대화 중에 이란 대사가 "괘릉에 있는 무인상의 복식이나 모습으로 보아 북부 페르시아계 인물(즉 소그드인)임에 틀림이 없다"라고 확신했던 기억이 난다.

여기서 필자는 인문학적 상상력을 한번 발동해 본다. 그렇다면 "김춘추가 왕이 되고 난 다음에 온군해를 '신라 왕실을 지키는 수호신'으로 숭배하도록 한 것은 아닐까?" 그리고 "이러한 숭배 사상이 후대에도 이어져 온군해를 모델로 한 서역인 상을 신라왕의 무덤을 지키는 수호신으로 세우는 관례가 생긴 것은 아닐까?" 하는 생각을 해 보았다. 이것은 추론에 불과하지만 트로이 유적이 발견된 것과 같이 앞으로 역사적 고증을 통하여 밝혀질 수 있었으면 좋겠다.

부록: 고유명사 찾기

강거: 강거(康居)는 장건의 기록에 나오는 소그디아나 지역 국가 이름이다. 당나라는 658년에 소그디아나 왕 바르후만을 강거도독에 책봉한 바 있다.

고선지: 고선지는 고구려 유민 출신 당나라 장군으로 안서 절도사에 임명되어 동·서양 간의 실크로드를 통한 무역과 사신 교류까지 총괄한 '실크로드의 제왕(帝王)' 역할을 한 인물이다.

네스토리우스파 기독교: 네스토리우스파 기독교(Nestorianism)는 중국에서는 경교(景敎)라고 불렸는데 비잔틴 제국의 콘스탄티노폴리스 총대주교 네스토리우스(?~451)가 주창한 신학을 따르는 기독교 종파를 말한다. 삼위일체설을 인정하나 예수 그리스도를 완전한 신으로 인정하지 않고 인격(人格)과 신격(神格)의 결합체로 봄으로써, 431년 에페소스 공의회에서 이단으로 결정되어 파문된 후, 동방으로 진출하여 선교 활동을 해나간 기독교 종파이다.

대상: 대상(隊商, Caravan)은 사막과 고산 지역을 횡단하며 교역하는 상인 집단을 말한다.

돌기시(투르게쉬): 돌기시(突騎施)는 657년 서돌궐이 당나라에 멸망한 후 독립 세력으로 등장한 돌궐족 연합세력으로 699년에 투르게쉬 카간국(Turgesh Khaganate)을 세우고 석국(타슈켄트) 동쪽과 쇄엽, 그리고 신장 지역 일부를 포함하는 광대한 영토를 다스린 국가이다.

라마단: 라마단(Ramadan)은 이슬람력의 아홉 번째 달로 이슬람교에서 해가 뜰 때부터 질 때까지 식사, 흡연, 음주 등을 금하는 달이다. 이슬람력으로 9월 한 달간 시행되는데 이슬람력에는 윤달이 없어 매년 10일이 앞당겨진다.

레기스탄: 그리스의 아고라(Agora), 로마제국의 포럼(Forum)처럼 중앙아시아 도시에서 시민들이 모이는 중앙광장을 말한다.

부하라 칸국: 부하라 칸국(1500~1920)은 칭기즈칸의 장남 주치의 다섯 번째 아들 샤이반(Siban)의 자손인 무함마드 샤이바니가 세운 국가로 히바 칸국, 코칸트 칸국과 함께 우즈베키스탄의 3대 칸국 중 하나였다.

마니교: 마니교(摩尼敎, Manichaeism)는 페르시아의 예언자 마니(Mani)가 3세기 중엽에 창시한 선과 악, 육체와 영혼 등 철저한 이원론적인 교리를 가진 종교로 일종의 조로아스터교에서 파생된 종파이다.

마드라사: 이슬람 세계의 교육기관으로 아랍어로 마드라사(madrasah), 튀르크어로 메드레세(medrese)로 표현된다.

마욜리카: 마욜리카(Maiolica)는 르네상스 시대인 15세기경 이탈리아에서 발달한 도자기로 보통 흰 바탕에 여러 가지 그림물감으로 무늬를 그린 것이 특징이다. 영어로는 마졸리카(majolica)이다.

모스크: 모스크(Mosque)는 이슬람교의 예배 및 집회 장소로 외형적으로 푸른색 돔 형태의 지붕과 미나렛(Minaret)이라 불리는 첨탑이 세워져 있다.

무슬림: 이슬람을 믿는 사람, 즉 이슬람교도를 말한다,

무카르나스 장식: 11세기 셀주크 제국 시부터 유행한 종유석 동굴 모양(혹은 벌집 모양)의 장식으로 이슬람 사원이나 마드라사 정문의 팀파눔을 장식할 때 많이 사용한 화려한 장식이다.

미나렛: 미나렛(Minaret)은 하루에 5번씩 꼭대기에 올라가 이슬람 신도들에게 기도시간을 알리기 위해 세운 첨탑이다.

미흐랍: 미흐랍(Mihrab)은 이슬람 사원에서 기도할 때 바라보는 알라신의 성전이 있는 사우디아라비아의 메카 방향을 나타내는 구조물이다

바르솜: 바르솜(Barsom)은 조로아스터교 사제가 쓰는 제사 도구 중 하나로, 식물의 가지나 줄기를 형상화한 금속 막대 다발을 말한다.

비잔틴 제국: 로마제국이 동서로 분할된 395년부터 1453년까지 존속한 로마제국의 연속체로 동로마 제국이라고도 부른다. 수도는 콘스탄티노폴리스(현재의 이스탄불)이었고, 제국의 공식 국호는 이전과 같은 로마제국이었다. 1453년 오스만 제국에게 멸망당한다.

사산조 페르시아: 224년부터 651년까지 이란, 이라크 및 중앙아시아 일부 지역을 지배했던 사산(Sasan) 가문의 페르시아 제국으로 서쪽으로는 비잔틴 제국과 동쪽으로는 서돌궐 제국과 세력 다툼을 하였다.

사카: 사카(Saka)는 카스피해 동부와 중앙아시아 북부에 살았던 고대 유목민 집단으로 '초원의 길'의 주인공 역할을 하였고 수많은 대형 무덤인 '쿠르간'과 황금 장식을 매장하는 '황금 문화'를 남긴 스키타이 계통의 북방 유목민족이다.

삼위일체설: 기독교에서 성부(聖父), 성자(聖子), 성령(聖靈)은 삼위(三位, 세 신격)로 존재하지만, 본질은 한 분 하나님이라는 교리이다.

샤: 샤(Shah)는 페르시아어로 '왕'이라는 뜻으로 이란 계통 군주의 칭호다. 페르시아 제국의 황제는 '샤한샤'라고 칭했는데 '왕중왕'이란 의미로 유럽의 황제, 중국의 천자, 돌궐족의 카간, 흉노의 선우 등과 같은 의미이다.

샤이반 왕조: 칭기즈칸의 장남인 주치의 5남인 샤이반(Shiban) 가문이 세운 왕조로 아불 하이르 칸이 세운 우즈벡 칸국과 그의 손자인 무함마드 샤이바니가 세운 부하라 칸국의 왕조를 샤이반 왕조라고 한다.

서돌궐: 서돌궐(西突厥, 583~657)은 돌궐이 동·서돌궐로 갈라진 후 중앙아시아 지역을 지배한 돌궐제국을 말한다.

서역: 한(漢)나라 때 한나라의 서쪽 지역을 총칭하는 단어로 현재의 중국 신장·위구르 지역과 중앙아시아 지역을 의미한다.

서융: 서융(西戎)은 중국 역사에서 서쪽에 사는 이민족(한족 이외의 민족)을 일컫는 말이다. 중국은 이민족을 동서남북 각 방위를 따라 서융, 동이, 북적, 남만 등으로 불렀다.

석국: 소그드인들이 세운 도시 국가 중 하나로 현재의 우즈베키스탄 수도인 타슈켄트 지역에 있었던 고대 오아시스 도시 국가이다. 중국에서는 석국(石國), 현지에서는 '차치(Chach)'라고 불렸다.

셀주크 제국: 1040년부터 1157년까지 중앙아시아, 이란, 이라크, 시리아를 지배한 튀르크인들이 세운 제국이다. 셀주크 제국의 한 부족이었던 오스만 부족이 후에 오스만 제국을 세운다.

소그디아나: 시르다리야강과 아무다리야강 사이 지역으로 지리학적으로는 트란스옥시아나(Transoxiana)라고 부른다. 현재의 우즈베키스탄과 타지키스탄 지역 대부분이 이에 해당하고 투르크메니스탄, 카자흐스탄 및 키르기스스탄의 일부 지역도 포함된다.

소그디아나 왕국(연맹체): 소그디아나 지역에 소그드인들에 의해 세워진 각기 주권을 가진 도시 국가들의 연합체를 말한다.

소발률국: 소발률국(小勃律國)은 인도와 중앙아시아 티베트를 연결하는 교통로상에 있던 서역 국가로 현장 법사 등 동양의 구법승들이 천축국(인도)으로 향하기 위해 거쳤던 현재 파키스탄의 길기트(Gilgit) 지역에 있었던 나라이다. 고대 카슈미르 왕국인 '포탈라 샤히'로 보는 학자들이 많다.

수니파: 수니(Sunni)파는 무함마드의 혈통을 이어받은 사람만을 칼리파로 인정하는 시아(Shia)파와 달리 무함마드 이후 코란의 절차에 따라 무슬림 공동체(움마)의 합의로 선출된 4명의 칼리프를 모두 정통 후계자로 인정하는 종파이다. 이슬람교의 다수를 차지하고 있으며 현재 중앙아시아의 이슬람교 종파는 대부분 수니파이다.

수피즘: 수피즘(Sufism)은 이슬람 율법을 따르는 것 보다 자신의 덕목을 기르기 위한 수행을 통해 신과 합일되는 것을 최상의 가치로 여기는 종파이다. 수피즘은 금욕주의를 원칙으로 내면적, 영적인 수행을 통해 신과의 직접적인 만남을 추구하는 신앙생활 때문에 '신비주의 교단'으로도 불린다.

스퀸치: 스퀸치(Squinch)는 돔의 바닥을 지지하는 삼각형 모서리로 사각형의 건축물에 스퀸치를 설치하면 시각적으로 팔각형이 된다.

스키타이: 스키타이는 기원전 8세기에서 기원전 2세기까지 러시아 남부와 중앙아시아 지역의 초원지대를 지배했던 인도·유럽어족 계통의 유목민족으로 이 책에 나오는 '실크로드'의 주인공이었던 소그드인과 '초원의 길'의 주인공이었던 사카인은 시대와 지역을 달리하여 존재하였던 이 스키타이의 일족인 것으로 본다.

시아파: 시아(Shia)파는 선지자 무함마드의 혈통만이 이슬람의 최고 지도자인 칼리파가 될 수 있다고 주장하는 이슬람 종파이다. 무함마드를 이어 칼리파가 된 4명의 칼리파 중 무함마드의 사촌이자 사위인 '알리'만을 정통 칼리파로 인정한다. 현재 이란이 시아파의 대표적인 국가이다.

신장: 신장(新疆)은 중국 북서쪽 지역으로 현재 신장 위구르 자치구 지역이다. 과거 중국에서는 신장 지역과 그 서쪽에 있는 소그디아나를 서역(西域)이라고 불렀다.

아불 하이르 칸: 아불 하이르 칸(Abul-Khayr Khan, 1412~1468)은 우즈벡족을 이끌고 킵차크 칸국에서 떨어져 나와 우즈벡 칸국을 세운 인물이다. 그는 칭기즈칸의 장남 주치의 5남인 샤이반(Shiban)의 후손으로 그의 손자인 무함마드 샤이바니는 후에 티무르

제국을 무너뜨리고 1507년 부하라 칸국을 건설한다.

아미르 티무르: 아미르 티무르(Amir Timur, 1336~1405)는 차가타이 칸국 출신으로 중앙아시아와 중동 지역을 포함하는 대제국인 티무르 제국을 건설한 몽골-튀르크계 지도자이다.

아프라시압 궁전: 우즈베키스탄 사마르칸트시의 아프라시압 언덕에 있었던 소그드인들이 세운 사마르칸트 도시 국가의 궁전으로, 이 궁전의 벽화에 한반도에서 온 사신이 그려져 있다.

아흐메트 야사위: 아흐메트 야사위(Khoja Ahmed Yasawi, 1093~1166)는 중앙아시아 유목민들의 실정에 맞는 이슬람을 주창하고, 중앙아시아 지역에서의 이슬람 전파에 노력하여 중앙아시아 수피즘 이슬람의 위대한 지도자로 추앙받는 인물이다.

안록산의 난: 755년 당나라 현종 치세 시 범양 절도사 안록산이 일으킨 난이다. 안록산에 이어 그의 부하로 역시 소그드-돌궐계 장군인 사사명의 난이 이어져 이 두 개의 난을 '안사의 난'으로 부른다. 이 난 이후 당나라의 국력은 쇠약의 길을 걷는다.

안서 4진: 서역 지역에 설치된 당나라의 4개의 진(鎭)으로 쿠차, 소륵(疏勒), 우전(于闐), 언기(焉耆, 후에 쇄엽으로 교체) 등을 말한다.

안서절도사: 당나라가 서역의 안서 4진을 방어하기 위해 설치한 안서도호부의 수장이다.

알 파라비: 알 파라비(al-Farabi, 870~950)는 현재 카자흐스탄의 투르키스탄주에 있는 오트라르에서 태어난 '이슬람 황금시대'인 압바스 왕조 시대의 대표적인 이슬람 철학자이다.

압바스 왕조: 우마이야 왕조를 이어받은 이슬람 세습 왕조로 '이슬람 황금시대'를 구가한 왕조이다.

에미르: 에미르(Emir)는 이슬람 세계에서 제후의 칭호로 사용되었던 튀르크어 단어이다. 아랍어로는 아미르(Amir)라고 한다.

영묘: 영묘(靈廟, Mausoleum)는 주요 인물의 무덤이자 일종의 사당(祠堂)인 건축물을 말한다.

오손: 오손(烏孫)은 기원전 3세기~서기 5세기에 걸쳐 톈산산맥 북방 초원지대에 살았던 유목민족으로 인도유럽어족에 속하는 백인종이다. 중앙아시아에서 퍼져 나가던 아리안족의 일부는 힌두쿠시산맥을 넘어 인도로 들어가고 일부는 톈산산맥을 넘어 '오손'이 되었다. 후에 흉노족에게 멸망한다.

온달: 온달(溫達, ?~590)은 고구려의 무신(武臣)으로 고구려의 제25대 평원왕(平原王)의 딸인 평강공주(平崗公主)가 부인이다. 평강공주와 온달의 이야기인 온달설화(溫達說話)에서 '바보 온달'로 널리 알려진 인물이다.

우전국: 우전국(于闐國)은 서역 36개국 중 하나로 옥과 비단이 유명했던 호탄국(Khotan)의 다른 이름이다.

울루그벡: 미르자 울루그벡(Mirzo Ulugbek, 1392~1449, 재위: 1447~1449)은 티무르 제국 창설자 아미르 티무르의 손자이며, 지배자(Amir)로 티무르 제국의 문화적 황금기를 이끈 인물이다.

월지: 월지(月支)는 기원전 3세기 중반~기원전 1세기 중반경 중앙아시아와 북아시아에 존재하던 유목민족으로 '대월지'라고도 한다. 그 일파가 인도의 쿠샨 제국을 설립한다. 실크로드를 개척한 장건이 흉노를 견제하기 위해 동맹을 모색했던 민족이다.

이맘: 이맘(Imam)은 이슬람교 종교 공동체의 지도자를 의미하기도 하지만 일반적으로는 이슬람교에서 예배의식을 주도하는 사람을 말한다.

이완: 이완(Iwan)은 이슬람 사원이나 마드라사의 정문의 사각형 형태의 피스타크 안에 있는 아치형 공간을 말한다.

제티수: 제티수(Zhetisu) 지역은 카자흐스탄 남동쪽 발하쉬 호수 유역으로 현재의 알마티주와 상당 부분 일치한다. 현재의 카자흐스탄의 모체가 된 카자흐 칸국이 세워진 지역이다.

조로아스터교: 조로아스터교(Zoroastrianism, 배화교)는 페르시아의 민족종교로, 선악 이원론을 특징으로 하는 이란계 유일신 종교이다. 불을 숭배하여 중국에서는 배화교라 부른다.

주마 모스크: 금요일에 주민들이 모두 모여 함께 예배를 보는 큰 규모의 모스크를 말한다.

준가르 제국: 준가르(Dzungar) 제국은 17세기~18세기 카자흐 칸국 동쪽 서몽골 지역에 오이라트 출신의 부족 연합체가 세운 몽골계 국가로 '마지막 몽골 제국' 혹은 '마지막 유목제국'으로 불렸던 국가이다. 1760년 청나라에 의해 멸망당한다.

차가타이 칸국: 칭기즈칸의 둘째 아들인 차가타이가 칭기즈칸으로부터 분봉받은 지역을 기반으로 1225년에 탄생한 국가이다. 1402년까지 명목상으로 칸이 존재하였지만 사실상 1370년부터 티무르 제국으로 흡수되었다.

카간: 카간(Khagan)은 튀르크계 국가에서 사용하던 황제와 같은 칭호로 한자로는 가한(可汗) 혹은 대칸(大汗)으로도 표기한다.

카라반 사라이: 카라반 사라이(Caravan Saray)는 실크로드를 오가는 상인들이 머물던 숙소를 말한다.

카르나이: 카르나이(Karnay)는 사람 크기의 긴 나팔 형태의 관악기로 우즈베키스탄을 비롯한 중앙아시아와 이란 등에서 많이 사용하는 전통 악기이다.

칸: 칸(Khan)은 몽골족의 수장을 뜻하는 말로 칭기즈칸 이후에는 칭기즈칸의 후손들만이 칸이라는 칭호를 사용하는 것이 인정되었다.

코사인 법칙: 삼각형의 두 변의 제곱 합에서 사잇각의 코사인과 그 두 변의 곱의 2배를 빼면, 남은 변의 제곱과 같아진다는 정리이다.

쿠르간: 쿠르간(Kurgan)은 카자흐스탄과 몽골 초원 등 유라시아 북부 초원지대에 있는 흙이나 돌로 덮은 거대한 무덤을 말한다.

킵차크 칸국: 칭기즈칸의 장남인 주치(Jochi)가 분봉받은 지역에 세워진 칸국으로 1240~1502년간 중앙아시아, 흑해 및 카스피해 북부 지역을 지배하였다. 카자흐스탄의 카자흐 민족이 형성되기 시작한 카자흐 칸국은 킵차크 칸국에서 분리된 칸국이다.

타키: 타키(Taki)는 '돔'을 의미하는 단어인데 도시의 교차로 지점에 세워져 시장 역할을 하였던 건축물의 지붕이 돔 형태를 하고 있어 붙여진 이름이다.

탈라스 전투: 751년에 벌어진 고구려 유민 출신 고선지 장군이 이끄는 당나라 군대와 이슬람 압바스 왕조의 연합군 간 중앙아시아 패권을 놓고 벌어진 전투이다.

토크타미쉬 칸: 토크타미시 칸(Tokhtamysh Khan, 1342~1406)은 칭기즈칸의 맏아들인 주치(Jochi)의 후손으로 1370년대에 아미르 티무르와 협력하여 백장 칸국(白帳汗國)과 청장 칸국(淸帳汗國)을 통합하여 통일된 킵차크 칸국을 다스린 첫 번째 칸이다.

티무르 제국: 14세기 후반에서 15세기 말까지 중앙아시아 지역 대부분을 지배한 몽골 제국의 계승 국가로 아미르 티무르가 건국하였다.

팀파눔: 팀파눔(Tympanum)은 이슬람 사원이나 마드라사 건물 정면의 출입문 위에 얹혀 있는 반원형 혹은 삼각형의 부조 장식을 뜻한다.

페르가나: 우즈베키스탄의 동부에 있으며, 사방이 톈산산맥, 알라이 산맥 등 높은 산맥으로 둘러싸여 있는 시르다리야강 상류에 있는 분지 지역이다.

피스타크: 피스타크(Pishtaq)는 건물 정문 입구의 거대한 사각형 프레임을 말한다.

하디스: 하디스(Hadith)는 선지자 무함마드가 말하고, 행동하고, 다른 사람의 행위에 대해 평가한 내용을 기록한 책이다.

하렘: 하렘(Harem)은 이슬람 국가의 궁전에서 지배자의 여인들이 거주하는 장소이다.

함세: 페르시아 시인 '니자미 간자비'의 세계적으로 유명한 5부작의 장편 서사시 시집으로 다섯 개의 보물, 휘스레브(호스로우)와 쉬린, 마즈눈과 레일라, 7인의 미인, 알렉산드로스의 서(書) 등 다섯 작품이 들어 있다.

함사: '우즈벡 문학의 시조'인 알리셰르 나보이의 5부작 장편 서사시 시집을 말한다. 함세와 함사는 모두 5부작 시집을 의미하는 같은 단어로 페르시아어로는 함세, 튀르크어로는 함사라고 한다.

호라산: 이란 북동부 지역으로 지금의 투르크메니스탄 대부분과 아프가니스탄 북부, 타지키스탄을 포함한 지역을 말한다. 티무르 제국의 수도였던 헤라트가 호라산에 포함된다.

호라즘: 호라즘은 유목민들이 살았던 중앙아시아 서부 지역으로 아무다리야강 하류에 우르겐치 등 여러 오아시스 도시들이 번창하였다. 페르시아에서는 유목민들이 살던 중앙아시아 서부를 '호레즘'이라고 부른 것에서 지명이 유래되었다.

호라즘 제국: 1077년에 성립되어 1231년 몽골의 칭기즈칸에 의해 멸망한 서아시아 및 중앙아시아 지역에 있었던 페르시아-튀르크 연합체제의 이슬람 제국이다.

흉노: 흉노(匈奴)는 기원전 4세기부터 서기 5세기까지 북아시아 초원지대에 존재한 유목제국이다.

실크로드의 땅,
중앙아시아
인문학 여행

ⓒ 홍종경, 2024

초판 1쇄 발행 2024년 7월 29일
　　　2쇄 발행 2024년 12월 9일

지은이	홍종경
펴낸이	이기봉
편집	좋은땅 편집팀
펴낸곳	도서출판 좋은땅
주소	서울특별시 마포구 양화로12길 26 지월드빌딩 (서교동 395-7)
전화	02)374-8616~7
팩스	02)374-8614
이메일	gworldbook@naver.com
홈페이지	www.g-world.co.kr

ISBN　979-11-388-3386-8 (03910)